卓越班组长修炼手册

主编 李博尧　李　靖

参编 李正芳　李爱敏　李国梁　刘培林

　　　冯　亮　黄孝洋　顾九维　唐振玮

　　　赵秀峰　黄　普　王　莹

哈尔滨工程大学出版社

Harbin Engineering University Press

内容简介

本书共四章,内容主要包括班组长角色与职责、班组长职业素养、卓越班组现场管理、应急管理等。

本书内容通俗易懂,结构层次分明,具有较强的实用性。

本书可作为港口型企业实施生产班组管理的指导手册,也可作为班组长进行自我培训、提升现场管理技能的指导用书。

图书在版编目(CIP)数据

卓越班组长修炼手册/李博尧,李靖主编. —哈尔滨:哈尔滨工程大学出版社,2024.1
ISBN 978-7-5661-4202-3

Ⅰ. ①卓… Ⅱ. ①李… ②李… Ⅲ. ①班组管理-手册 Ⅳ. ①F406.6-62

中国国家版本馆 CIP 数据核字(2024)第 006299 号

卓越班组长修炼手册
ZHUOYUE BANZUZHANG XIULIAN SHOUCE

选题策划	宗盼盼
责任编辑	张 彦 田雨虹
封面设计	李海波

出版发行	哈尔滨工程大学出版社
社 址	哈尔滨市南岗区南通大街 145 号
邮政编码	150001
发行电话	0451-82519328
传 真	0451-82519699
经 销	新华书店
印 刷	哈尔滨午阳印刷有限公司
开 本	787 mm×1 092 mm 1/16
印 张	22
字 数	383 千字
版 次	2024 年 1 月第 1 版
印 次	2024 年 1 月第 1 次印刷
书 号	ISBN 978-7-5661-4202-3
定 价	59.80 元

http://www.hrbeupress.com
E-mail:heupress@ hrbeu.edu.cn

前　　言

　　如果把一个单位比喻为一棵枝繁叶茂的参天大树,那么,班组长就好像大树上的节点,将根部的营养分解,然后传递给枝叶;如果把一个单位比喻为一座高耸入云的摩天大厦,那么班组长就好比大厦的基石,承载着压力,支撑着大厦的稳定。

　　可见,无论是在一个事业单位,还是在一个企业,班组长所发挥的作用都很重要,原因是一线班组长直接为客户提供指导和服务。其服务质量的好坏,直接影响着一个事业单位或企业的知名度及美誉度。

　　因此,现代班组长肩负着重大使命。"上面千条线,下面一根针。"方针政策再好,也都要通过班组长去观测、执行、落实。"火车跑得快,全靠车头带。"班组长在不断提高自我能力的同时,还要想方设法带领组员,一同出色地完成指导、服务、生产、经营、销售等指标和任务。显然,"工头"式的班组长工作方式早已落伍。新时期的班组长只有掌握先进的工作方法,讲究卓越务实的领导艺术,才能不断提高管理质量,调动广大组员的积极性,为在职工作单位的发展壮大贡献力量。

编　者

2023 年 8 月

目　　录

第一章　班组长角色与职责

第一节　班组长的角色

一、管理基础认知

【案例】任劳任怨的刘某

刘某是厂里的工人技术骨干,为人老实厚道,多次在公司"电工比武"中名列前茅。电工班老班长退休后,车间领导任命刘某为电工班班长。刘某好钻研,电工方面的技术问题很少能难住他。担任班长后,刘某更加任劳任怨,每天从早忙到晚,手脚不得闲。

刘某有一个特点,就是不爱与人交谈。他平时和领导、同事们之间的沟通就很少,在车间调度会上也很少发言,在班前会上也只是简短几句布置一下任务。班组成员身体不舒服、情绪有什么波动或家里有什么事,他很少注意到。

刘某认为班长最重要的责任是以身作则,带头完成各项工作任务。每天班上有那么多活要做,不应该把精力用在鸡毛蒜皮的人际关系上。

【问题】刘某是一个称职的班长吗? 他的问题在哪?

【总结】刘某不是一个称职的班长,而是一个地道的劳模。虽然班组长作为生产最前线的指挥员,有危险、有困难应该冲在最前面,但作为一名基层管理者,班组长绝不能忽视自己的管理职责,应该组织调动班组成员共同完成工作,而不应该只是自己埋头做业务。否则,即使班组长有三头六臂,累得吐血,也不能完成班组工作任务。

班组长是做出来的,其技能娴熟,吃苦耐劳,一个人做事绝对没问题,可是要他带领一群人做事就有点儿力不从心了⋯⋯技能能手上任班组长也同样要进行角色转换。班组长不仅要把自己的事情做好,更重要的是带领班组一起将事情做好。

(一)什么是管理

所谓管理就是通过组织和协调人力资源与物质资源以达成组织目标的过

程及活动。这里的组织目标包括以下两个方面。

(1)使组织的服务对象获得满意;

(2)使服务提供者获得满意。

(二) 为什么要管理

马克思说过:"一切规模较大的直接社会劳动或共同劳动,都或多或少地需要指挥,以协调个人的活动,并执行生产总体的运动。"

这句话说明了为什么要管理——管理的出现是组织协调的需要,而且管理能够带来效益。

(三)管理的对象及职能

管理的对象也称为管理的客体,主要是指人、资金、物、信息、技术、时间等一切资源,其中最重要的是对人的管理。

管理的职能一般分为计划、组织、领导和控制四项职能。

(四)班组的构成及其管理内容

班组的构成是班组里的人、物、作业场所的组合。

班组管理的内容包括:目标管理、安全管理、劳动管理、作业管理、物料管理、质量管理、设备管理、成本管理、民主管理、思想教育等,可谓"麻雀虽小,五脏俱全"。

(五)班组管理存在的主要问题及其解决措施

1. 班组管理存在的主要问题

(1)对班组的激励机制不科学、不完善;

(2)班组管理中缺乏目标管理;

(3)班组的文化氛围不活跃;

(4)班组中的民主管理不到位。

2. 解决措施

为解决上述问题,结合优秀企业的经验,可以采取以下解决措施。

(1)建立多样化的激励机制;

(2)注重班组的思想文化教育;

(3)提高班组长的素质并开发其能力;

(4)建立学习型组织。

二、什么是班组和班组长的定义及其代表的立场

(一)什么是班组

班组是为了共同完成某项生产任务或工作目标,而由一定数量的工作者或操作人员,在有统一指挥、明确分工和密切配合的基础上所组成的一个工作集体。

班组是企业的最小生产单位,班组管理是企业管理中的基础。无论什么行业、工种,它的特点就是拥有共同的劳动手段和对象,直接承担着一定的生产任务,其中包括服务产品,因此班组管理有以下3个重要作用。

(1)班组管理影响着企业生产决策的实施,因为决策再好,如果执行者不得力,决策也很难落到实处。所以班组管理影响着决策的实施,以及企业目标利润的最终实现。

(2)班组管理既是承上启下的桥梁,又是员工与领导之间联系的纽带。

(3)班组管理是生产的直接组织者和劳动者,所以班组管理既应该是技术骨干,又应该是业务上的多面手。

(二)班组长的定义

班组长是指对现场的作业人员、材料、设备、作业方法、生产环境等生产要素直接指挥和监督,以达成企业的各项管理目标的管理人员。

班组长是资本经营生产过程管理的具体实施管理岗位,起着承上启下的作用。

班组长是在生产现场直接管理一线员工,并对本班组工作的结果负责的人。

(三)班组长代表的立场

1. 对下代表经营者的立场

如果班组长不清楚自己对班组成员代表着经营者的立场这一规范,也不知道自己究竟有多少权利、义务、职责,应扮演何种角色,那么他虽然占据着班组长的位置,却未能发挥班组长的作用,是没有实际价值的班组长。当然,在对自己角色的把握上不可过激,西方把这种现象称为印象模式,以至没有认清自身位置或不了解班组成员,导致哗众取宠,成了班组成员单方面代言人。

班组长面对班组成员时,要代表上级领导说话,不必说大道理,要体现一定

的亲和力。

班组长要了解下级对自己的期望。通常下级对上级有以下6个方面的期望。

(1)办事公道

在工作方面,需要班组长在分配工作任务时做到公道,奖罚分明,分配利益时也要做到公道,只有这样才能够服众。

(2)关心下级

如果班组长缺乏对员工在工作、生活上的关心和了解,员工自然也不会满意。

(3)目标明确

目标明确是作为领导最重要和最基本的前提。

(4)准确发布命令

班组长作为一线的指挥者,发布命令的准确程度应像机场上的管制员给飞行员发布命令一样准确,在命令的传播过程中一旦产生歧义,很容易出现失误,造成工作中的事故。

(5)及时指导

下级希望自己能时常得到上级的及时指导,因为上级的及时指导就是对下级的关注和培养。

(6)需要荣誉

作为班组长还应做到非常慷慨地把荣誉和奖金分给员工,下级的劳动模范越多,也代表该班组长工作做得越好。

2.对上代表员工的立场

作为下级,需要了解管理者的工作目标期望值。班组长必须准确地了解领导的指示,以及领导指示的背景、环境和领导的风格。有时候作为下级的班组长费了很大的力气做某事,但并不是领导所希望的,结果费了力气反而没有达到应有的效果。当然也有可能班组长是正确的,但是领导不了解,怎么办呢?这时要选择适当的时机把自己的建议呈上,让领导比较全面、准确地接受或者采纳建议。

面对上级时,要代表员工,要选择合适的场合、时间,把基层的情况反映给领导。如果班组长不会进行角色转换,就会导致上下级关系不和谐。对待直接领导既代表员工的立场,同时又代表上级的辅助人员的立场。

三、班组长的角色定位与转换

【案例】老好人周某

质检班长周某是个热心人。她像老大姐一样关心照顾同事,班里每个员工家里有事情,她都能照顾得到。她还经常做好吃的,拿到班上和大家一起分享。和同事朋友相处,她从不计较个人得失,工作干在前,荣誉、奖金拿在后。论人品,班长周某是个好人。

但是周某对领导言听计从,领导安排什么,她马上向大家布置什么,自己从没什么想法。一旦大家提出异议,她马上便说:"领导说的,就这么执行。你照吩咐做,出了差错领导不会怪你。如果你不这样做,出了问题你要自己担着。"大家听了觉得有道理,也就不再说什么。如果有了不明白的地方,便不再问她,而是直接请示主管领导,因为大家知道跟她说了也没用,她还要去请示领导。

令周某苦恼的是,她发现班里有人总是跟她"顶牛",不服从她的指挥,有什么事也不跟她商量,而是直接找主管领导。于是她的"无能"渐渐被传播开来,以至于她原本"听话"的下属也开始不尊重她了。

【问题】你认为周某的问题出在哪里?难道是员工辜负了周某的一片好心吗?

【总结】周某是个好人,但不是个好班长。大家对她的不满和"背叛"是早晚的事。作为一班之长,对班组工作一定要有自己的想法和思路,不能只做上级的传声筒。唯有如此,才能赢得大家的信服。

(一) 角色定位

现代企业对班组长的定位是基层管理者。

对于管理者而言,了解自己的角色是重要的前提。每个人在社会中扮演着不同的角色,要想处理好各种社会关系,就应该了解自己在不同的背景下的角色,并按照角色的要求履行义务。在企业管理中也是如此,管理者要了解自己在企业中所扮演的角色,了解该角色对自己的要求和规范是什么,并在实际的工作中扮演好自己的角色。角色也关联着权利与义务,只有准确地知道自己的权利和义务,才能发挥出班组长应有的作用。

随着企业的发展,班组管理被越来越多的企业所重视,班组长的角色地位也被进一步明确。很多企业将班组长定位于企业架构中的督导层角色,是中层和基层之间的衔接人。

处于督导层的班组长,监督和指导基层员工的工作被包含在其职责范围之内(图1-1)。

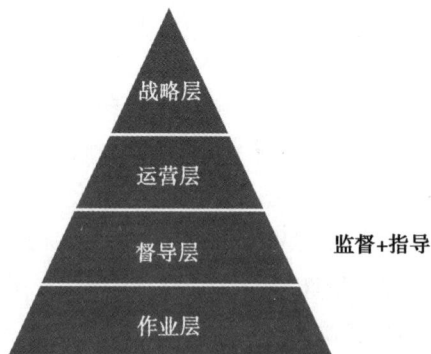

图1-1　班组长的职责范围

(二)角色转换

班组长在企业中要面对的是3个层面:第一个层面是上级,即中层管理者;第二个层面是下级,即班组员工;第三个层面是同级,即其他的协同部门及相关人员。对待这3个层面的人员,班组长应该扮演不同的角色(图1-2)。

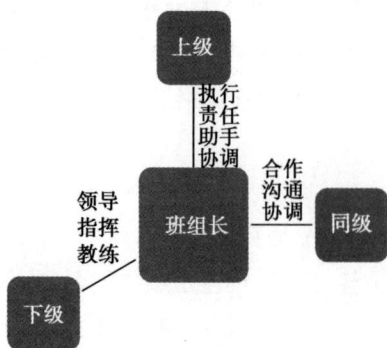

图1-2　4种角色关系图

1.面对上级,班组长是执行者、责任者、上级的助手及协调者

(1)执行者

执行者是指班组长按时完成任务,代表上级进行管理。

班组长要清楚的一个问题是,自己的职务是企业任命的,是企业委托你对班组进行管理,你的言行是一种职务行为,所以班组长在进行班组管理的过程中要表达的是企业的意图。

①正确领会上级的意图；

②服从上级的指挥；

③就如何完成任务提出建议和所需要的帮助；

④尽力克服困难，圆满完成任务；

⑤及时向上级汇报任务完成情况。

（2）责任者

责任者是指班组长为本班组发生的所有情况承担相应责任。

在工作过程中，班组长有权利做出相应的决策以实现企业工作目标，并为其工作结果承担相应的责任。

①出现问题时，不推卸、指责和埋怨，主动承担责任，积极地、妥善地解决问题；

②遇到困难时，走在下级的前面。

（3）上级的助手

上级的助手是指在工作过程中，班组长有义务提供信息和建议，以便实现质量、成本、交货期的目标。

如果工作目标下达，班组长就必须执行。至于上级的决策是否正确，不是由班组长去检验，而是由更高一级的领导或者市场来检验。很多班组长由于没有搞清楚自己的角色，经常犯这样的错误：对于上级的决策，自己认为不合理，在执行的过程中就敷衍了事。这是一种不负责任的行为，不是职业化的行为。注意：涉及安全的错误指令，有权利拒绝。

（4）协调者

班组长有责任代表上级与其他部门进行相应的工作协调，如设备维修、物流、信息交换等。无论外部协调还是班内事务处理或发生冲突，班组长要从全局的角度分析解决问题。

2. 面对下级，班组长是领导者、指挥者、教练员

（1）领导者

领导者是指班组长确保员工以高度的热情、信心完成任务。

班组长的首要任务是完成班组目标。班组长要根据班组的实际情况选择达成目标的方法，并对班组资源进行组织、管理、协调，这也是班组长存在的价值，具体内容包括对生产、质量、成本、安全、人员等各个方面的管理。所以班组长既要掌握管理的规则，又要学会管理的方法。

①为班组设立共同的目标，让员工清楚努力的方向；

②了解每位员工的特点，尽量给每位员工安排适合自身发展的工作任务；

③利用各种办法激励员工,让其保持自信和工作积极性;

④保持与员工良好的沟通,了解他们的需求与渴望;

⑤保持幽默和愉快的心情,在解决困难时表现出热情与自信。

(2)指挥者

指挥者是指班组长合理组织人、财、物、力,以确保任务完成。

①新员工来了,班组长能够指导他们尽快掌握相应的知识与技能并达到上岗标准。

②根据工作任务制定整体思路和具体行动方案;

③合理分工,明确职责;

④做好工作的督导检查,及时发现问题,解决问题。

(3)教练员

教练员是指班组长提供指导和培训,以改善员工的行动,善于发现员工的问题所在。

班组长在率先掌握新设备、新工艺、新技术的应用的基础上,对班组成员进行指导与培训并使其达到会使用的标准。

①设立重点目标,制订培训计划;

②选择合适的时机和方式进行培训;

③及时评价与跟进,发现新的问题。

3.面对同级,班组长是合作者、沟通者、协调者

班组和其他班组或协同部门之间的工作配合,传统的做法是各司其职,而现代企业要求班组长除履行好自己的职责以外,还要建立内部用户的理念,即下道工序是我的用户,或者谁用我的工作成果,谁就是我的用户。企业的生产过程是按照流程来进行的,为了保证最终的产品和服务满足外部用户的需要,各个生产环节以及环节的连接都要顺畅,一个班组的工作需要其他班组协同以及部门的支持,因此建立内部用户第一的思想非常重要。

与其他班组或协同部门及人员要求同存异。

①一切从大局出发,不要只关注部门利益;

②把握双赢原则,实现互利互惠;

③真诚相待,互相尊重。

一般来说,在不同的场景中,人们会扮演不同的角色。班组长作为管理者,尤其要学会角色转换。

(三)不成功的班组长类型

(1)生产技术型——依靠救火的方式工作;

(2)盲目执行型——态度强硬,传话筒;

(3)大撒把型——得过且过,缺乏责任;

(4)劳动模范型——勤恳务实,缺乏领导;

(5)哥们儿义气型——感情用事,缺乏原则;

(6)"恐龙"型——霸道,一切我说了算;

(7)受气型——不敢说,经常遭上司斥责;

(8)魅力型——过于依赖个人魅力、魄力;

(9)"领导"型——只说不做。

(四)明确现场管理者的定位

(1)现场管理者是:指挥者,明确方向;

(2)现场管理者是:教练,教他人做事;

(3)现场管理者是:导演,筹集资源调配工作;

(4)现场管理者是:优秀的沟通者,倾听内外部的声音;

(5)现场管理者是:助推器,激励和推动下属;

(6)现场管理者是:个人楷模,为员工以身作则;

(7)现场管理者不是:家长,凡事都替他人安排;

(8)现场管理者不是:警察,事后监督;

(9)现场管理者不是:消防队员,处处抢险。

第二节　班组长的使命与职责

一、班组长的使命

班组长的使命是根据公司目标和现有条件,高效率地达成应承担的组织的任务。这需要做到以下几点。

(一)提高产品(服务)质量

对生产产品的质量负责,既要保证生产按期完成,还要保质保量生产出合格的产品。

提高产品(服务)质量主要是不制造或者减少不合格的次品,减少或消除不合格服务。如果不合格产品率增高,为此而消耗的工时、材料、能源、设备的运转和劳动力都将被浪费掉;而在非制造业,不合格服务将导致顾客投诉,造成重大损失。

（二）提高生产（服务）效率

企业要创造出更多的利润,最关键的就是提高生产效率。为了提高生产效率,要减少人员和设备方面的浪费与徒劳无益的时间消耗。

1. 人员方面

一是提高班组成员的技能,争取加快作业速度等;二是精心安排劳动调配,努力消除或减少无效的时间消耗,减少停工待料,消除因发生故障而等候修复的时间等。

2. 设备方面

一是缩短设备作业周期(加快作业效率)等;二是减少设备的停歇时间,减少故障的发生次数,缩短修复的时间等。

（三）降低生产（服务）成本

企业利润的来源有两个环节:一是开源,二是节流。开源就是提高工作质量和工作效率;节流就是降低成本费用。

生产成本是制造型企业重点关注的指标,班组长要通过降低生产物料的消耗,控制不必要的加班等手段来降低成本。

（四）防止重大事故的发生

安全优于生产,安全重于泰山。班组长是生产现场的第一责任人,所以要把安全工作深入员工平时工作的细节中去。

如果发生工伤事故和灾害,就会丧失所创造的利润,尤其是一些安全事故会给企业造成毁灭性打击。为此,班组长一方面要努力改善和提高机械设备的安全水平,另一方面要努力提高作业人员的安全意识和作业能力,努力改进安全措施。

PQCDSM(produotive、quality、cost、delivery、safety、morale)是生产管理中的重要指标,班组长应该把这6大要素的过程管理与指标达成,作为自己在企业中的使命。

(1)P(productive):生产效率;

(2)Q(quality):质量和品质;

(3)C(cost):成本;

(4)D(delivery):交货期,也就是生产管理中的时间管理与控制;

（5）S（safety）：安全生产管理；

（6）M（morale）：员工士气，实际上就是对人的管理。

二、班组长的任务

（一）基本任务

班组长的基本任务就是班组长具体岗位上的职责或任务。

班组长的基本任务包括以下内容。

1. 事务管理

事务管理是指例行工作方面的管理，如员工是否准时上下班、是否按要求穿着工装、是否准时打卡等事务性的、琐碎的事情。

2. 生产管理

生产管理是生产现场对人、机、料、法、环、测这6大要素的管理（图1-3）。同时班组长也可以将这6大要素视为自己手中的资源。在企业中存在的根本价值就是通过日常的管理工作，将这6大要素（资源）转化为PQCDSM结果。

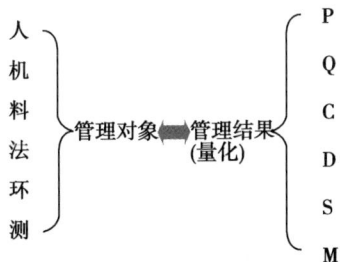

图1-3　生产管理6大要素

3. 辅助上级

及时向领导汇报现场的问题，给领导提出提升管理的建议。

（二）具体任务

（1）负责实现上级分解下来的工作目标，争取超额完成目标。

（2）根据班组和企业的实际情况，认真制订工作计划。

（3）合理协调班组各种资源，充分调动班组成员的工作积极性。

（4）主持班组会议，上传下达，保持班组信息及时、准确、畅通。

（5）确认检查工作，实施监督、指导功能。

（6）营造并活跃学习氛围，促进班组竞争能力的提升。

（7）总结工作,向其他部门或上级领导呈报工作情况。

（8）完成上级领导交代的其他任务。

【案例】谁的责任

班组新进了 2 名新员工,当月次品率上升 6%,主管责备班长。

班长说:"这不关我的事,次品是 2 名新员工干的。"

主管说:"那你要培训他们。"

班长说:"我哪有时间,我要返工维修那些次品,要不然次品怎么办?"

【问题】请问该班长犯了哪些错误?

【总结】

1.该班长没有对班组新员工进行技术业务培训学习。

2.在新员工上岗后,没有对新员工的工作进行检查,实施班长的监督、指导功能。

（三）工作内容

1.生产准备是起点

①人、机、物、方法、环境的准备；

②早会；

③报告。

2.生产计划是主线

①生产计划是命令；

②掌握完成计划的主动性；

③计划落后的措施。

3.过程控制是关键

①过程控制的重点；

②有的放矢抓结果；

③及时处理异常情况；

④人员及工位管理；

⑤不良品管理。

4.生产速度不能慢

①计划决定速度；

②有效控制速度；

③减少过程障碍。

5.生产统计要精确

①需要统计的内容；

②如何统计；

③统计分析；

④改善措施。

6.管理方法、管理工具要会用

①必须懂得基本的观念；

②必会的管理工具类别；

③实际中该如何掌握管理方法和管理工具。

7.把好文明生产安全关

①生产环境；

②运输过程；

③操作规范；

④安全生产。

以上7个内容，概括为5个方面：生产效率、产品质量、生产环境、规范操作、统计分析。

【案例】严格管理的张某

经过一层层激烈的角逐，张某终于如愿以偿，成为钳工班班长。为人严谨的张某认为班组管理的关键应该是制度管理。只要健全班组各项管理制度，严格考核，公平公正，员工自然会心服口服，班组管理也会井井有条。

上任伊始，他就细化了班组各项管理规定，并将考核结果与当月奖金挂钩，一旦发现违纪现象，他就绷起脸来，严加训斥。结果，在一个星期之内，班里16名员工被张某训斥了10位，并对其中3位实施了经济处罚。这样一来，大家对张某的意见很大，有人见到他就气鼓鼓的。班组里以前和张某关系不错的哥们儿也对他"敬而远之"了，张某成了孤家寡人。张某想不明白，自己到底哪儿错了？

【问题】张某到底哪儿错了？

【总结】张某严格管理本意没错，但工作方法过于简单和生硬，又带有明显"官"的作风。人是有思想、有感情的，不能用对待机器的方法来对待人。所以，一定要注意管理的方式、方法，让员工感到班组长是在帮自己，为自己好，从而自觉地服从管理。

三、班组长的现场管理职责

班组长是车间管理一线的指挥者，是"兵头将尾"，是直接带领员工从事一线管理工作的实践者、组织者。如果班组长指挥不利,管理工作搞得不好,将会给班组,甚至企业造成损失。

会指挥的班组长能够合理安排和组织好基础工作,营造正常的工作秩序并严格执行劳动纪律,还能够解决工作中出现的问题,较好地完成班组的各项任务,实现目标。

(一)班组长在现场管理中的任务

现场管理的必须事项有生产效率、成本降低、生产安全、人员训练、改善活动、5S[整理(seiri),整顿(seiton),清扫(seiso),清洁(seiketsu),素养(shitsuke)]、改进员工工作技能、质量控制、停线次数等,概括为以下6大任务。

1. 人员激励

人员激励,即班组长提升人员的向心力,维持工作的士气。

2. 作业控制

作业控制,即班组长制订完善的工作计划,按良好的工作方法执行。

(1)执行每月生产计划

①合理安排作业人员,使生产流畅;

②训练及协助作业人员的工作。

(2)准备每日的生产活动

①点检机器设备、工具、零件和材料;

②执行主管所交付的工作任务;

③启动机器并确认其能运作正常。

(3)跟催作业

①调查出现异常的原因;

②向主管报告;

③采取临时措施;

④设计永久对策;

⑤依指示协助主管。

(4)作业完成后的工作

①准备下一班工作(如发现异常,要通知下一班人员);

②确认所管辖区域内的每一个开关均在"关闭"状态下;

③准备班组日报表。

(5)处理停线事务

①调查外部停线事件;

②调查内部停线事件；

③确定原因及采取对策。

（6）准备新产品导入生产线

①协助主管；

②学习新产品生产工艺和指导作业人员正确作业。

3. 质量控制

质量控制，即班组长控制工作质量，执行自主品质保证标准，以达到零缺陷要求。

（1）维持和改进质量水平。

①对组内成员说清楚质量现状水平、将要达到的目标及相应的要求；

②监督及控制流程的质量输入信息；

③分析原因，并采取相应的对策。

（2）坚决贯彻"质量是制造出来的"信念。

①检查每日生产的第一个和最后一个产品；

②执行定期检查，以防止不合格品产生；

③监督作业人员遵守作业标准工作。

（3）发现质量不合格时，能采取相应的对策。

①属于内部原因造成的不合格品，要修理好，并向主管报告及提出建议与对策；

②属于外部原因造成的不合格品，向主管报告，并请求修理。

（4）每日与组内成员开会总结，告知有关质量的问题，并加以讨论，同时评估组员的质量认知水准。

4. 设备维护

设备维护，即班组长正确地操作设备，维持生产作业零故障。

（1）负责本班组设备的合理使用与维护保养。

（2）检查或填写各种记录，督促操作人员执行日常点检和维护。

（3）参加本班组事故的分析，组织和教育操作人员如何采取措施防止事故发生。

（4）组织本班人员进行设备操作、基础保养等业务学习。

5. 安全运行

安全运行，即班组长采取必要措施，保证人员、产品的安全。

（1）认真执行各项制度，对违反工艺操作规程及安全生产规程的行为加以制止，直至停止其工作。

（2）做好本班组的安全运行工作,杜绝重大人身、设备、火灾、爆炸事故,并减少一般事故的发生。

（3）一旦发生事故立即组织抢救,采取一定措施,防止事故扩大,并向有关部门报告。

（4）展开事故调查,进行事故分析,吸取教训。

（要点提示:班组长现场管理的4大职责包括生产、成本、质量及安全。）

6. 成本控制

成本控制,即班组长要做到节约物料,杜绝浪费,降低成本。

（1）成本改进的计划

①向主管提出口头意见及提案改进计划;

②准备并提出"成本降低计划"进度表;

③从事本单位内各项改善活动的协调,并请求其他协助改善事项(如新工具等);

④监督及跟催"成本降低进度表"的进展情况。

（2）降低人工成本

①提出构想并协助上级执行人工成本降低的措施;

②监督每月工数降低活动事项,并且跟催其进展情况;

③若未达成目标,则需研究其原因,并采取相应的行动。

（3）降低直接成本

①记录原料、物料耗用量;

②研究原料、物料用量增加的真正原因及降低用量的对策;

③监督原料、物料实际耗用量与计划耗用量的差异;

④将超过原计划耗用量的原因及采取相应的对策写出提案。

（4）节约能源

①确定是否有泄漏之处,如气压、供水等,并采取措施阻止泄漏;

②在确定之后,再决定是否由自己来处置或寻求他人协助;

③监督作业人员在设备使用完后随手关闭电源。

（5）日常改进事务

①改善的准备;

②准备监督工作改善的活动事项;

③依据问题的状况,给予改善活动的指示;

④协助主管指导班组人员改善工作。

（6）其他

①与班组人员举行会议，说明成本降低的成果；

②把握每一个机会，以强化每一个作业人员的成本意识。

（二）班组长在作业过程中应把握的内容（班中控制）

班组长在企业整体中属于中坚力量。班组长带领员工完成产品的质量、成本、交货期，是公司的灰领阶层。班组长在作业过程中应把握以下内容。

（1）生产作业计划是否明确合理。

（2）计划调整对人员、设备及其他方面的影响。

（3）培养员工的工作技能（交叉式多能型）。

（4）缺料、设备故障等引起的停产时间。

（5）不良品发生的原因和对策、不良品的善后处理。

（6）工装夹具、生产辅料是否足够齐全。

（7）生产是否正常、能否完成生产任务。

（8）是否需要加班。

（9）工作方法是否合适，是否存在浪费，有无可改善之处。

（三）现场秩序管理

现场秩序包括劳动纪律、工作风气、人员面貌和素质等内容。

管理的目的：一方面确保作业人员能够按照企业的规定完成工作内容，另一方面要促使员工积极、主动地维护秩序。现场秩序管理主要包括以下内容。

（1）没有迟到、矿工等现象，人人都能遵章守纪。

（2）没有萎靡不振的现象，人人都保持良好的精神状态。

（3）所有员工都能自觉地参与各种准备活动。

（4）员工确保自己的行为符合规范和要求，不会妨碍他人。

（5）对于新产品、新技术，员工能学习和掌握工作要点，熟知重点作业内容。

（6）要求员工以自己管理自己的心态处理工作事项，并及时报告发现的异常，主动采取措施处理。

（7）保证员工能够在现场愉快的工作，使产品和设备符合工作要求。

第三节　如何做一名优秀班组长

中国对管理者的要求是德、法、术。

所谓德，是指德行、品德，管理者一定要有好的品德。

所谓法，是指制定规章制度能力，以及执行规章制度的能力。

所谓术，是指领导艺术，即要有灵活应变的能力，尤其是在市场竞争越来越激烈的时代，一定要具备很强的灵活应变能力。

因此，新时期的班组长，要德、法、术三者兼具。

一、班组长应具备的基本品德

（一）以身作则，率先垂范

古人曰："其身正，不令而行；其身不正，虽令不从。"尽管班组长只负责几个人或十几个人的工作，但一言一行都在下级的直接监督之下。"上梁不正下梁歪，中梁不正倒下来。"班组长与其组员相比属于"上"，因此，班组长要想带出一支能打善拼的好队伍，顺利完成上级交给的工作任务，就必须严于律己，宽以待人，要求别人做到的，自己首先做到；要求别人不做的，自己带头不做。只有时时处处严格要求自己，大公无私，带头实干，才能在与下级零距离接触中，树立起较高威信，为充分调动指挥权发挥积极作用。

（二）作风民主，团结同志

班组的战斗力和凝聚力来自成员的团结和谐，而团结和谐的关键是班组长要有谦让容人的雅量、度量和气量。员工身上有缺点或犯错误在所难免，而班组长发现这些问题后不应只是责备，而是要善意指出并帮助其纠正错误，尤其是要善于团结与自己意见不同的员工。对有困难的下级班组长要主动关心，热情帮助，努力营造温馨和谐的团队氛围。搞好班组管理是大家的事情，大家的事情必须依靠大家来办。所以班组长只有发扬民主，依靠群众，遇到问题多同员工商量，才能把蕴藏在员工中的智慧和力量充分挖掘出来，集思广益，共同奋斗。如果班组长我行我素，独断专行，就会成为孤家寡人，哪怕有天大的本事，职工不听你的"吆喝"也无济于事。

（三）公道正派，不徇私情

班组长"官"不大，责不轻；权不重，事不少。只要有事就涉及原则问题。而要坚持原则,首先必须公道正派。自己不公道正派,遇到矛盾和问题想当老好人,原则就难以坚持;而无原则的好人主义思想一旦泛滥,讲"面子",看"关系"的坏风气就会迅速形成,工作就会处处被动。"名不正则言不顺;言不顺则事不成。"班组长一旦失去组织上的信任,即使有再远大的抱负也无法施展。因此,班组长必须珍惜自己的工作岗位,全面提高自己的素质和能力,才能为企业的发展和进步做出积极贡献。

二、班组长应具备的道德修养

一个合格的管理者想要让下级服从自己的决定,拥护其领导,没有独特的个人魅力是不行的。所以,一个合格的班组长还要从以下几个方面树立自己的威信,从而达到令行禁止的目的。

(一)政治品格与道德品质兼备

一个领导者只要责任感强、不谋私利、公平待人、态度谦和、善于沟通,具有鲜明的个性特征与高尚的道德品质,就能增强下级对其的信任感,使领导工作具有影响力与向心力,也就是我们平常说的个人魅力。魅力是最能够捕捉公众的想象力、凝聚公众的战斗力、吸引公众的注意力,鼓励公众忠心耿耿地为群体目标而努力奋斗的催化剂。

(二)讲信用,不食言,不说空话、假话、大话

一个领导者讲信用,不食言,不说空话、假话、大话,才能够获得群众的信任。最容易损害威信的,莫过于被人发现他在欺骗、说空话、不信守诺言。

(三)情就是上下级之间同志式的感情

同志式的感情是建立在相互支持的基础之上的。有了这种感情,上级与下级便能同甘共苦,甚至生死与共。这是因为,每一个人都希望别人理解并尊重自己,尤其是来自上级的理解、尊重、信任与关心,更会使下级受到鼓舞与振奋。上级如果能够满腔热情地关心他人,诚心诚意地尊重他人,下级就会对上级心悦诚服,工作中就会产生无言的感召力与影响力。这就是情感投资的效应。

(四)有一定的知识素养与技术水平

在工作方面,班组长要达到较高的层次,只有成为本班组的内行,才能享有较高的威信。知识是一种力量,是一种财富,也是一种丰富的权力资源。一个

缺少知识、技术能力不过硬的班组长,很难在复杂的工作中带领组员一起出色地完成工作任务。

(五)以树威使人信服,以才助威使人佩服

所谓的才主要指认知才能、决策才能、决断才能、指挥协调才能、组织管理才能、总揽全局才能、思想政治工作才能、公关宣传才能、应变才能、处理问题的才能。一个才华横溢的领导,可以使员工产生一种信赖感与安全感,即使在非常困难的情况下,员工也会同心同德地跟着领导去战胜困难。员工愿意跟着具备以上才能的领导干工作,于是领导就有了号召力与威信。

(六)成绩是树威的根本

领导的知识再多、能力再强、技术再高,但最终干不出成绩,在同行业里总是"垫底",员工还是不会认可你,不会信服你。只有把成绩实实在在地摆出来才有说服力,领导的威信才能树立起来。

(七)廉洁是建立威信的基础

管理者要建立自己的威信,必须把廉洁作为一个自我修养的主要方面,坚持艰苦朴素,反对奢侈浪费,不为金钱所惑,不为物欲所误。

(八)公正、公平、公道

员工最怕不公,不公导致消极、离心;公则赢得人心。领导者要公平、公正地对待诸如分配、奖惩等问题,切忌亲我者近之,疏我者远之。

三、班组长应具备的素质和能力

(一)班组长应具备的素质

1. 正能量的思想素质

对于班组长来说,思想素质是最基本的素质。首先必须热爱工作,能吃苦耐劳,视安全为己任,牢固树立安全即是生命的世界观;具有良好的社会公德、个人修养和工作方法,做到办事公道,不徇私情。

2. 过硬的专业知识

班组长文化与专业水平的高低,与自身的工作岗位有密切的关联。文化与专业水平较低,工作起来就会感到很吃力,不能得心应手。因而,文化与专业水

平低的班组长,要充分利用工作之余、节假日,加强文化与专业知识的学习,以适应形势发展和日常工作的需要。

3.强烈的责任心

班组长责任重大,既要对自己负责,又要对他人负责,平时即使自己受委屈,也不能放弃保护员工的责任。班组长在工作中还应认真细致,牢记"安全在于谨慎,事故在于麻痹"的原则。

4.勇于担当的精神

在工作中,班组长首先应热爱工作,有"爱"这个原动力,才能体会到管理工作的重大意义、重大责任,才能体会到工作价值,才能全身心地投入工作中。安全工作是比较耗费时间和精力的,并且很多工作都需要利用闲暇时间完成的,加班加点是难免的。因此,只有不怕困难、勇于担当且具有奉献精神的班组长,才能真正做好工作。

5.认真的工作作风

在工作中,班组长应该是最为细致的人,尤其是安全管理工作。因为在员工的心目中,安全责任往往由班组长承担,尽管这种想法是不对的,但班组长还是应该尽可能地想到预防事故的方方面面,采取有效的防范措施,做到防患于未然。

6.宽广的胸怀

在开展管理工作过程中,由于一些员工不理解,会与班组长发生各种各样的矛盾冲突、争执,甚至对班组长辱骂、指责。在这种情况下,班组长应注意工作方法,对员工耐心地疏导。因此,需要班组长必须具有宽广的胸怀和一个良好的心态,而不是"以其人之道还治其人之身"。

7.敢于"碰硬"的勇气

班组长在管理中时常会遇到困难,在制止违章行为时,有的员工不理解,甚至产生抵触情绪;事故调查时"你遮我掩",没人说明事情的真相。面对众多的困难或者挫折,班组长不能畏难、退缩、消沉,更不能一气之下什么都不管了,要勇于克服困难,激流勇进。

8.为人处世谦虚谨慎

班组长应以自己为载体,谦虚为人,谨慎处事。遇事能听取员工的意见,使小组形成一种相互交流、相互学习的氛围,使上级与下级、下级与下级之间和谐相处。这样的班组长才会得到员工的好评与认可。

9.良好的身体素质

在工作中,班组长要巡检到现场的每一个角落,体能消耗较大,并且只要有员工作业生产,班组长就要工作,所以没有良好的身体素质很难做好安全工作。

(二)班组长应具备的能力

1. 从技术走向管理

很多班组长是从"技术骨干"转到"现场管理者"的,这两种角色对能力的要求是不同的。技术骨干重在个人的技能,聚焦在具体分工作业内容上,评价的维度就是能否保质保量地完成工作内容;而管理者除了要有过硬的技术外,还需要具备基础的管理能力,其中包括组织,协调,沟通,分析、解决问题的能力等。评价一个管理者往往不再看他个人的成绩,而更关注其所管理的团队如何。技术型人才和管理型人才的关注点见表1-1。

表1-1   技术型人才和管理型人才的关注点

人才类型	关注点
技术型人才	①重视管"物"; ②知识技能的"深度"; ③重视"过程"; ④"专才"; ⑤自然科学; ⑥个人干
管理型人才	①重视管"人"; ②知识技能的"广度"; ③重视"结果"; ④"通才"; ⑤人文科学; ⑥集体干

2. 基层管理者的能力需求

不同层级的管理者面对的是不同的管理对象,因此需要具备不同的能力,以应对不同的管理挑战和任务。不同层级管理者的能力需求见表1-2。

表 1-2　不同层级管理者的能力需求

层级	技术能力	人际能力	管理能力
高层管理者	18%	35%	47%
中层管理者	27%	42%	31%
基层管理者	47%	35%	18%

对于高层领导,决策所占的权重较高,是指高层领导需要制定政策、预见未来、指引方向;而技术所占的权重较低,当然高层领导并不一定是"门外汉",只要懂得就可以。高层领导的主要精力应用在制定政策和战略方向上。

对于中层领导,管理所占的权重最高,也就是说在实际管理中应发挥柔性管理,重在监督。

对于班组长,技术所占的权重最高。作为一个"兵头将尾",应是业务尖子、行家里手,只有这样说话、做事才能有分量、有权威。此外,班组长的人际协调能力也应较强。决策所占的权重较低。实际上班组长也需要一些,但其精力应主要用在一线作业上。

班组长作为基层管理者,通常是负责指导和管理基层员工,除了需要强大的业务技术能力作为基础以外,还需要具备以下能力。

(1)组织和协调能力

班组长能够有效组织和协调生产线上的员工,以确保生产计划的顺利完成。这是基层管理者最为基本也是最为重要的能力所在。

(2)监督和指导能力

班组长能够监督员工的工作,及时发现和解决问题,指导员工提高工作效率和质量。监督指导,是每个基层管理者每天的功课之一。

(3)沟通能力

班组长能够与员工进行有效的沟通,了解员工的需求和问题,建立良好的工作关系。为了能够达到直接的意见沟通、必要信息的交流,班组长应该具备较强的表达、倾听、洽谈、疏通以及说服力等相关能力。沟通能力会随着工作经验以及悟性的不断提高而提高。班组长良好的沟通协调能力能够有效减少摩擦、融洽气氛、提高员工士气,构筑良好的信任关系。

(4)善于解决问题的能力

班组长要有敏锐的观察力,不管是现场的安全生产、设备状况,还是组员的精神、思想状况,都要善于发现问题、分析问题和解决问题。班组长应以高度的政治责任感和使命感,切实处理好涉及组员切身利益的热点、焦点问题,解决好生产过程中遇到的关键制约环节和难点问题,真正做到层层负责。班组长能自己解决的问题绝不向上级一推了之。

（5）凝聚组员的能力

班组长不能单打独斗,而是要最大限度地将组员团结凝聚起来,使整个班组形成一股强大的合力,将班组打造成能战斗、能吃苦的战斗团体。这就要求班组长在处理班组事务时要公平、公正,安排工作时要坚持原则、秉公办事,以制度为准绳,以规章为依据,不以个人好恶和感情处事。同时,班组长要关心和帮助组员,为组员解决实际困难,关注组员的成长与进步,甘做人梯,努力为组员搭建成才的平台。唯有如此,班组长才能得到组员的信服与认同,从而推进班组各项工作得以顺利开展。

（6）控制情绪的能力

一个优秀的班组长应该具有较强的情绪控制能力。在上级的情绪非常糟糕的情况下,很少有下级敢去汇报工作,因为担心上级的坏情绪会影响到对自己工作的评价,这是很正常的现象。从某种意义上来讲,班组长的情绪已经不再是个人的私事,它会直接影响到下级及其他部门的员工。同时,坏情绪还会影响自己对事物的判断和决策。因此,班组长还应该能够有效地控制自己的情绪。

第二章 班组长职业素养

第一节 安全领导力

作为基层管理的班组长是企业发展的重要力量。通常基层管理者被赋予了更多的执行属性,这也就决定了身处基层的班组长在日常工作中要以推动所管理的团队的执行力为其主要目标。下级执行力会受到多重因素的影响。推动执行力不是依靠"我说你做"的简单管理方式完成的,也不是依赖"处罚监管"的粗暴管理方法实现的,而是需要以长期管理思维为基点、以深入了解下级的心理为手段,采用标本兼治的方式,影响并引导下级的认知与思维,规范下级的操作与行动,从而实现下级个人目标和公司战略目标的有机结合,充分调动和发挥下级的能动性、主动性和积极性,为企业发展提供原动力。

在诸多的影响因素中,班组长的个人领导力是推动下级执行力的核心要素和关键能力。通过调研发现,众多班组长对个人领导力的作用有一定的认知,譬如有的班组长说:"和员工一起完成上级交给的任务,需要以身作则,多站在员工的立场上考虑问题。"同时,很多班组长也认识到了授权的重要性。但是从上面的表述也能看出,部分班组长未能分清角色,甚至有成为"员工代言人"的倾向。因此,班组长必须掌握也必须做到有效理解和运用领导力。如何提升领导力需要从以下维度进行思考。

一、权力观是基层领导力提升的基石与起点

(一)什么是权力

通俗地说,权力是改变个人或组织行为的能力工具。权力可以体现在职位上,这是组织为了更好地发展而赋予某人的职位资格。权力可以是控制力,这是为了达成某个目标或走出低谷,强制他人行为和思维的一种方式。权力是责任,是组织赋予管理者的神圣使命。权力决定着一个人的话语权、控制权和组织资源的使用权。因此,很多人都有追逐权力的欲望,权力可以改变一个人、成

就一个人,但同样也能毁灭一个人,每个人对于权力的价值有着自己独特的理解。管理都对于权力的理解,决定某思维和行为,甚至决定管理者自己和组织的命运。

(二)如何正确理解权力

1.权力理解的误区

人类拥有很多欲望,但对于权力的欲望是我们了解最少的,也是最混乱的,甚至会为实现权力而采取不恰当的手段。个体追求权力并没有错,但是在追求和得到的过程当中,却常常忽略权力赋予管理者的不仅有地位和名利,还有责任与义务。理解到这一点,才是对权力的一种尊重,也才能避免产生错误。

2.权力服务于目标是基层管理者正确的权力观

"权力服务于谁",这是每个管理者都应该冷静思考的问题。因为这个问题的答案将决定管理者的管理思想和管理行为。当管理者认为权力应该服务于下级的时候,管理者会成为一个深受下级爱戴的好上级;当管理者认为权力应该服务于上级的时候,管理者会成为一个深受上级赏识的好下级;当管理者认为权力应该服务于自己的时候,管理者会成为一个享受权力福利的获利者。所以,管理者需要明白:下级的爱戴不等于崇拜,上级的赏识不等于信任,自己的谋福不等于价值。管理者更要时刻提醒自己,自己既不是谁的保姆,也不是谁的家奴,更不是谁的君主。

当组织赋予管理者权力的时候必须要明确权力应该服务于组织目标,服务于有价值的目标,因为只有达成目标才能让所有与管理者相关的人同时受益。

(三)领导者的权力观体现于管理角色的识别和运用

领导者具备 3 个管理角色:人际角色、信息角色和决策角色。权力的价值体现就在于如何扮演好这 3 个角色。

1.人际角色

人际角色产生于管理者的权力情商。权力可以被理解为通过社交手段使管理者发生行为态度和思维方式的转变,最终达成目标的过程。虽然这是一个社交过程,但更是一个影响他人的过程,管理者不仅要影响下级,还要影响平级和上级,甚至偶尔还要影响客户。这个问题看似简单,但现实问题是管理者和被管理者应该谁去适应谁? 谁在社交当中应该更为主动? 简单地说,谁在这个事件当中应该扮演主角? 在实际的管理中,大部分管理者总想担任主角,但是却又拿出一种被动等待的态度,最终导致人际关系中都是配角,没有主角。这就是——"经理人角色缺失"。因此,管理者在人际角色的维度里看待权力利益应该思考以下 10 个问题。

(1)我能否代表团队合理地与外界产生联系;

(2)我能否代表上级有效地倾听下属的声音;

(3)我能否代表下级正确地提出现实的诉求;

(4)我能否代表目标广泛地听取各方的意见;

(5)我能否代表自己真诚地与他人建立友谊;

(6)我能否代表责任全面地维护公司的利益;

(7)我能否代表组织恰当地整合必要的资源;

(8)我能否代表义务快速地推进目标的实施;

(9)我能否代表目标和谐地沟通相关的同事;

(10)我能否代表企业有力地维护自身的形象。

以上 10 个问题的反思完全是基于基层管理者在日常工作中人际角色的体现。角色不仅赋予了管理者权力,更赋予了管理者义务,而其背后是管理者的权力和态度。

例如,在一些班组长的思维中存在着对协调或者人际角色认同的问题,有的班组长说:"一般员工只要技能水平提高、操作过程规范并且安全地完成装卸任务就可以了。但作为一线班组长既要对全组的安全生产负责,还要协调各部门顺利、安全地完成生产,更要照顾员工的精神状态与情绪等,只有具有这样的协调能力才是做好班组长。"

2. 信息角色

信息角色产生于管理者的权力与义务,可以将其视为通过信息整合和信息共享,对组织工作或工作目标做出的判断预测和调整行为。信息的整合包含外部信息的获取和内部信息的共享两个部分。管理者级别越高,向外获取信息的比例就越大。外部信息主要包含国家的政策法规、当下的经济形势、外部新资源的进入、可替代的竞争对手、行业发展趋势、市场数据反馈等。而对于企业的中基层管理者而言,他们更多的是要关注内部信息的收集与共享。基层管理者像是一个信息枢纽,需要把从下级那里获得的信息和平级共享的信息进行加工处理之后,向上级反馈和说明。这个行为的优劣将决定企业战略的正确性、组织目标的科学性以及基层任务的合理性。所有的企业都应该重视信息传递系统的搭建,所有的管理者都应该把信息搭建视为自己重要的责任。管理者要扮演好信息角色,必须要关注以下两个问题。

(1)什么才是有效的信息?

（2）别人愿不愿意向我分享更多的信息？

基层管理者从下级那里得到的信息通常是员工层遇到的问题或从实际工作中或外界获得的某个想法，这意味着产生创意风险的同时也存在机遇变化。员工遇到了问题只要向上级反馈就意味着要暴露自己从外部活动中获取的新信息，而只要向上级反馈就可能意味着发生变化或变革。无论哪一种信息，员工都不会认为自己能成为直接受益人，况且人们通常拒绝暴露自己且并不喜欢新的变化或变革。如果在实际工作中面临类似的情况，管理者要提醒自己——权力将会成为信息的变量。简单来说就是管理者的权力到底有没有为他人服务？这种服务是否能够促进相互之间的信任？这种服务是否能给下级和同事带来希望？这决定了管理者是否能够有效地促进他人提供有价值的信息。

管理工作不是救火，而是一种通过数据分析进行理性思考之后而做出的精确判断。在企业层面，信息的传递能给企业带来更好的战略决策；在团队层面，信息的整合能使管理变得更加精准；在个体层面，信息能够让管理者更好地使用权力。但这一切美好的设想都源于人与人之间的基本信任。这种信任的背后是一种担当，也是一种奉献，更是一种高级的唯他性和奉献精神。因此，在信息角色的维度里评价权力的价值，基层管理者应思考以下问题。

（1）我是否与我的下级拥有共同的语境；

（2）我是否了解下级需要哪些资源支持；

（3）我是否知道哪些问题必须亲自介入；

（4）我是否知道下级需要什么样的上级；

（5）我是否能够给予下级足够的表达空间；

（6）我是否有把握保障上下级的想法一致；

（7）我是否一直尊重同级的建议及想法；

（8）我是否总能站在组织的立场上思考问题；

（9）我是否能摆脱权力诱惑而一心为公；

（10）我是否能毫无保留地向上级传递信息。

这些问题能够让管理者重新认识自己的管理行为，从而建立正确的权力理解。只有正确的权力观才能给予管理者足够的管理自信和底气。

3.决策角色

决策角色仍然产生于管理者的权力责任，所以可以将权力视为合理的用人目标的制定、资源的分配、发现更多机会以及说服相关人等重要内容。扮演这些角色占用了管理者的大量时间，但决策角色的发生基于人际角色和信息角色，以此为基础才有可能扮演好决策角色。管理者通过良好的人际基础来促进信息的整合,从而制定出更为合理的目标,并根据目标分解情况做好人岗匹配,根据下级实际工作诉求给予资源支持,在推进目标的过程中进行合理的调整并解决问题,最终达成结果。通常,在决策角色里管理者要关注以下 3 个层面的问题。

(1)做出正确的决策或决定,帮助企业或组织制定正确的战略目标或解决各种类型的问题。这个过程通常包含以下 4 种行为。

①根据有效的信息整合做出正确的判断和预测;

②根据组织的现实情况制订出合理的目标计划;

③根据工作的现实问题找出合理的解决对策;

④根据现有的人员配置促成最佳的人岗匹配。

以上 4 种行为表明,正确的决定或决策是基于现实情况的理性分析。因此,决策角色的发生一定是以信息角色和人际角色为基础的。没有信息做支撑,管理者无法做出正确的判断,更无法制订出最佳的目标计划;没有人际做支撑,管理者很难及时发现问题并了解事情真相或原貌,更不会对员工有全面的了解,以致无法有针对性地解决问题或合理用人。如果管理者仅以决策角色而言,正确的判断预测、科学的目标计划、合理地解决问题、巧妙的用人之道都是偏向于理性管理的,这是对权力的尊重,也是基本的管理道德底线。在日常的实际管理工作中,有管理者认为完全理性是不现实的,总希望在感性和理性之间寻求一种平衡,这是因为管理者忽略了服务的主体到底是什么,而无法坚信权力是为目标服务的基本原则。因此,管理者会妥协、会草率、会恐惧、会推诿、会指责、会逃避,而就在此时管理者也让手中的权力显得黯淡无光。

(2)管理者要洞察组织内部或外部矛盾,巧妙地进行协调或处理,以保障组织能够无障碍地开展工作。这个世界不可避免的就是矛盾无处不在,这是人性的自然体现,也是主观视角和客观视角碰撞的必然结果。但无论如何,组织矛盾的发生一定会影响组织目标的实现和组织内人际关系的不和谐。

矛盾具有多样性和复杂性,但矛盾之所以能发生,包含着相互排斥和依赖这两种关系。不排斥,矛盾就无法产生;不依赖,矛盾也无法完全爆发出来。所以矛盾是一种统一对立的逻辑关系,利用好现实的依赖关系,在排斥问题上找"答案"是处理矛盾的基本思想。但很多人面对矛盾的态度是宁可破坏依赖关系也不想在化解排斥中努力解决矛盾,很多人为错误和逃避责任辩解的时候用的力气往往要比捍卫正确而承认错误要大得多。因为逃避总比面对现实要容易,人性的驱使会让人们不计后果地坚持自己的观点。

管理者在面对矛盾发生的时候通常会出现 3 种截然不同的态度:激化矛

盾、逃避矛盾和解决矛盾。其中最糟糕的做法是激化矛盾和逃避矛盾,最佳的做法是深入矛盾去了解、分析与解决问题,并且随时自我检讨。世界上任何一个人都不想面对矛盾,但身为管理者不能惧怕矛盾,因为一个人对矛盾无动于衷的态度也是一种矛盾,甚至有可能会把原先的矛盾激化。面对矛盾需要勇气,这是一种对权力的担当,更是一种对权力的自信;惧怕矛盾就是拒绝担当,更是对权力的一种不敬。

(3)管理者需要洞悉组织或下属的资源需求,这就要求管理者要做到积极地整合和配置、保障战略及目标达成或代表组织向上级申请必要的工作资源。俗话说:"巧妇难为无米之炊。"没有资源支持的目标是梦想,资源为目标插上了现实的翅膀。

什么是资源?能转化为支持、帮助与优势的一切物质和非物质都可称为资源。资源分为组织的内部资源和外部资源。外部资源是其他组织的资源或公共资源,具有可利用性和相对无限性的特征。可利用性是指企业只需要付出一定的使用成本或开发成本就可以让外部资源为自己服务;相对无限性是指外部资源无论是在数量上还是在种类上都是相对无限的。内部资源是由企业或组织控制并拥有所有权和使用权的经营资源,具有有限性和特定性的特征。因为内部资源具有有限性,所以谨慎使用资源是每一位管理者的基本责任;因为外部资源具有无限性,所以企业的高层总是想方设法地进行外部资源的整合。而就中、基层而言,对内部资源的科学使用是日常管理的重中之重。从管理的角度来看组织内部资源主要包含人、财、物、权、信息、方法 6 大类;从企业运营角度来看除了上述资源外还有时空资源、文化资源、品牌资源、市场资源、关系资源等组织内部资源。这些资源按照属性来划分也可分为有形资源和无形资源。无形资源因为没有明显的物质载体而看似无形,但它却能成为支撑企业和组织发展的重要基础,能为企业和组织带来核心的竞争能力,因为这是最难被他人复制的部分。管理者必须对组织拥有的资源进行有效盘点,并思考如何利用稀有的资源创造结果或换取更多的有利资源为组织所用,这对于现代企业和组织而言是决定其未来发展的关键能力。资源对于企业和组织如此重要,但很多管理者却没有主动整合的行为产生,甚至表现得很"佛系",总是摆出一副与世无争的姿态,一旦如此其团队便会陷入资源困局,团队成员就会产生理想和抱负无法实现所带来的挫败感,并自然而然地使团队的战斗力降低。值得注意的是,资源确实代表了责任,而它同时也代表了风险,更代表了机会和机遇。作为管理者,合理地申请资源不是为自己,而是为团队和目标争取相应的支持,这是一种强烈的"企图心",更是一种迫切的目标感。

管理的关键词不是控制,而是服务。管理的目的要服务于目标、服务于被管理者,从而获取更大的管理成果。

二、班组长需要具备的领导力思维

在论述了基层管理者应具备正确的权力观之后,下面将讨论班组长日常的管理工作,即班组长在工作岗位上充分利用"管理"这个服务工具,使班组和组织目标得以有效的推进,这就要求班组长善于运用以下6个领导力思维。

(一)强烈的目标导向

强烈的目标导向是由基层管理者的管理属性决定的。彼得·德鲁克曾经说过:"高层领导要做正确的事,中层领导要正确地做事,而基层领导要把事做正确。"这句话的意思是说,高层主要的任务是做决策,中层的主要任务是制定规则,而基层的主要工作就是执行。这就对身为基层管理者的班组长提出了一个较为明确的要求——推动组织执行力。各个岗位只要能把本职工作按照要求做好就能够体现出相应的执行力。班组长的主要任务就是调动下级的积极性与能动性,并将组织目标与下级个人发展结合起来,从而实现组织绩效的达成。

因此,班组长必须具备强烈的目标导向,以企业和组织目标为中心,善于构建和分解目标,使目标更加清晰、更容易实现,这样既可以消除下级的抵触情绪,也可以让下级在完成目标的过程中产生成就感。

目标的分解依赖于两个要素:一是时间框架,二是数据量化。简单地说,在界定的时间内班组完成相应数量、质量的工作。这两个要素缺一不可,没有时间限制就没有办法确定每天的工作量。

(二)主动承担责任

基层管理者的责任意识主要体现在以身作则上。作为管理者要准确定位所承担的责任范围,并清醒地认识到承担责任是管理者的立身之本。

班组长的责任与职责主要体现在以下几个方面。

(1)督促——督促、指导组员按规定完成接待任务,优秀的班组长是在不间断地巡视之中完成这一管理职能的。

(2)沟通——班组长必须具有良好的人际关系、随时应变和解决日常业务中突发事件的能力。

(3)协调——现场工作与各部门之间关系密切,班组长必须具有较强的横向联系能力和协调能力。

(4)计划与实施——班组长应配合上级拟订各项计划并负责具体组织实施。

(5)控制——班组长应掌握各项业务工作并使其按程序、规定正常地开展和进行。

(6)培训——班组长就是组员的教师,应懂得培训的方法,并对知识、态度、技巧、职业习惯有深刻的理解,并能给组员做榜样,即凡是要求组员应达到的各项服务标准,班组长都能准确地示范并做出合理的解释。

(7)鼓励——班组长应以身作则,树立良好榜样,随时激励下级积极创新,从而产生敬业精神。

(8)评估——班组长对产品质量和组员工作表现应有充分的了解,同时做出公正的评价,并以此作为对员工进行奖、罚、升、降的原始数据和依据。

在了解自身的责任与职责之后,班组长要能起到以身作则的良好表率作用,在管理过程中吸引下级的注意力,从而使自己成为一个"自我"的典范,如果班组长想让组员成为有效的"自我管理者",首先自己就得成为一个"可靠的、优秀的"典范,为他们提供一个范例,以自己生动、详细、易于理解的行为方式来展示"自我管理"的行为。

组员们会模仿班组长的好习惯。例如,有的班组长习惯在下班前把办公桌清理干净,把没做完的工作带回家处理,坚持当天的事当天做完。尽管班组长从未要求过其助手和秘书也这样做,但是他们在每天下班时,也常带着工作回家。作为一个管理者,重任在肩,职位越高,就越应起到榜样的作用。因为管理者总是处于众目睽睽之下,所以在做任何事情时务必要考虑到这一点。以身作则的好处是,过不了多久,你的下级就会照着你的样子去做。

促进下级对示范过的"自我管理"的内容,并鼓励他们以亲身体会的方式来练习,为他们提供动力,强化示范作用。以上所说的加强管理者的示范,目的在于让下级产生良好的"自我管理"的习惯。只有调动下级的积极主动精神,发挥他们的创造性,才能使管理工作卓有成效。

(三)强烈的风险意识

在基层的管理工作中,基层管理者要注意到风险对于工作运营的影响,基层工作的风险主要来源于3个方面:工作现场的安全风险、生产运营中的管理风险,以及突发事件带来的后续风险。

在安全风险方面,班组长要树立"安全管理前置化"的安全理念,并能做到以下几点。

（1）建立并熟悉工作现场安全准则；

（2）做好日常监督、监管工作；

（3）加强日常巡查及隐患排查；

（4）严格检查工作纪律的执行；

（5）加强安全培训且保证培训有效；

（6）留意下属的精神状态并加强沟通。

消除生产运营中的管理风险关键在于增强对下级的了解，在充分了解的前提下，管理风险将会得到有效的控制。了解下级要从"胜任力"的综合维度进行，单一的能力维度是不可取的。下级的胜任力包括以下4个方面。

（1）下级的性格及优劣势；

（2）下级的工作意愿及工作动机；

（3）下级的综合能力；

（4）下级的工作风格和工作习惯。

了解下级的性格与优劣势可以使人、岗匹配更加精准，保证二者的契合度；下级的工作意愿是非常重要的，也是工作成效的基本保证；下级的综合能力包含专业能力、素质能力和经验能力，了解这些能力将会对班组长有针对性的监管起到事半功倍的作用；了解下级的工作风格和工作习惯可以避免突发事件的产生。

针对突发事件产生的后续风险，班组长要做好风险预案，这些预案不仅仅是安全风险预案，更多的是管理过程中突发事件预演的应对策略。例如，现场工作人员不足的预案、设备突发问题导致现场操作暂停的预案等。

（四）合理地规划时间

基层领导者的时间管理能力是其管理能力的重要体现。著名管理学家彼得·德鲁克曾经说过："一个人如果管理不好时间，那么他什么都管理不了。"这也说明了基层管理者对时间管理的重要性。要想管理好时间，班组长必须做到以下几点。

（1）有效分辨事情的轻重缓急；

（2）做好科学充分的计划；

（3）严格按照计划执行并经常总结与修正。

有效分辨事情的轻重缓急的关键在于判定收益与损失，与工作目标一致且收益越大的事情就越重要，反之其重要程度便会减小；事情是否紧急要看这个事情是否会产生重大损失,损失越大、紧急程度就越大。事实上,紧急的事情往往是由突发事件引起的,这就造成很多基层管理者感觉自己像是一名救火队员,下级面对问题不知道怎样处理要你解决、平级不配合工作你要协调、上级随时会安排给你额外的工作等。这些突发问题大部分都是由一些重要问题转化而来的,在很多重要问题没有被重视和规划的前提下,随着时间的推移,其紧急程度就会增加。例如,下级能力不足是培训和培养问题的体现,这时候作为管理者的班组长需要自问:你有没有给下级提供成长空间?你有没有对下级进行针对性培养?

平级不配合工作,班组长应该自问:你的关系管理做得如何?如果对方和你关系融洽,为什么会出现不配合的情况呢?

下级的培养、平级的关系管理以及与上级的沟通交流都需要班组长进行规划。这些要素很重要,如果没有很好地规划这些问题,它们会随着时间的变化凸显出来且呈现出紧急的状态,从而打乱班组长原本的工作计划。

所以有效分辨轻重缓急之后,班组长要根据事情的重要程度来制订相应的执行计划,将重要事件罗列出来并一一进行规划。在制订计划的时候,班组长要注意计划的逻辑顺序与事件间的关系,并给每项计划设定完成时间,同时针对设定的完成时间进行复盘和总结,逐步修正和完善计划,从而保证时间规划的有效性。

(五)会做思想工作

班组长不仅要做到上传下达,同时还要利用自身的管理优势,做好下级的思想工作。在企业的基层,操作员是主要的执行者,他们的执行效果将决定班组目标、部门目标结果的实现,而操作员的工作执行效果取决于其工作意愿。一名工作意愿很强的组员大概率能够完成甚至超额完成其个人的工作指标,那么作为班组长就应该将提升下级工作意愿列为自己的主要工作之一。

(六)主动维护规则

基层管理者的职能定位于执行与管理,通俗地讲,就是执行带头人,执行要做到有法可依,也就是说班组长要带头理解和遵守上级制定的规章制度与标准,这样才能保持上下统一,出色地完成组织任务,这就要求班组长在日常工作中做到以下几点。

(1)充分理解组织目标;

(2)熟悉并主动接纳上级制定的工作规则;

（3）经常向下级宣导规章制度和标准的必要性；

（4）在日常工作中做到以身作则；

（5）公正、公平地处理下级违反规则与标准的行为。

三、班组长自我领导力的提升

班组长的自我领导力提升要从以下 4 个维度进行。

（一）提升自我认知

心理学的研究成果表示，一个人行为举止的升级来源于这个人的思维跃迁。作为基层管理者的班组长，提升自我认知十分重要，因为班组长是班组的领头人，他的举动会影响整个班组的行为状态。班组长提升自我认知要从以下 3 个方面进行。

1. 要能做到主动学习

主动学习是打破既有认知闭环的唯一途径。人一旦在较低层次上形成了认知闭环，就会产生"达克效应"，从而放大自我认知的局限性，影响领导力的升级。

2. 要有正确的职业规划

班组长应该做好自我职业规划，同时应该树立较高层次的价值观。职业规划过程中要充分了解"自我需求"，并能够形成具有"自我成长"需求的高阶工作动机，同时还应该了解自己和企业之间不是简单的雇佣关系。企业是员工成长的土壤、是员工未来发展的平台、是展现员工"自我价值"的舞台，以此为核心来规划自我职业发展会对领导力的成长起到关键的支撑作用。

3. 要具备对上级的辅助心态

具备对上级的辅助心态才能理解上级的管理策略，才能做到上下同心、互相协助，以完成并实现组织交付的工作任务与目标。

（二）提高与下级之间的信任度

领导力在班组长身上体现的表象特征是组员的追随，如果想要实现这个目的，那么就需要班组长和班组成员间具有较高的信任度。增强信任度有以下 3 个方法：

（1）加强对下级的日常关心；

（2）提升信息交流的频度与深度；

（3）帮助下级解决生活工作的困扰。

(三)增强对下级的感性管理

在班组长解决一件事的时候,有感性认知和理性思考。感性管理包括以下几个方面。

(1)交流时的友好氛围;

(2)面对面时的友善态度;

(3)互利互惠的工作要求。

(四)起到模范带头作用

班组长作为执行带头人要做到以下 3 点。

(1)保持良好的工作态度;

(2)优秀的自我工作表现;

(3)不推诿并敢于承担责任。

图 2-1 为天津港班组长工作目标。

图 2-1　天津港班组长工作目标

思考题

1.权力的理解误区是什么?

2.领导者的 3 个角色是什么? 怎样理解?

3.班组长需要具备的 6 个领导力思维是什么?

4.班组长自我领导力提升的 4 个维度是什么?

第二节　建立高效的沟通

每个人、每天都会做沟通的行为,沟通会在日常生活中的每一个层面发生。对于基层管理者——班组长来说,沟通技能是必备的技能之一。在调研中,天津港内的班组长提出了问题:在某次工作时,组员情绪波动较大,班组长一直劝说但组员的负面情绪还是无法平静。这个问题从侧面反映了部分班组长的沟通技巧、技能有待提高。

在班组长的日常工作中,沟通技巧十分重要。与上级沟通决定了班组长是否能够准确地了解上级的要求与组织目标;与平级有效沟通会促进跨部门、跨班组间的协作;与下级有效沟通,能帮助班组长更好地了解下级、增强小组的凝聚力,使班组步调一致地完成组织交给的生产任务。班组长掌握了沟通技能,宛如拿到了一把打开他人心门的钥匙,通过这把钥匙就可以使其所在的班组气氛融洽,使组员的工作热情饱满,以帮助班组长顺畅地完成管理工作。

那么怎样证明班组长是否拥有了这项重要的技能呢?怎样才是高效、有效的沟通呢?可从以下几个方面来探讨。

一、沟通

(一)沟通的定义

一个人将事实、意见、意图传达给他人就称为沟通,陈述事实、表达意见、明示意图等,都是在影响对方的思考,因此沟通的原点是思考的互动,是意见的交流。

(二)沟通的误区及理解

大部分人对沟通存在一定的误解,认为沟通是表达的艺术。经研究发现,最佳的沟通方式是站在第三方立场上建立思维,通过语言、体态、表情、情绪的技巧与人交流,并且达成一致的过程。沟通质量能够充分体现一个人的修养、胸怀以及人格魅力。这样的研究成果表明,沟通包含了语言、体态、表情、情绪4个方面,语言只占其中一小部分,甚至在我们所熟知的第一印象的行程中,语言只占了7%的比例。因此班组长需要明白,沟通过程中语言并不是唯一的武器,其他3个方面也会起到至关重要的作用。

二、沟通包含的重要元素

(一)沟通目标的建立

管理的实质在于通过他人完成工作,而要做到这一点,班组长就需要激活组员,让他们行动起来,围绕任务目标开展工作。在这一过程中,沟通起到了必不可少的作用。正式的沟通,应当明确沟通的目标。当一个组员推开管理者的办公室的门之前,他/她必须清楚理解自己的目标是什么,是汇报工作进展,还是就相关问题和管理者展开讨论。从管理者那里获取资源和支持,是为了表现自己,还是从部门的整体绩效角度考虑,形成系统的工作思路。作为班组长也是一样,当班组长准备和组员讨论一个问题的时候,是为了警醒组员不要再犯错误,还是通过沟通对组员进行工作方法和思路的指导,让组员形成清晰的思路。每次沟通的时候,不论是组员还是班组长都需要有一个明确的目标。

在沟通前,班组长要清晰自己的沟通目标,并对自己的目标要有一个清晰、具体的观点。向组员安排工作任务前,班组长要思考清楚,这个工作任务的目的是什么,它和组织哪个目标相关联,这个目标如何阐述可以让组员有更加清晰的理解,自己应该如何与组员合作,才能达到共同创造高绩效的目标,而为了达成这个目标,班组长需要做哪些调整,以适应组员的需求。

这个目标可以是单向的,也可以是双向的。单向目标是指由上至下,只包含要求而不具备回报的沟通目标;双向目标是指沟通目标不仅包含对组员的要求和指令,也包括了组员按此执行之后所能获取的回报和某些状况的改善。通常情况下,人们更乐于接受双向目标,因为在双向目标里面,对方不仅能看到自己的付出,还能看到自己付出后的回报。

(二)创立良好的沟通氛围

1.安全的沟通氛围

只有在对话的过程中营造出足够的安全氛围,双方才可以流畅地讨论各种问题,也会全情地投入聆听的想法,也可以坦诚地接受不同的观点而不产生抵触情绪。在沟通中,班组长不仅要观察讨论的内容,更要观察讨论的氛围,只有双方在安全氛围中,才有可能就讨论的内容达成一致。良好的问题解决需要彼此观点的自由交流,如果一方感受到的是恐惧、害怕、不安等情绪,交流的障碍就存在了。

我们常有这样的体验,当和他人进行对话时,有可能对方的观点会让人不舒服,但却没有产生抵触情绪,依然会认真聆听,并思考对方的想法,让自己坦然接受对方的观点,哪怕很多时候,并不是对你的认同而是对你的批评。如果你有过这种经历,问问自己这是为什么?

一定是对方在对话过程中充分考虑了你的利益,对方也表达了足够的尊重,就会让你感觉是安全的。即使你不同意对方的观点,但还是做出了积极的响应。相反,如果你感觉氛围不安全时,即使再多的信息你也难以接受,哪怕是善意的话语有时也可能会被当成一种威胁。

2. 轻松的沟通氛围

首先要避免利用权威施压。相信很多人都有过这样的类似经验:当你想做某件事的时候,某个上级突然对你发出指示或劝告,或者建议你做那件你本来就打算要做的事。当你听了对方的话之后,你的反应可能会是"我不需要你来告诉我"或者"如果你再等一分钟,我就会主动那样做了"。但不管你怎么想,这时候你多半已经生气了,因为你发觉对方不够信任你,或者剥夺了你的主动决定权,甚至使你感到非常烦躁。

但大多数情况是,这种利用威权进行话语施压的方式,恰恰就是大部分班组长经常对下级做的事情。他们往往等不到下级提出的解决方案,或者表现出自己的意愿与思维能力的时候,就提前对下级发布指令,告诉他们应该怎样做。

其次要注重沟通环境对双方的影响。一个整洁、安静、温馨的环境往往会使沟通者感到放松,而在杂乱、紧张的环境中沟通则会很难进行,这会使沟通双方产生反感情绪,所以营造一个相对安静和舒适的沟通环境至关重要。班组长可以选择尽量避开操作现场,把沟通场景安排在场区内相对安静的地区,如果条件允许,大家可以一边饮茶一边进行谈话,这样的场景设计有利于沟通的进行,尤其适用于对下级缺点进行指正的"艰难型对话"。

(三)挖掘对方的需求

在沟通过程中,班组长需要了解对方的需求,从而在沟通目标的设立中得以体现,对方的需求往往来源于 3 个方面:得到的需求、损失的惧怕以及情感的需求。

1. 得到的需求

得到的需求通常会和利益挂钩。当班组长和下级交流的时候,要能从目标中找到下级的利益点,并能够清晰地反馈给下级,让下级明白这样做的好处,这时候对方才会愿意听取班组长的建议。

2. 损失的惧怕

损失的惧怕往往和组员的错误连接在一起,是惩罚预期的一种表现。在下级出现错误或被提醒不要违规时,班组长应该明确违规操作或错误带来的不良后果,尤其要明确指出对当事人本身的负面影响。

3.情感的需求

情感的需求是一种普遍存在于沟通过程的需求,也是沟通对象的一种基本需求,包含尊重、礼貌、关心、共情、友善等。

充分了解沟通对象的需求是班组长实现高效沟通的重要基础,也是沟通成功的重要因素。

(四)合理的描述与有效的表达

合理的描述是指利用语言进行交流,这就要求班组长要能够做到表达清晰和准确。并不是所有的表达都是有效表达,要令双方都理解对方的意思,才是有效表达。大多数时候,不论一方如何尽力表达,但就是无法让另一方理解表达的意思,这种沟通就是失败的。而有效的表达就是能让双方都达到彼此理解的最终目的。有效的表达有以下特征。

1.信息应当直截了当地表达

有效的表达的首要条件,是知道什么时间该说什么话。这意味着一方并非想当然地认为另一方了解其所思或所求。有些人知道什么时候需要沟通,但害怕这样做。相反,他们试图去暗示,或告诉第三方,希望最终的意思能传到对方耳里。这种拐弯抹角的做法是有风险的。暗示常常会被误解或忽视,即"不直截了当"会让你付出巨大的情感代价。

2.信息应当及时

如果你痛苦或生气,或需要改变什么,延误沟通会恶化你的感受。你的愤怒可能会郁积在心里,受挫了的需求可能会变成你心里长久的隐痛。你没有及时表达的情绪会在日后以微妙的方式渗透出来。有时候,没表达出来的情绪像一个胀满的气球,稍稍一刺就会爆炸,倾泻出长期积累的愤怒和不快,这样的大发脾气会使你的家人和朋友疏离。于是及时的沟通不仅能有效反馈你的需求,更能增加与对方的亲密感。与大家分享你现时的反应,及时沟通更令人感动,这有助于巩固沟通双方的关系。

3.信息应当清楚

清楚的信息完整且准确地反映了你的思想、情感、需要和观察。你没有遗漏任何东西,也不用含糊或抽象的话来蒙人。有的人不敢说出他们的真实想法。他们说话时使用含糊不清的理论术语。一切都用"感情共鸣"或心理学解释来说明。确保信息清楚有赖于你的意识,你必须知道自己观察到了什么,以及你有怎样的反应。你在外界的所见、所闻很容易与内心的所思、所感相混淆。要清楚地表达自我,就要花足够的时间去区分这些要素。

4.信息应当直率

直率的信息是指说出来该信息的目的与真实的沟通目的是一致的。伪意图和潜台词会破坏亲密关系,因为它们会使你处于一个操纵他人而非平等待人的位置。当你的信息能直率地表达出来时,你的真诚实意会打动对方。要做到直率,还意味着你要讲出事实真相,要说明你的真实需求和感受。如果你真的很生气,并想得到更多的关注,就不要说"你累了,想回家"。不要因为你的配偶说你爱发火,就认为自己得了抑郁症。说谎会切断你和别人的关系,当你为了保护自己而撒谎时,你就与直率背道而驰了。

5.信息应当具有激励性

具有激励性是指让对方能听得下去,不至于拒绝。问问自己:"我希望别人怀着戒备心听我讲话,还是准确地把握我的信息?我的目的是贬损别人,抬高自己,还是沟通?"

鼓励性的沟通意味着避免玩"输/赢"和"对/错"的游戏。这种游戏是一方或双方都想"赢",或者想证明另一方"输",而不是双赢和理解。一方的沟通意图会将其引向预期的结果。真正的沟通导致理解和接近。而"输/赢"游戏会制造冲突和疏远,所以,沟通的一方应多问自己:"我是想赢还是沟通?我是想证明自己正确还是想互相理解?"如果发现自己防范心理很强,总试图批评对方,那就证明你的输/赢综合征又犯了。

(五)平衡分歧与矛盾

沟通会失败主要是因为氛围不佳和利益冲突。当班组长注重并且将沟通氛围调整得当的时候,双方的利益冲突便成为主要的矛盾和分歧重点。利益冲突中一般存在以下两种状态。

1.对方的付出

一般来说,无论我们沟通的目的如何,在沟通结果中对方一定会有所付出。作为班组长,无论是需要下级更努力工作,还是提醒并要求组员改善其做法,都需要对方有所付出。在班组长与上级沟通获取资源的时候也是如此,上级对资源的给予就是沟通中的付出。

2.对方的收获

在对方付出的同时,还会考虑自己在这个沟通结果中获得了什么。趋利避害是人的本性,无法逃避也必须面对。在班组长与下级沟通的时候,下级自然而然地会考虑班组长所提到的内容是否对自己有利,执行后会获得什么利益或者避免什么损失。

综上所述,沟通分歧与矛盾是因利益冲突引起的,要么对方认为"自己付出得太多了",要么对方认为"自己得到的太少了"。

那么问题来了:发生这种"付出与得到"之间的利益冲突时,管理人员是减少对方的付出,还是增加对方的回报?很多班组长对这一点不是很清楚,他们往往会选择"减少对方的付出"来平衡分歧,但是对方的付出结果是不是沟通的目标?如果对方的付出减少,是不是能够证明沟通目标的转移或降低标准?这个答案显而易见。那么这样的分歧出现后,班组长要明确的是——不要轻易地降低对方的付出,而是可以适当增加对方的回报,这样才能实现双赢的沟通结果,这便要求班组长在考虑对方的回报问题时要做到充分思考和准备,甚至准备两套备用方案。只有这样,在出现沟通分歧时才不致让班组长手忙脚乱、仓促决策,导致沟通失败或遗留下更严重的后续问题。

(六)有效的情感表达

在沟通过程中,沟通者要重视沟通氛围,而氛围的构建需要一方表达出对另一方的良性情感,当另一方接收到对方对自己的欣赏、关怀、喜爱以及其他正向的情感信息之后,氛围构建便会顺理成章。因此,在沟通过程中班组长应适时有效地向对方表达情感。表达情感一般有以下 4 个方法。

1. 直接表达法

顾名思义,直接表达法就是将情感直接表达出来的一种方法。例如,我喜欢你、我爱你等,这种方法直截了当并且直指人心,通常能够让对方立即接收并转化成良好情绪,有利于沟通。但这种方法不适用于表达含蓄的沟通者,如果班组长不习惯使用这种表达方式,那么就需要去训练,甚至强化。

2. 间接表达法

间接表达法是我国大多数管理者擅长的表达方法,它能够通过语言的前后搭配让沟通的另一方接收到正向的情感。如一方说:"今天能和你一起工作,我非常开心。"这就是典型的间接情感表达,但是由于借助了情境和语境的帮助,就需要表达者要留意外部环境的配合。某些与情境语境不吻合的环境因素会影响表达的效果。例如,如果对方正在因为你们之间的某件事而生气,这种表达方式便会让对方感觉不适,甚至产生负面效果。

3. 肢体语言呈现法

肢体语言呈现法是触动潜意识的一种表达方法。在人们的潜意识中,行为和动作的影响往往比语言更为有效与深刻。这种表达方法在工作中非常常见，例如，班组长拍拍优秀的下级的肩膀，互相握手、拥抱等。

4. 赞美法

赞美法是一种直接表达情感的方法。这种表达方法不仅能产生烘托气氛的作用，更为重要的是它能够激励下级，更能够深入人心。赞美需要赞之有物，而不能为赞美而赞美，空泛乏味的赞美会让沟通的另一方因感到虚伪而失败。

三、高效的沟通技巧

了解了沟通的重要元素之后，下面将具体讨论班组长所需要掌握的沟通技巧。有些时候事情的表面所呈现的并非是它实际的样子，而有效的沟通则可以弄清楚事情的真相，也可以校正自己在某些方面的偏差。

（一）组员沟通技巧

对于组员来说，要进行有效沟通前可做以下4个方面的准备。

1. 必须知道说什么

必须知道说什么，就是要明确沟通的目标。如果目标不明确，就意味着你自己也不知道说什么，自然也无法让对方明白，也就达不到有效沟通的目标。

2. 必须要知道什么时候说

必须要知道什么时候说，就是要掌握好沟通的时间。如在沟通对象正大汗淋漓地忙于工作时，你要求他与你商量下次聚会的事情，显然不合时宜。所以，要想很好地达到沟通效果，必须掌握好沟通的时间，把握好沟通的"火候"。

3. 必须知道对谁说

必须知道对谁说，就是要明确沟通的对象。虽然你说得很好，但你选错了对象，便达不到沟通的目的。

4. 必须知道怎么说

必须知道怎么说，就是要掌握沟通的方法。沟通就是要用对方听得懂的语言，包括语调、文字、肢体语言、多媒体技术。

（二）班组长沟通技巧

对于班组长来说，要进行有效沟通，要注重以下4个方面内容。

1. 有明确的目标

对于班组长来说，目标管理是进行有效沟通的一种方法。在目标管理中，班组长和组员会在一起讨论目标、计划、对象、问题与解决方案。由于整个班组都着眼于完成目标,这就使沟通有了一个共同的基础,彼此能够更好地了解对方。即便班组长不能接受下级的建议,但也能理解其观点,下级对上级的要求也会有进一步的了解,沟通的结果自然得以改善。

2. 班组长应该积极和下级沟通

班组长一方面要善于同上级沟通,另一方面还要重视与下级沟通。对于班组长来说,"挑毛病"尽管在人力资源管理体制中有着独特的作用,但是必须讲求方式方法,切不可走极端,形成"鸡蛋里挑骨头"的情况。处理问题必须实事求是,班组长在责备的同时,要告知组员改进的方法及奋斗的目标,既让组员愉快地接受,又不至于挫伤组员积极进取的锐气。

3. 鼓励组员主动沟通

班组长需要考虑的事情很多、很杂,因此经常会忽视与下级的沟通。更重要的是,班组长在下达命令让组员去执行后,自己并没有亲自参与到具体工作中,因此没有切实考虑到组员会遇到的具体问题,导致缺少主动与组员沟通的机会。所以,班组长也需要鼓励组员主动与其进行沟通。

4. 强化横向沟通,提高协同作战能力

横向沟通又称平行沟通,是处于同一层级的部门或个人之间的沟通。这种沟通有时是非常必要的,尤其是两个相邻部门之间工作有相关性时,如果不进行相互沟通,就必须经过上级转达,这样工作就会受到影响。这种沟通如果得到上级的允许会有助于沟通的成功。有的领导对下级的相互沟通不太高兴,这是不肯放权和心胸狭窄的表现。允许下级平行沟通有助于工作的开展和推动,而且节省了领导的精力,何乐而不为呢?

(三)沟通从心开始,用心倾听,让沟通更容易

在现实生活中,我们在倾听别人讲话时,会联系到自己的经历,因此我们往往以下面4种方式中的一种做出回应。

(1)评估——同意还是不同意;

(2)探究——按照自己的想法提出问题;

(3)劝告——根据自己的经验提出建议;

(4)解释——试图根据自己的动机和行为来猜度别人、解释他们的动机与行为。

我们做出的这些反应是自然而然的。这样,再来理解"倾听"也就不难了。要倾听,就得注意和把握倾听的层次。

第一,用心倾听。一般人倾听的目的是做出最贴切的反应,而很少是想了

解对方。用心倾听的出发点是为了"了解"而不是为了"反应",也就是透过交流去了解别人的观念、感受。

第二,专注地倾听。某些沟通技巧的训练会强调"主动式""回应式"倾听,以复述对方的话表示确实听到。即使每句话或许都进入大脑,但是否能听出说话者的本意、真意,倒是值得怀疑的。

第三,有选择地听。只听符合自己心意的,与自己意思相左的一概自动"过滤"掉。

第四,敷衍了事。"嗯……喔……好……哎……"表现得略有反应,其实是心不在焉。

第五,听而不闻。如同耳边风,完全没有听进去,听了也等于没听。

人际沟通仅有一成是经由文字进行的,三成取决于语调及声音,而其余的六成是人类变化丰富的肢体语言,所以用心倾听要做到下列"五通":不仅要"耳通",更要做到"口通"(声调)、"手通"(用肢体表达)、"眼通"(观察肢体)、"心通"(用心体会)。当我们能用心去倾听别人说话时,自然可以给予对方心理上的极大满足与温馨,这时你才能集中心力去解决问题或发挥影响力。人有一个非常明显的特征,那就是希望被重视,其实表现出来的就是被倾听。

(四)沟通中应该注意的问题

1. 沟通渠道

(1)语言沟通。

(2)文字沟通。

(3)肢体语言。

(4)多媒体技术。

2. 造成沟通困难的因素

(1)缺乏信息或知识,没有适当地说明重点。

(2)没有倾听,没有完全理解问题和询问不当。

(3)只顾按自己预先设计的思路发展,不理解他人的需要。

(4)失去耐心,使讨论变得白热化,时间太短,情绪不好。

3. 影响沟通的因素

(1)情绪因素

由于身体状况、家庭问题、人际关系等因素而导致的情绪不稳定,波动性大,从而影响沟通正常地进行。主要有以下表现。

①精神不集中。沟通对象不一定是对对方的话题不感兴趣,而是仍沉溺于

刚刚发生的事情,或其他担心的事情,没有把注意力转移到谈论的话题上来。

②过分怯场、胆怯。由于岗位的关系,行政文秘人员较之他人,有更多的机会与公司的高层领导接触。这本是一个展示自我的良好机会,但由于紧张、慌乱,没有充分理解领导的指示或意图,反而留下了不好的印象。

(2)表达方法

①说话的语气令倾听者反感。自大,讽刺、严厉的批评的表达方法,都会令对方难以接受你的观点,即使这个观点是对的,谈话也会不欢而散。

②在沟通中选择不合适的媒介来传递信息。选择合适的媒介而不要选择最先进的,当然也要视双方的地理位置、所处的场合而定。一般而言,面谈是最好的方式,可以进行及时的互动、反馈,可以从对方的身体语言、面部表情来洞察想法,从而改变谈话的方式或策略。

(3)个人因素

因为世界是多元的,所以每个人的成长背景、性格、人生经验、教育程度、文化水平、价值观念是不同的,这就导致对同一信息有不同的理解。在这样的情况下,求同存异是最好的做法了。

(4)环境因素

在沟通过程中,选择不适当的时间、地点等,都会直接影响到信息传递。在午休的时间谈论下一步的工作计划、在办公室谈论薪酬问题等,都是不合适的。

4.有效沟通的原则

(1)能听话

不随意插断对方的话,听懂别人的想法。

(2)能赞美

沟通对象的话,有道理的地方,应适当予以赞美。

(3)能平心静气

问题沟通双方如无"平心静气"的心理准备,沟通起来就易于"斗气"。

(4)能变通

解决的方案绝对不止一个。

(5)能清楚说明

例如,"某块地有4 000平方米",听的人未清楚,加以解说,"4 000平方米大小约等于一个足球场",而从来没去过足球场的人却还不清楚,那就再加以举例说"好像我们会议室的几倍大"。

(6)能幽默

例如,有一次,时任美国总统的里根打电话给众院议长欧尼尔说:"依神的旨意,你我为敌,只能到下午六点,现在是下午四点,我们就假装现在是六点,好不好?"一句话,就此解决了彼此沟通的障碍,多高明呀!

(五)针对不同类型的下级采用个性化的沟通方式

视觉型的人处理信息及思考的方式是通过图像的转换,因为头脑中图像的转换速率很快,而他在说话表达时语速较快,是为了追上头脑中图像的变化。所以视觉型的人说话速度快,音调也较高,他们的呼吸较为短促,所以视觉型的人在呼吸时胸腔起伏较明显,而且经常在说话时耸肩伸颈。

听觉型的人说话不疾不徐,音调平和,呼吸匀称,通常在胃部起伏较大,说话时喜欢侧耳垂肩。

感觉型的人说话时慢吞吞的,声音低沉,停顿时间长(需要去感受及思考),所使用的肢体动作或手势较多,通常以腹部呼吸。

对不同感官类型的人,沟通者需要使用不同的速度、音调来说话,换句话说,是用他/她的频率来和他沟通。以听觉型的人为例,如果沟通者想和他/她沟通或说服他/她做某件事,但是却用视觉型飞快的速度跟他/她沟通,恐怕收效不大,相反地,沟通者要和他/她一样用听觉型的说话方式,不疾不徐,用和他/她一样的说话速度和音调,他/她才能听得真切,否则沟通者说得再好,他/她也是有听没有懂。

对待视觉型的人,若沟通者以感觉型的方式对他/她说话,慢吞吞而且不时停顿地说出想法,怕是不把他/她急死才怪。所以,对不同类型的人要用不同的方式来沟通,对方说话速度快,沟通者得跟他/她一样快,对方说话声调高,沟通者得和他/她声调一样高,对方讲话时常停顿,沟通者得和他/她一样时常停顿,能做到这点,对沟通者的沟通能力和亲和力的建立将有莫大的收益。

(六)沟通过程中通过模仿对方肢体动作来增加亲切感

肢体动作、面部表情、呼吸的模仿是最能帮助沟通者进入他人频道及建立亲切感的有效方式。当沟通者和他人谈话、沟通时,沟通者模仿他/她的站姿或坐姿,手和肩的摆放姿势,以及对方惯用的手势来做表达:他们耸肩伸颈,沟通者也耸肩伸颈,他们用胸部呼吸,沟通者也用胸部呼吸,他们吸气时沟通者也吸气,他们呼气时沟通者也呼气,他们的面部有何表情时,沟通者也和他/她一样。虽然这么做可能沟通者一开始会觉得幼稚或不习惯,但当沟通者能模仿得惟妙惟肖时,对方会莫名其妙地开始喜欢你、接纳你,他/她会自动将注意力集中在沟通者身上,而且觉得和沟通者一见如故。但在做这种模仿的过程时,要注意不能模仿他/她的缺陷。

（七）沟通过程中的跟随和引导

模仿是具有转移性的，沟通者若一开始跟随和模仿他人的声音、肢体动作，当沟通者一旦进入对方的频道后，便从跟随的地位转换成带领的地位，这时可以不必再去模仿他/她的说话及动作，而以主动的方式改变自己的语气及动作，这时对方将会不知不觉随沟通者而变。沟通者借由模仿来进入他人的内心世界建立亲和力时，便可借助这个亲和力来引导对方的行为，一旦可以引导对方时，沟通者便已发挥了潜意识说服的能力了，这时对方特别容易能认可和接受沟通者的想法与意见。

（八）高效的沟通方法

1.认同沟通法

在沟通中首先要认同对方的观点，让对方尽可能多地感受到我们与对方是一致的，然后再表达自己的观点。

例如，某位竞选人在竞选政党主席的过程中，被人说成是"不粘锅"。他顺势强调说："我就是不粘锅。"首先认同对方，然后接着说："我是不沾黑金的锅、不沾酒色的锅。"这巧妙地与选民进行了有效的沟通，最后取得了竞选的胜利。

2.类比沟通法

沟通高手很喜欢用类比沟通法，因为它非常生动形象，并且容易被对方接受。

例如，两个朋友聊天时，A问B："销售是难是易?"B对A说："世界上的事情大致分为两种，一种是知易行难。以开餐馆为例，知道开餐馆容易，但真正把餐馆开好挣到钱就难了。另一种是知难行易。如果说在20世纪七八十年代女孩子穿一条超短裙你会怎么看她?"朋友回答："她肯定被当作神经病。"B又问A："如果是现在呢?"A回答："那就觉得很正常了。"然后B把这其中的道理讲给A听："以前大家反对超短裙，现在大家觉得无所谓。其实超短裙没有变，变的是人们的思想观念，这就是知难行易。其实销售也是如此。"用短短的几句话，B就明白了其中的道理。

3.故事沟通法

例如，有一次，一名班组长和上级抱怨，他认为他的下级很难改变，上级问为什么，班组长说："可能是因为习惯吧。"

上级就给班组长讲了一个关于"习惯"的故事。从前，有父子俩，每天用牛车把柴拉到山下去卖,父亲的眼睛不好,于是负责拉牛的缰绳。儿子年龄较小,坐在车上负责看方向。每到拐弯前,儿子就喊:"爹,该拐弯了。"天天如此。有一天,父亲病了,儿子只好一个人来完成这项工作。但是到拐弯的时候,无论怎么吆喝,牛就是不动。这时候儿子左思右想,看了看四周没人,便大喊了一声:"爹,该拐弯了。"牛乖乖地跟他走了。这位班组长马上明白了:习惯很重要!接着上级又向班组长解释好习惯和坏习惯,如果帮助下级建立好的习惯,那么也会起到好的作用。这就是小故事大道理。既让对方在听故事的同时悟出道理,又让对方知道你要表达的意思。

4. 发问沟通法

获得地产销售吉尼斯纪录的汤姆·霍普金斯说过:"你说的话,对方会半信半疑;而对方自己说的话,则是真理。"沟通中,班组长一定要掌握主动权,学会提问,尤其是面对那些年长或工龄较长的下级尤为重要。

例如,有位父亲对儿子说:"儿子,你什么都要听我的,因为老爸吃的盐比你吃的饭还多,过的桥比你走的路还长。"儿子于是反问父亲:"难道父亲一定比儿子懂得多吗?"父亲回答:"那当然"。儿子又问:"爸爸,你知道蒸汽机是谁发明的吗?"父亲说:"你看,你就不知道了吧,蒸汽机是瓦特发明的呀。"儿子问:"那为什么他的父亲不发明蒸汽机呢?"没有辩论,没有阐述,三次发问便抓住了问题的关键。可见,在沟通中问比说更重要。

5. 人格魅力沟通法

班组长在与下级沟通的时候,不用过分渲染公司、产品,也不用过分地大讲前景,凭你的人格魅力对方就会相信你,愿意与你合作。

6. 逆向沟通法

沟通的时候,有的班组长喜欢大讲公司如何好,历史如何悠久,但有的时候未必会有好的效果。尤其是当班组长面对强大"对手"的时候,需要做逆向沟通。

例如,一名班组长在与一个组员沟通时,组员问班组长:"这个公司有多少年的历史?能不能做长久?"这是很多组员关心的一个问题。当时班组长没有直接回答,而是间接地告诉组员:"如果你想选择一个百年企业,最好不要选择这家公司;但如果你认为这家公司两三天就消失那也是不大可能的,因为这家公司已经有五年的历史了。"这比直接讲这家公司将来会如何长久、如何好会更令对方感到真实可信。

7. 正反沟通法

沟通中取得对方的信任是班组长沟通的出发点和落脚点。正反沟通法有时会起到不可估量的作用。正,就是强调好的方面;反,就是适当揭示个别不足的地方。使用正反沟通法会给人非常客观的感觉,可信度更高。

8.痛苦快乐沟通法

心理学家经常说人生有两大动力:追求快乐和逃避痛苦。追求快乐是为了更好地逃避痛苦,逃避痛苦是为了更好地追求快乐。但逃避痛苦的动力远远大于追求快乐。

在管理沟通中,班组长一定要告诉组员如果满足现状会出现什么样的痛苦;如果努力工作,一起合作会有什么样的幸福。如果把这两种动力结合起来就会创造更好的沟通效果。

9.情感沟通法

沟通者在沟通时能够做到晓之以理,动之以情,会收到良好的沟通效果。

10.业绩沟通法

现在,很多人都十分现实,重视自身的收益。因此在沟通过程中班组长要将业绩及业绩收益明示出来,这会有很好的效果。

最后送给各位班组长一句在管理沟通中的名言:如果我能够知道他表达了什么,如果我能知道他表达的动机是什么,如果我能知道他表达了以后的感受如何,那么我就敢信心十足地果敢断言,我已经充分了解了他,并能够有足够的力量影响并改变他。

第三节 运用有效的激励手段

在日常管理工作中,调动下级的积极性、主动性是班组长每天工作的主题之一。如何才能使下级自发地接受管理,主动为班组、为企业奉献自己的力量呢?这就需要班组长运用有效的激励手段,不断地鼓励下级,使下级对企业未来和自身发展充满信心,这样既能提升下级的参与欲望,也能使班组和企业获得更好的发展。

班组长需要思考:为什么组员不能积极主动、全力以赴地工作?为什么组员的工作热情难以持久?为什么有的组员不能勤奋地工作?弗朗西斯说:"你可以买到一个人的时间,你可以雇一个人到固定的工作岗位,你可以买到按时或按日计算的技术操作,但你买不到热情,你买不到创造性,你买不到全身心的投入,你不得不设法争取这些。"那么怎样争取到这些呢?

答案是:激励,因为它是灵丹妙药。

懒不是人的本性,是由于环境所造成的。下级之所以懒,是由于上级没能激发和鼓励下级的积极性。人是需要激励的,工作干劲来自激励。所谓:"矢不激不远,人不厉不奋。"

哈佛大学的威廉·詹姆士教授研究发现,按时计酬的职工仅能发挥其能力的 20%~30%,而如果受到充分的激励,则职工的能力可以发挥到 80%~90%,甚至更高。这其中 50%~60% 的差距系激励所致。也就是说,同样一个人,在充分激励后所发挥的能力相当于激励前的 3~4 倍。由此他得出一个公式:工作绩效=能力×动机激发。这说明,在个体能力不变的条件下,工作成绩的大小取决于激励程度的高低。激励程度越高,工作绩效越大;反之,激励程度越低,工作绩效就越小。

一、激励原理及心理成因

激励是一个非常复杂的过程,它从个人的需要出发,引起欲望并使其内心紧张,这种紧张不安的心理会转化为动机,然后引起实现目标的行为,最后通过努力使欲望实现。

心理学家一般认为,人的一切行为都是由某种动机引起的。动机是任何行为发生的内部动力,动机对行为有激发、引导和维持的作用,没有动机就没有行为。动机的性质不同,强度不同,对行为的影响也不同。有一个小故事很形象地说明了这一点:一条猎狗将兔子赶出了窝,一直追赶他,追了很久仍没有捉到。牧羊犬看到此种情景,讥笑猎狗说:"你们两个之间小的反而跑得快得多。"猎狗回答:"你不知道我们两个的跑是完全不同的吗? 我仅仅为了一顿饭而跑(行为:尽力而为),它却是为了性命而跑呀(行为:全力以赴)。"

动机是驱使人产生某种行为的内在力量。所以,一个人愿不愿意从事某项工作、工作积极性高还是低、干劲是大还是小,完全取决于其是否有进行这项工作的动机及其强弱。

而形成动机的条件一是内在的需求,二是外部的诱导、刺激。其中内在的需求是促使人产生某种动机的根本原因。综合来讲,就是"需求产生动机,动机引发行为"。因此,激励的本质就是满足需求。所以,激励的研究应从人的需求入手。

需求是指人们对某种目标的渴求和欲望,它能使某种结果变得有吸引力的一种心理状态,是人们行为积极性的源泉。众所周知,马斯洛需求层次理论对人的需求的分析最为透彻。马斯洛将人们复杂多样的需求归纳为以下 5 种:生理需求、安全需求、社交需求、尊重需求和自我实现的需求。

马斯洛认为,人是有需求的动物,其需求取决于其已经得到了什么,还缺少什么,只有尚未满足的需求才能影响行为。已经得到满足的需求不再起激励作用。人在低层次的需求得到满足之后,才能产生更高一级的需求,即人们按上述 5 个层次由低到高逐步追求需求的满足。人的行为是由其当时的主导需求决定的。由于个人的需求结构发展的状况不同,这 5 种需求在体内形成的优势位置也就不同,但是任何一种需求并不会因为高层次的需求获得满足而自行消失,只是对行为的影响比重减轻而已。此外,当一个人的高级需求和低级需求都能满足时,他往往追求高级需求,因为高级需求更有价值,只有高级需求得到满足时,才具有更深刻的幸福感和满足感。但是如果满足了高级需求,却没有满足低级需求时,有些人可能牺牲高级需求而去谋取低级需求。常常这 5 种需求同时存在,只是各自的需求强度不同,呈现出不同的需求结构。

马斯洛需求层次理论为研究人的行为提供了一个比较科学的理论框架,成为激励理论的基础。这一理论表明,人的需求是多种多样的,激励方式也是多种多样的,不仅要给人以物质的满足,还要给人以精神的满足。特别是基本生理需求得到一定的满足以后,精神需求更为重要。因为,满足人的高级需求将具有更持久的动力。

同时还有以下几个激励原理可以为本书提供思想指导。

1. 麦克莱兰德需要理论

麦克莱兰德认为,不同的人对成就需要、权力需要以及归属需要这三种需要的排列层次和所占比重是不同的。因此,在设计激励机制时要因人而异,视其具体个性、环境而定。具有高成就需要的人的特点是:事业心强,比较实际,敢冒一定风险。这种人把个人成就看得比金钱更重要,从成就中得到的鼓励超过物质激励的作用,把报酬看作衡量成就大小的工具。麦克莱兰德认为,人的成就需要是可以通过训练提高的。实际上,人的各种需要特别是成就需要,都可以在社会环境的影响下得到增强或减弱,也就是说可以通过设计完善的激励机制环境去培养经营者的成就需要,从而提高激励效果。

2. 波特和劳勒综合激励模型

波特和劳勒综合激励模型认为,对于努力程度,一方面取决于个人对报酬价值的主观评论;另一方面取决于个人对可能获得报酬的期望概率。工作成果不仅决定个人的努力程度,还体现个人的能力,包括个人的工作能力等。报酬是由工作成果得来的。当个人从实现目标和报酬中得到满足时,就会使其对此项目标所得报酬的评价提高,进而又会提高此项目标对个人的激励力,使其对此项目标更加努力。

3.罗宾斯的综合激励模型

罗宾斯的综合激励模型认为如果组织的个体对努力工作的效价和期望值都较高,他/她会受到高水平的激励。在个人做出一系列判断的过程中,一些相关因素会直接、间接地影响他/她的判断结果。是否有足够的表现机会以及一个具体明确、带有挑战性的目标将会影响个体的努力程度。在一定努力程度的情况下,组织中的个体要取得高绩效必须具备完成工作所需要的能力,并且绩效的评价系统应当是客观公正的。激励水平的高低还取决于一个人由于高绩效所得到的奖励能够在多大程度上满足与他/她个人目标相一致的主导需要。对那些高成就的人来说,从努力到个人目标的飞跃就是最好的奖励。

4.中国古代激励思想

儒家主张通过国家的政治、经济、文化、教育等相应措施来调动人的积极性。儒家强调使命感、责任感、道德感的激励作用,其所阐述的以人为本的仁学思想,应用于现代企业管理中,就是要求企业领导要有一颗真诚的爱心,对企业进行人本主义的伦理管理,其特点是企业管理工作以做好人的工作为核心,通过伦理规范和道德教化,培养人们共同的信念和价值观,增强员工对企业的向心力和凝聚力,激发员工的工作积极性,实现企业和谐有序发展的目标。

兵家提倡以心治心、因人而异、奖罚分明、赏罚及时的激励方法。管子认为一般的人都有趋利避害的特性,所有的人,不分贵贱都是"得所欲则乐,逢所恶则忧""民予则喜,夺则怒"。追求功利是人的本性,要以利作为杠杆,激励人们的积极性,即"得人之道,莫如利之""欲来民者,先起其利,虽不召而民自至"。为此,作为统治者必须善于给人们以利益,满足人们的物质需要。

墨家的管理文化是融法、理、情于一体,动之以情,晓之以理,严之以法,多种激励方法综合使用,其效果显著。

(1)赏罚激励。墨子认为,用惩罚和奖励的强化方法取得的效果比较明显。

(2)榜样激励。墨子认为,榜样激励是用管理者自身的良好行为激励下属。

(3)情感激励。墨子主张通过管理者的关怀和厚爱去感动下属,激励下属。

(4)荣誉激励。用荣誉调动将士的积极性。

墨子通过各种激励方式,使墨家学派成为一个组织严密、纪律严明的学术团体和武装团体。该学派具有非常强的凝聚力和战斗力,实行的是一种战斗型的团队管理,不仅注重完成任务、实现目标,而且上下同心,同生共死。

二、班组激励机制的建立

（一）激励机制应该是一种绩效考核机制、薪酬机制以外的另外一种相对独立的管理机制

所谓激励是指激发鼓励，是调动人的积极性，鼓励全员向期望的方向努力。而激励机制是建立一套合理的有效的激励运转办法，使其达到激发鼓励的效果。所以本书将区分以下内容与激励的关系。

1.绩效考核与激励

绩效考核是指用系统的方法、原理，评定测量员工在职务上的工作行为和工作效果，并以此作为企业人力资源管理的基本依据，切实保证员工的报酬、晋升、调动、职业技能开发、激励、辞退等工作的科学性。可见绩效考核不能是激励机制，而只能是部分激励的依据。

2.薪酬与激励

薪酬是员工就职于某个企业，因劳动而得到的以货币形式和非货币形式所表现的补偿，是企业支付给员工的劳动报酬。而其中只有奖金部分才能真正地起到激励的作用。

所以，在以计时工资为主体的基层班组中，在设计激励机制时，更要考虑其独立性，然后才能更好地集合绩效考核和嘉奖部分。也就是说，绩效考核、薪酬制度、激励机制都是一套相对独立而相互关联的制度。只有这样才能保证其激励机制发挥激发鼓励的作用，而非管理、考评的作用。

（二）物质激励与精神激励相配合，因人而异、公平公正、正反结合实现全员激励

物质激励和精神激励是基层班组中应用比较多的两种激励方法，尤其物质激励是一种见效最快的激励方法，可以带来短期的激励作用。在基层班组中，很多组员也非常注重得到的物质激励，但由于班组可用的资金有限，如果对物质激励方法应用不好，就会使物质奖励变为一种形式。同时在应用物质激励方法时，我们不但要注重个人，还要考虑团队。如在现行的分配制度下，基层约20人的班组可分配的资金约1 500元，除班组日常支出之外，每月可利用资金不足1 000元，用于员工物质激励的资金就比较少，所以班组长应根据个人决议完成情况、质量状况、生产效率等多个因素综合评定，最终将个人奖金分档分配，做到相对的公平。有时个别零件由于急需，需要流水作业，班组长应组建小组作业,之后对小组进行奖励。所以在物质激励方法的应用上要尽量做到公平公正,合理利用资金,充分发挥激励作用。

精神激励是基层班组建设中常用的方法。常用的方法有情感激励法、领导行为激励法、榜样典型激励法、荣誉激励法、关怀激励法、培训机会激励法等,这些激励方法要选择适当的场合、环境进行使用,才能发挥其激励效果。如一个繁忙的基层生产型班组,由于员工平时工作比较繁忙,彼此之间的交流比较少,班组长就为大家设立现场休息学习场地,并每周至少两次让大家面对面谈心沟通。情感激励法的应用会使班组更加和谐。同时班组长在班组的一些工作中都是带头做起、带头执行,发挥着领导榜样。班组还设立了评三星活动,即技能绩效星、技术创新星、质量安全星,每季度评选一次,荣誉的设定起到了很好的激励作用。

在基层班组应用激励方法时应遵循5个原则,即因人而异、奖惩分明、奖惩适度、公平统一、正反结合。注重物质激励和精神激励的结合,只有这样才能在班组工作中持续发挥激励的作用。

(三) 基层班组应充分利用各种平台,实现多样化激励

基层班组的激励机制应实现多样化,充分利用公司、分厂及班组拥有的各种平台,如公司报纸、分厂宣传刊物、展示板、班组建设园地、学习园地、班前会等平台,大力宣传优秀员工,如质量先进、技术先进、星级员工等先进人物,使他们的事迹得以宣传,对他们个人起到激励作用。如一些班组长在班组激励中充分利用公司报纸刊物对班组典型人物的事迹进行报道,在班组中形成了赶超先进的氛围。同时在每日班前会中,班组长对在工作中表现突出的个人提出口头表扬,号召大家向他/她学习。班前会中的表扬起到了双重的激励作用,既激励了受到表扬的个人,也是大家向他/她学习的正激励。在班组看板中,以相片的形式展现每季度获星的个人,使大家每日上班都能看见获奖人物,同时也展现每月优秀人物。这些方法的采用,将大大激励获奖的个人,平台的利用放大了激励的作用。所以在基层班组应用各种激励时,要充分考虑各种平台作用,利用好各种平台,使激励多样化。

例如,在一些班组内的小型激励活动中,某位班组长在每天中午休息时间,使组员围坐在一起吃午饭、聊天活跃气氛来促进大家积极性和凝聚力的形成。这样的日常激励具有一定的效果。

(四) 挖掘变相激励,收获良好效果

在基层班组工作中,传统的激励方法均可以使用,但随着社会的进步和发展,人们的需求也在不断改变,需求的层次也在不断变化。传统激励方法的效果可能不明显,这就需要班组长挖掘新的激励方法,在班组长的工作中有很多变相的激励方法,完全可以不拘一格。只要是能够激励组员在自身必须完成任务的情况下更多地参与到企业的经营管理中来,能够起到激励作用,就是好的激励方法。如在一些班组中,采用了奖励旅游、购物券、饮品等需求激励方法,还有为组员过生日、为组员和家人预定一场电影等关怀方式的激励方法。

方式方法很多,最主要的是基层管理者——班组长需要去挖掘激励的理由,选择最好的时机和方法。有的时候很小的一点儿激励比发放很多的货币更管用,会收到更好的效果。

三、班组长的有效激励手段

(一)物质激励

1.赢得人才

赢得人才就要提供更有吸引力的薪酬和奖金,班组长虽然无法左右制度的制定,但是思考物质奖励的作用也会给班组长提供更广阔的思路。下面的做法值得借鉴与思考。

如果一个价值一百的员工,我们给他八十,他就会回报给我们五十,而且想跳槽;如果一个价值一百的员工,我们给他一百二,他就会回报我们二百。(出自壳牌公司)

2.项目失败的时候更要奖励表现出色的员工

(1)在公司项目失败的时候奖励表现出色的员工。例如,DOW公司、通用电气等企业。

(2)着重强调努力的过程,而不是最终的结果。容许失败。松下幸之助认为:"如果你犯了一个诚实的错误,公司可以宽恕你,并把它作为一笔学费。但如果背离了公司的精神价值,就会受到严厉的批评甚至被解雇。"

3.班组长要牢记组员无不渴望更高的收入

班组长可以利用发放奖金的方式激励员工。用心研究,建立有效且完善的班组奖金制度。

(1)建立起组员的努力程度与奖金的正相关关系;

(2)制订清晰且易于计算的奖金计划;

(3)营造良好的奖励气氛;

(4)设立有效的奖励标准;

（5）奖金本身必须受到组员的重视,调查组员的需求,有针对性地实行奖励;

（6）言而有信,及时予以奖励;

（7）在实践中不断完善奖励制度。

5.鼓励多劳多得,有序拉开组员的收入差距

组员不只看待绝对报酬,他们也注重相对的报酬,要避免"大锅饭"。

史蒂格认为:"公平不是搞平均主义,平均主义惩罚表现好的,鼓励表现差的,得来的是一支坏的员工队伍。"

什么时候以什么方式奖励什么人,要考虑以下4个方面。

（1）班组的规模及效益,奖励政策要有可延续性;

（2）奖励面可能涉及的最大范围,以实现组员间的平衡;

（3）员工对现有工资的满意度;

（4）奖金总额或加薪幅度在组员心目中的比重。

6.论功行赏——奖金要发得"耐人寻味"

日本麦当劳汉堡的"太太奖金"就是把普通的物质奖励融入了家庭因素、情感因素,效果自然不同凡响。

（二）目标激励

1.有了共同目标,组员才能步调一致

目标使组员和班组长的注意力都能集中到相关的重要因素上。难度大的目标能增强一个人的一致性,而持之以恒则是"长时间工作所需要的努力"。目标能调节一个人的真正工作强度。

2.目标落实到个人,明确的责任更利于激励

定目标时把握"稍努力即可实现"原则:公司目标—部门目标—班组目标—岗位目标—个人目标。

将公司目标内化为组员目标。

（1）在制定公司目标的过程中充分总结组员的个人目标,尽可能地让组员参与公司目标的制定;

（2）在公司目标确定之后,经常对组员进行宣讲,让组员认可,同时将公司目标层层分解到每一个组员身上,让其了解完成这项目标给公司和个人带来的好处。

3.确立班组合理目标,让组员充满希望

制定目标要结合实际,做到具体而清晰。目标的分层可以分为自上而下法和自下而上法两种。

4. 制定能够体现组员意愿的班组共同目标

班组共同目标体现组员的意愿,并不意味着共同目标就是组员的个人意愿的单纯相加,而是将个人意愿上升为共同目标。首先,要想建立共同目标,做的第一件事情就是放弃由管理决策层来宣布这一共同目标的单一方式,让组员参与到班组目标的制定中来;其次,班组共同目标的建立,也需要"信仰"的力量,即班组长具有一定的领导力和号召力,只有这样才可以使组员产生强大的动力,并注重目标可操作性,规划出实施步骤。

(三)期望激励

1. 用期望激发组员的内心热情

人们总是会期许一份期望,让自己更加有动力,而这种期望如果来自班组长,组员就会精神倍加,非常努力。所以如果班组长毫不犹豫地肯定组员,并给对方一些期望,那么这种激励方式是很有效果的,组员会对自己有一份期待,进而督促自己向上,班组的业绩自然也就会逐渐上升。

2. 成就感让组员实现自我期望激励

以下方法是如何培养组员去追求、拥有成就感,并不断激励自己。

(1)为组员搭建施展才能的舞台;

(2)为优秀的创新者保驾护航;

(3)从职业生涯规划做起帮助组员成长。

3. 和每位组员签订"期望协议"

建立期望协议是一个卓有成效的办法,它依托于人类重视契约的心理,对自己的承诺较为看重。期望协议是双向的,它既包含上级对下级的期望,也包含下级对上级的期许。同时随着组员的职业发展不断改进,可以每6个月就要对协议内容进行一次回顾,并根据情况进行修改,使组员有清晰的使命感。

(四)信任激励

1. 信任组员是很好的"非金钱激励"

信任是人们相互沟通的桥梁,尊重是人们交流的底线。

充分尊重组员并给予适时的赞扬,能使组员更有归属感,更加富有责任心地工作。每个人都渴望得到别人的尊重和认可,这是因为每个人都有自己做人的尊严。如果组员持续受到尊重,持续得到认可,他们就会愿意和上级成为朋友,成为互相促进的工作伙伴,甚至会对上级产生一种"士为知己者死"的忠诚与追随。

2. 表现信任，能调动组员的工作积极性

人在获得信任之后，就会对给予他/她信任的人有着莫名的好感。一个真正信赖别人的人，一定也会受到大多数人诚心诚意的信赖。

如果班组长能和组员之间建立起良好的信任关系，并能够形成有效的授权和责任机制，无疑会增加组员的使命感和工作动力，从而能够促进班组业绩的稳步发展；反过来，那些不信任组员的班组长，会让组员没有归属感，影响班组的整体发挥。

3. 要信任下级，也要增加其自信

激发员工自信的方式如下。

（1）提升组员的士气。

（2）让陷入情绪低潮的下级重新振作。

（3）适当提携平庸者。世界上既然有英雄，就要有凡人；既然有精英，就要有庸人，而且很多企业的坚实力量，实际上就是这些"庸人"一手拖起来的。他们做着绝不能缺少的平凡工作，不辞劳苦，没有抱怨。

（五）参与激励

1. 培养自由、开放的氛围，让全员参与管理

所谓全员管理，不是让所有的人都变成决策人员或管理人员，而是集体参与，让每个人都成为整体的一部分。

2. 尽量实施最广泛的全员参与管理

群策群力要遵循以下原则。

（1）兼听则明，偏信则暗，确保提建议的渠道畅通，鼓励全体员工参与，设立"智慧团""思想库"，让员工畅所欲言；

（2）充分发挥集体的智慧，整理并比较选择各种意见，诚恳接受别人的意见。

3. 发现良策的能力及方法

（1）创造宽松环境，建立建议奖，让组员愿意为公司提建议。班组长要与组员平等地讨论问题并参与提交建议的过程，方案力求简单易行；允许组员匿名提供建议，并迅速地做出反应。

（2）多交流，"闷葫芦"也可以变"喇叭"。班组长要尊重对方的性格特点，与组员沟通时可以从兴趣谈起，给予恰当的耐心与热情。

（3）不拒"逆耳之言"，乐于倾听组员的反面意见。

（4）使班组组员成为"主人翁"——参与度越高,组员越有责任心。如何鼓励组员参与?首先班组长必须放弃命令的语气和态度,多用疑问句,少用肯定句,不要让组员觉得你已胸有成竹,提出建议也只不过是形式而已;其次,挑选一些薄弱环节暴露给下级看,把自己设想过程中所遇到的难点告诉下级,才能更上一层楼。

（5）确保组员的积极性不受伤害。对工作中表现突出的组员给予肯定;对组员的需要予以满足。

（六）赞美激励

1. 真诚赞美暖人心——赞美激励最让人心动

心理学家威廉·詹姆士曾说:"人类本性最深的企图之一是期望被人赞美和尊重。渴望赞美,是每个人内心里的一种最基本的愿望。我们都希望自己的成绩与优点得到别人的认同,哪怕这种渴望在别人看来似乎带有点儿虚荣的成分。"

心理学家史金纳说:"要想达到最大的诱导效果,你应该尽可能地在行为发生之后,立即加以赞美。"

2. 巧送"高帽子",如愿塑造人

"水激石则鸣,人激志则宏。"善于引导他人的人,总是善于唤醒对方的潜意识,先给对方戴上一顶"高帽子",以激起对方的上进心。

3. 表扬和称赞关键事件

班组长对有突出成果的事件,可以在班组会议上进行重点表扬,以鼓励组员再接再厉,同时也为其他组员形成榜样力量。

4. 善于发现"美"——以欣赏的态度寻找下属的闪光点

班组长在日常工作中多观察组员,发现其身上的闪光之处,并适当激励。这样不仅能拉近彼此之间的距离,也会给组员增加自信。

5. 赞美的话说到点上,必然会产生激励效果

抓住时机,选好赞美点,语言要有新意且适度(赞扬要有所保留,要提出一些对方仍不足的地方,这样对方不仅不会厌烦,还会努力改正),要有一定的前瞻性和预见性(赞美别人要站在一定高度上,将目光放长远,见微知著。要注意考察下级的成绩或优势的影响范围,使赞美更加具体、贴切)。但赞美不可过多过滥。

6. 避免"厚此薄彼"——当众赞美下级要注意方式

（1）忌褒此贬彼;

（2）注意其他人的嫉妒;

（3）当众赞美某个下级要有诚意;

（4）给每个人以公平的机会。

7. 用具体文字赞美优秀组员

（1）赠送组员感谢卡片；

（2）颁发给表现突出的组员证书和奖章；

（3）为组员建立业绩档案。

（七）榜样激励

1. 作为组员的模范对象，班组长应以身作则

班组长的德行好比风，组员的德行好比草，风向哪边吹，草就向哪边倒。

2. 请榜样人物做详细报告

所谓榜样人物，指的是在某个方面工作优秀的人，而非处处都优秀的完人。

（1）定期选出榜样人物并举办榜样人物报告会；

（2）请榜样人物为新组员做报告；

（3）为榜样人物单独定做服装或其他标识。

3. 班组长自己不"低效"，才可要求下级"高效"

提高效率的方法如下。

（1）把工作分成"事务型"和"思考型"两类来分别对待；

（2）每天定时完成日常工作；

（3）列出工作计划，用明显的方式提示完成的进度；

（4）安排好随时可进行的备用任务；

（5）分清事情的轻重缓急；

（6）做决定时干脆利索；

（7）把东西摆放得有条不紊；

（8）不要等待，要立即行动。

4. 以模范组员树立榜样人物

榜样的作用如下。

（1）具有示范作用；

（2）潜移默化的舆论导向作用；

（3）更好的凝聚整合作用；

（4）对榜样人物本身的激励；

（5）更好的调节融合作用。

5. 以身作则

班组长用自己的干劲激起组员的干劲。

（八）荣誉激励

1.满足组员自尊需要,对其贡献公开表示承认

满足组员自尊需要,对其贡献公开表示承认,这是荣誉激励的首要原则。但要注意的是,除了当着全班组成员的面鼓励外,班组长还要对整个团队予以肯定,以培养大家的集体荣誉感和团队精神。

2.善用头衔和名号,让组员戴着"光环"向前走

如果班组长不能持续为组员提升地位,那么可以尝试着给他们一个头衔,让组员顶着这些头衔,满足他们对荣誉的需求,组员就会更加乐于为企业服务。

3.赋予"被认同感",让组员感觉自己很重要

最有效的激励手段,就是通过让被激励者感觉到自己做的工作非常有意义。

强调全体成员的一致性,引导组员不要只对赚钱感兴趣。

4.试着以组员的名字命名班组成果

例如,嘉欣攻关小组。

（九）感情激励

1."经营"组员心灵,"套牢"组员热情

班组长管理组员的有效途径不是用规则,而是用情感。班组长成功与否,不在于有没有人为你打拼,而在于有没有人心甘情愿地为你打拼。

感情激励也可表现为对组员的关心,如在一些班组长调查问卷中,众多班组长都有过在组员家中有事去探望的经历。这种在下级遇到变故时的关怀就是一种感情激励。

2.礼轻情义重:给组员特别的关心

杰弗逊说:"天下至乐,莫过于对我欣赏的人表达敬意。"班组长可以在日常工作之外对组员给予以下关心。

(1)关心下级的身体健康,亲自去医院探望住院的组员;

(2)注意抓住欢迎和送别的机会;

(3)急下级之所急,解决一些实际生活问题;

(4)以适当的方式庆祝组员的生日。

3.关怀组员,选择最佳实际"攻心"

在适当的时候为下级解决问题,不单只是公事,也包括私人的情绪。当组员遇到挫折时,情绪难免低落,工作效率和产品品质也会受到影响。班组长鼓励遇到挫折的组员继续工作,比强迫他们忘掉不愉快的事情要有效得多。

当组员遇到挫折情绪低落时,班组长应适时地对组员慰藉或提供援助等,这些行为比平常的其他行为更容易抓住他们的心。以朋友的身份询问组员发生了什么事情,细心倾听他们讲述事情经过(最重要的是绝对保密,永远不将组员的私事告诉其他人,才能得到对方的信任),并想办法使其安心地投入工作,这就完成了一次成功的感情激励。

（十）文化激励

1. 班组文化能对组员产生持久的激励

单一的物质奖励不足以对组员产生持久的激励作用,"重物质轻文化"政策,最终会影响公司的发展。企业文化能对组员产生持久的激励。

人在面对周围个体各种不同的价值观以及价值选择时,在自己与他人的价值选择之间,达成了某种方式的协调和兼容。

企业文化的核心在于一种"价值评价体系",具体而言,就是在企业成长过程中,融合国家的、民族的文化传统,将自身优秀的、积极的东西加以沉淀,并与变化发展的环境整合,总结、梳理、提升、升华,对内形成的企业精神力量——一种信任、团结、合作向上的激励氛围。

企业文化的激励能够引导理想价值,凝聚组织力量,形成深层激励。

2. 班组文化是组员的一种"隐性待遇"

班组文化这种"隐性待遇"来源于企业文化的企业品牌、形象待遇;来源于企业文化的经营管理经验或技术技能待遇;来源于企业文化的良好的人际关系待遇;来源于企业文化的良好的学习和培训待遇。

3. 唤醒忠诚,"柔性管理"更有效

以规章制度为中心,是"刚性管理"的最大特点,即凭借制度约束、奖惩规则等手段对员工进行管理。而"柔性管理"的出发点是"以人为中心",实行人性化管理,即依据企业的共同价值观和文化、精神氛围对员工进行管理,其作用机理是在研究人心理和行为规律的基础上,采用非强制性方式,对员工施加一种潜在说服力,使其把企业规范变为个人的自觉行动。

"柔性管理"的最大优势在于不靠外力(如上级指令),而是靠尊重人性解放、民主管理,唤醒员工的自我管理意识,从内心深处焕发工作潜力、主动性和创造精神,实现让员工心情舒畅、主动进取的目的,使之不断开创新的业绩,从而使企业在激烈的市场竞争中取得竞争优势。

许多开放型的企业正在试图对员工进行一种透明化的员工关系管理。这种透明化员工关系包含两方面:再三恳谈和言无不尽。这种管理方式主要是为了增强员工和管理者之间的沟通,主动的、透明化的员工关系管理最有助于改善这种紧张的上下级关系并消除误解。

"柔性管理"从本质上说是一种"以人为本"的管理策略,它以"人性化"为标志,注重平等和尊重、创造和直觉、主动和企业精神、远见和价值控制,强调跳跃和变化、灵敏与弹性,最终创造企业和班组的竞争优势。

综上所述,激励是鼓励组员发挥能动性的有力工具,班组长需要加以重视。从上面的激励理论不难发现,一切激励的源头都来源于个体的需求。不同时代、不同个体的需求表达会有所不同。换句话说,需求是不断在变化的,已经满足的需求不起激励的作用,因而不再是激励因素,只有尚未满足的需求才能够影响个体的行为。因此,班组长必须要对症下药、量体裁衣,围绕组员的不同需求,采取针对性的激励措施,这样的激励才会最有效果。

第四节　情绪与压力管理

作为基层管理者的班组长通常会面临较大的压力,这些压力如果不去正视和引导,将会对其自身产生巨大影响,同时还会影响工作的有序进行。下文就情绪与压力的话题展开讨论,使班组长能够了解自己并管理自身的情绪,从而保证工作心态的稳定。同时,班组长还会涉及引导和管理组员的情绪的问题。为避免此类情况发生,作为班组长就要了解组员的情绪,并学习和掌握有效管理与引导情绪的手段,保证生产任务正常、有序、安全地进行。

一、理解情绪与压力

(一)情绪

情绪是对一系列主观认知经验的统称,是人对客观事物的态度体验以及相应的行为反应,是以个体愿望和需要为中介的一种心理活动。

情绪被描述为针对内部或外部的重要事件所产生的突发反应,一个主体对同一种事件总是有同样的反应。

我们在工作、生活、学习中,如果遇到不如意、不顺心的地方,就会产生情绪,有不满的情绪,有失望的情绪,有得过且过的情绪,等等。那么个体要如何管理好自己的情绪呢?

这其中涉及情商的概念,有人说"情商"就是不吵架、不发火、不冲突,这样的思维是不对的。情商分为四个维度,他们分别是了解自我情绪、管理自我情绪、察觉对方情绪、引导对方情绪。这就意味着"情商高"不是一味地妥协,而是在情绪之外对情绪的管理。

情商四维度中最基础的是"了解自我情绪",最关键的是"管理自我情绪"。试想,如果一个人不知道自我情绪的变化,那他怎么能去管理自我的情绪呢?当他在情绪爆发时,怎么能够发现他人情绪的变化? 又怎么能够去引导他人情绪呢? 因此发现自我情绪是情绪管理的核心。那么怎样才能发现自我情绪变化呢? 这就需要找到自我的"情绪阈值",也就是自己产生情绪时的表现特征,如有的人会感到头脑发胀,有的人会感到呼吸困难,有的人会握紧拳头,有的人会语速加快等。情绪阈值的作用就是在你发现这样显著特征的时候,提醒自己——我要来情绪了,然后才能运用技能技巧来管理自我情绪,这是一个重要问题。

(二)压力与压力源

随着社会的飞速发展及转型,现在的人们正在承受着越来越大的社会压力,特别是企业的基层管理人员,除了要承受普通人所具有的医疗、教育、住房等社会方面的压力,还要承受着如职务升迁、工作业绩、上下级沟通、决策失误等方面的压力。管理岗位,不仅是身份和地位的象征,更是一种责任、一种压力。身处领导职位,工作质量不达标,就要担责;下级工作出现问题,也要担责;决策失误,更要担责;甚至下级出现一些非理性的事件,领导也要担责。

压力对我们的影响,首先作用在我们的心理上,会使我们产生一种负面的情绪,而这种负面情绪的长期积累,就可能会使我们对人生、对社会产生一种悲观的认识,因此,管理好情绪,是应对好压力的有效途径。

要应对压力,首先要认识压力,那么,压力具有怎样的特点呢?

1. 压力具有不可避免性

逃避压力是不可能的,因为压力是与生俱来的。在生物界有个理论叫过度繁殖,即无论动物是高级的还是低级的,即使是大熊猫,如果它们的后代全部成活的话,用不了多久,地球上也会到处是它们的影子。也就是说任何一个物种,都会哺育比大自然所需要的数量多得多的个体,个体一出现,就面临着资源和环境的争夺,我们人类自然也存在此类压力。

2. 现实生活中的压力无处不在

有压力是不是坏事呢? 答案是否定的,因为压力分为正向压力和负向压力。如果一个人整天无所事事、空虚无聊,那么适当的正向压力对其就是有益的,因为这时候的压力会产生适当的动力。那么什么是负向压力呢? 压力不是越大越好,如果压力太大,超出了个体的承受能力,个体就会被压垮甚至会崩溃。所以讲压力对个体的影响,主要指的是压力过大。

3.压力过大对个体的影响是多方面且全方位的

过大的压力会直接影响个体的心理,使其产生负面的情绪,最典型的就是心理不平衡。如某些员工由于自身努力不足,导致晋升受阻,同时再受到身边同事升迁的刺激,就会感觉自己在别人眼中一无是处,凭空产生出过大的心理压力,而不去思考自身的不足,把一切原因都归咎于外界对自己的不了解、不尊重,这种心理压力的程度决定了我们后续的生理变化和影响。

二、改善情绪的方式

(一)改变认知和态度

个体对事、对人、对物的态度决定着自身的情绪。例如,一位云游的高僧看到一位老人愁眉苦脸,问其原因,老人说:"大儿子卖鞋,二儿子卖伞。天晴时伞卖不动,雨天鞋卖不动,哪一天不让人操心呢? 心情怎么会好得了?"高僧说:"你应该每天高兴才对,你看晴天你卖鞋能赚钱,雨天卖伞也能赚钱,这是多好的事啊!"

这则故事说明,任何一件事都有正反两面,我们采用不同的观察角度就会得到不同的答案和结果。正面角度将会得到正向的认知与情绪反应,反面则会相反。因此在面对一件事的时候,是否能采用积极心态来面对将决定你的视角和最终的情绪反应。

但是,改变视角并不是一件容易的事。个体成长的社会环境中,受家人、同事、朋友的一些观念、信条的影响逐渐固化成个体认知的一部分,甚至融入了价值体系。一旦某件事情发生,符合个体价值体系,个体就会认为是正确的、是好的,否则就会认为是错的、坏的。要改变这种价值体系,是非常不容易的。例如,成功是百分之九十九的汗水加百分之一的灵感,似乎谁都不会去否认这句话的正确性,但它一定是对的吗? 在此便可以看出,大部分个体的观念、思维已经被很多条条框框给限制住了。

那么如何改变自身的态度呢? 以下3种方法可供借鉴。

1.改变意义

个体可能没有办法决定事情是否会发生,但可以决定这件事对于个体的意义。同样一件事,它的意义可能不止一个。如世界杯比赛,个体可以决定荷兰队和自己有关系,也可以决定和自己没有关系。当个体决定荷兰队和自己有关系、有意义时,个体可以凌晨两点半起来看比赛,并随着荷兰队的比赛进程而产生喜悦或失落的情绪。同理,个体也可以决定自己和荷兰队的对手西班牙队有关系、有意义,这样个体所产生的情绪正好和前者相反。因此,当决定一件事对自己的意义,并不断地进行强化时,个体就会改变目标对象而避免某些消极的情绪。

例如,在工作中,领导对你很挑剔,你工作不开心,不能全身心地投入工作,甚至产生一些对领导、对工作的抵触情绪。对于这件事,一般人理解的含义是负面的,但如果我们把结果改成正面的做法,再找出积极的意义也是完全可以做到的,如下。

(1)领导挑剔我,如果我工作积极了,那么他/她会改变对我的态度;

(2)领导挑剔我,如果我工作积极了,那么他/她就不能继续挑剔我;

(3)领导挑剔我,如果我工作积极了,那么这样能让我变得工作能力更强;

(4)领导挑剔我,如果我工作积极了,那么就会对我的提升有帮助;

(5)领导挑剔我,如果我工作积极了,那么就证明我有工作能力;

(6)领导挑剔我,如果我工作积极了,那么对我将来的职业发展会有帮助,对我的未来有促进。

如果你这样想,领导对你的挑剔,还会是一种压力吗?

2. 改变角度

鱼和熊掌不能兼得的思维是有局限性的,很多事情表面看来是两个选择中只能选择一个,即"得 A 便失 B,得 B 便失 A"。在生活中,大多数人更容易接受局限性信念的束缚(往往说那是"现实"),而不肯以自己想得到的理想目标为依据而去思考,找出突破。要使自己觉醒,我们可以提醒自己:"坚持二者不能兼得对我没有好处;而坚持二者可以兼得则对我有好处,应把自己的思想带到后者。"

"二者兼得法"就是以此为基础,使个体对自己发出这样的思想指令。当组员产生负面情绪时,班组长可以试用以下几种情形,引导组员用"二者可以兼得,我怎样做便能实现它"的态度去考虑一些可能性。

问题:领导说:"张三和李四关系不好,我要表扬张三就只能得罪李四。"

答案:领导表扬张三是职能与工作,这时候完全可以表扬张三,其后再和李四加强关系。

问题:科员说:"每天工作那么忙,哪有时间去学习?"

答案:运用时间管理技能,调整工作、学习的节奏就可以。

3.改变环境和场景

例如,一位银行家对女儿的固执个性很不满意,父女关系弄得很糟。于是银行家去请教一位心理学大师,大师问他:"当你的女儿与男友逛公园时,男友想非礼你的女儿,难道你不希望你的女儿固执一点儿吗?"银行家顿悟。其实固执本身没有好坏之分,它的好坏取决于在什么环境中运用而已。有些人比较随和,容易接受对方和被对方接受,但缺点是原则性不强。固执的人也是一样,有缺点自然就会有优点。

(二)增强正向心理暗示

信心比黄金还要重要,信心其实就是一种心理暗示。心理暗示是不自觉地、下意识地被自己或别人影响,被自己影响叫自我暗示,被他人影响叫他人暗示。自我暗示分为正向暗示和负向暗示两种,暗示自己"我一定能成功"是正向暗示;而暗示自己"我成功不了"就是典型的负向暗示。正向暗示不一定能够保证结果,但由于个体加强了自信并为之制定行动方案,同时再努力推进,那么结果的实现是可期待的;如果个体总暗示自己"我就是不行,我就是个失败者,我就是垫底的那个人",就不会为之努力,那么就真有可能成为失败者。

心理暗示能影响个体的情绪进而影响其行为。所以作为基层管理者的班组长要适时对自己进行正向心理暗示,如"我很棒""我能管理好下属""我们班组一定能拿第一""我们的绩效一定是最好的"等。这些暗示不仅提高了班组长的心理预期,同时还为班组长进一步的工作规划奠定了心理基础。通过正向的自我心理暗示和有效的规划计划,班组的管理和目标达成就会得到良性发展;同时班组长还需要利用"他人暗示"来加强对班组的正向引导,借以调动组员的积极性和能动性。他人暗示不是简单的说教,而是通过一系列的手段来进行的,《团队案例管理法》中提道:没有人会接受你讲道理,但人们都喜欢听你讲故事,因为听故事的时候会不自觉地产生心理投射,把自己当作故事中的主人公去对待。这样的方法就会把一些理念和想法包装起来,融入对方的思想里面,形成有效的他人暗示。

(三)合理地宣泄情绪

在情绪已经产生并发现的时候,单纯地依靠上面的方法已经不足以有效地对情绪进行管理,而是需要用一些快速的方法来解决当下产生的情绪积累,让情绪得到合理的控制和宣泄,使情绪爆发得以缓和与控制。

首先,个体要改变肢体节奏。因为情绪一旦产生,个体的动作就会随之而变。如果你发怒，那么你的节奏就会变快；如果你沮丧，那么你的节奏可能就变得缓慢，甚至放弃任何动作。所以情绪与动作间的关联性非常强，因此用相反的动作和节奏就可以快速改善情绪，如发怒时降低节奏和频率，改变坐姿和体位，沮丧时变不动为运动等。

其次，可以用深呼吸和放松来调解自我情绪。情绪的反应器官是大脑内的松果体，情绪变化的时候松果体的温度会随之改变，尤其在人发怒时将会更加明显，而深呼吸却可以通过外界冷空气给松果体降温，以达到冷静的效果。所以当情绪激动时，深呼吸就是一个很好的情绪管理办法。肢体放松也可以起到调解情绪的作用，专业的放松方式需要进行训练。如冥想。普通人也可以在非专业的基础上进行简单的练习，通常的练习方式是先把全身绷紧，同时屏住气息，坚持1~2秒，然后呼吸，同时放松身体，这样的锻炼可以每天做几次，对于情绪管理会有帮助。

最后，采用合理宣泄的方法。宣泄不是胡乱发泄，而是在理智的前提下把情绪释放出来的一种方式。

(四)运用满灌疗法

满灌疗法是心理学的一种治疗方式，又称冲击疗法。它是鼓励当事者直接接触引致不安焦虑的情景，坚持到紧张感消失的一种快速行为治疗法。著名行为治疗专家马克斯在谈到满灌疗法的基本原理时指出：对患者冲击越突然，时间持续得越长，患者的情绪反应越强烈，这样才能称之为满灌。迅速向当事人呈现让他害怕的刺激，并坚持到他对此刺激不再紧张为止，是不同形式的满灌技术的共同特征。

在情绪不好的时候，可以想想，这件事情它能坏到哪儿去，它最坏会怎么样，这就是你在运用日常生活中的满贯效应。当然，这种疗法不是让人们抱着玩世不恭的想法去面对工作，而是针对某件在遇到冲击力特别大的事件时的一种应急疗法，是特殊时期使用的方法。

三、班组长的职场压力与化解方式

前文介绍了情绪的由来和管理情绪的一般方法，下面将介绍职场中班组长面临的具体压力和压力源，以及如何缓解压力。

我们先来提出一个概念，这个概念叫作"管理前置化"，其含义是管理不是要等到问题出来了，管理者再去解决，这样的管理者会像一群消防员，只是忙着灭火，不仅无法挽回出现的损失，还会让自己疲于奔命。那么什么才是好的管理者呢？这就需要具备"管理前置化"的理念,即在问题没有发生之前就把它解决掉,这样就会降低损失。

之所以提出这个概念是因为管理者需要知道情绪是压力积累的显像表现,也就是说需要管理者采用不同的方法处理产生的情绪。很多时候我们可以控制和管理情绪,但却无法在情绪层面上阻止情绪的产生,因此我们需要更深层地去解决情绪缔造者——压力的问题,这就像我们提到的"管理前置化"概念。

(一)班组长日常工作中所面临的压力源类型

1.来自上级的压力

上级的压力主要体现在绩效、目标和职位压力,这些压力同时还会有所延伸。上级给予的正常压力往往是正向压力,这种正向压力会促进班组长的管理欲望,也会促使班组长做出与之配套的有效管理策略。但是这些压力一旦转换成负向压力便会对班组长产生不良的影响,主要体现在目标设定过高、规则规范和管理方针策略过于偏颇方面,这也是班组长面对的最让人头疼的压力源之一。

2.来自平级的压力

平级的压力主要体现在平级班组、部门间的协作上,平级部门拥有各自立场和部门利益,在协作过程中必然会向自我团队和组织倾斜,也会产生不同的协作矛盾,甚至包括班组间的竞争和比较,因此在协作中会产生不配合、不主动的现象。这类现象是普遍存在的,大多数情况都可以通过有效途径去解决,而一旦形成强度较大的对抗行为便会产生负向压力,致使班组长产生焦虑感和焦躁紧张的情绪反应,影响正常工作。

3.来自下级的压力

班组长是班组内法定的管理者,但是由于人性使然,对下级管理一直是班组长日常工作的主要难点。下级总是会有自我的利益考量,也会自然而然地产生各种应对策略,如果班组长不能在根本上做出正确引导,那么管理矛盾引发的压力便会成为困扰。

4.来自组织的压力

班组长除了要面对上述压力外,还会因为组织资源的优劣多寡与组织间产生矛盾。"巧妇难为无米之炊。"因此为实现班组目标而获取和申请必要资源就会成为班组长的阶段性任务。申请资源是正常的,但如果经常性的资源申请受阻便会对目标实现造成阻碍,进而引发班组长的工作焦虑感,从而形成情绪压力源。

（二）有效化解压力源的策略

1. 上级的压力

产生上级压力的背后原因是班组长和上级存在着不同的认知差异，可以把它称为"认知矛盾"。认知矛盾的主要成因是信息不对称，上级拥有更多的信息宽度和深度。作为上级，其获取的信息范围会更加广泛，也会更有指向性，所以要想解决上级压力，班组长需要加强和上级的交流，多了解上级的绩效要求，这样才能有效地理解上级的管理策略，同时班组长有责任向上级提供真实的内部信息，并和上级讨论管理策略的合理性。

2. 平级的压力

平级压力需要班组长摆正协作立场。协作有两种模式：一是对方协助我方，主动权在我方；二是我方协作对方，主动权在对方。这两种协作模式的"我方"地位决定了协作观念，主动权在对方的时候班组长要清晰：人比事要重要，这时候让对方拥有更好的合作感受是非常重要的，换句话说，班组长要更低调；如果主动权在我方，这时候班组长要明白：事比人关键，把事情表达清楚特别重要，事件推动力度要把握好。

3. 下级的压力

针对下级的压力，班组长要能做到换位思考，能站在下级的立场上去考虑问题，并通过让下级参与管理策略的制定等沟通方式来缓解。

4. 组织的压力

组织压力主要体现在资源的获取方面。班组长需要的资源要向上级做出申请，申请时班组长要关注上级所关注的内容，如上级会有风险意识，那么在申请资源时班组长有没有给上级提供管控的节点是很重要的。班组长需要让上级明白资源不会失控，同时还需要为上级展现出获取资源后能够实现的结果，以及没有资源无法实现目标的后果。基于这些理念的资源申请就会较为容易。

思考题

1. 拥有情绪是否正常？
2. 如何理解情商的四个维度？
3. 如何改善自身情绪？
4. 怎样理解班组长的压力源？

第五节　高绩效团队建设

仅依靠班组长个人的力量是不能取得傲人的成就的,还要依靠班组和团队的力量。这就需要班组长所管理的班组是一个具有凝聚力的团队,只有拥有了一支具有很强向心力、凝聚力、战斗力的团队,拥有了一批彼此间互相鼓励、支持、学习、合作的组员,班组才能取得优异的成绩。

一、建设高绩效团队的基础

(一)设计高效团队

团队的建设虽不是一件轻松的事情,但也不像大多数人认为的那样,是一件非常困难的事情。通常可以借助一些常见的管理工具来简化团队建设工作。培养团队成员自我的深刻认识,明确团队成员具有的优势和劣势、对工作的喜好、处理问题的解决方式、基本价值观差异等都是建设高绩效团队所需要考虑的问题。通过对这些问题的分析,获得在团队成员之间形成的共同信念和一致的对团队目标的看法,以建立起团队运行的规则。

每一个班组都有其优势和劣势,而班组既要完成任务,又要面对外部的威胁与机会。通过分析班组所处环境来评估班组的综合能力,找出班组目前的综合能力与要达到的目的之间的差距,以明确班组如何发挥优势、回避威胁,提高班组迎接挑战的能力。

以班组的任务为导向,班组长要使每个组员都明确班组的目标、行动计划,为了能够激发组员的激情,应树立阶段性里程碑,使组员对任务目标看得见、摸得着。

合适的时机采取合适的行动是班组任务成功的关键,也就是说在适当的时候启动任务。班组遇到困难或障碍时,班组长应把握时机进行分析与解决,同时要思索班组面对内、外部冲突时应在什么时机进行舒缓或消除,以及在何时与何地取得相应的资源支持等,这些问题都需要因势利导。行动涉及班组的运行问题,即班组内部如何进行分工,不同的成员角色应承担的职责、履行的权利,协调与沟通等,因此,班组内部各个组员之间也应有明确的岗位职责描述和说明,以建立组员的工作标准。

班组建设中容易忽视以上问题,这可能也是导致班组运行效率低下的原因之一。班组要高效运作,必须要让组员清楚地知道为什么要加入这个班组,这个班组的成功与失败给他们带来的正面和负面影响是什么,以增强组员的责任感和使命感,使组员发挥勇于奋斗的精神,失败了也要拿出不气馁的态度,来争取荣誉。

(二)为组员提供深造的机会

只有懂得不断充实自我的学习型团队,才能创造出更多的"奇迹"。从学习的作用来讲,团队的学习性意识不强,他们多满足固有的知识和经验,而不自觉地吸取新知识,也不积极开展横向学习。而在学习型团队里,无论是从机制上还是观念上都充满了强烈的再学习意识,善于在实践中将理论和实际相结合,善于发现他人优点,加以吸收。面对这样的组员,班组长需要擅于创造学习的机会和组织学习,要加强组员的阶段性培训和有针对性的培训。

(三)听取组员的意见

在班组团队中,需要每个组员都要具有强烈的责任心和事业心。对于班组精心制定的战略,组员要在理解、把握、吃透的基础上把战术不折不扣、坚定不移地贯彻执行下去,对于过程中的每一个运作细节和每一个项目流程都要落到实处。另外,班组长要保证班组的执行力,关键要在执行过程中明确要实现的目标分哪几个阶段和具体确定的工作指标,这是确保任务完成质量的关键,也是保证团队执行力的关键。

二、高绩效班组的要素

人类能够统治这颗蔚蓝的星球不仅依靠相对聪明的大脑,更重要的是具有独特的社会性和精神性。科学家指出,人类最独特的能力是灵活高效的团队组织能力。自然界没有任何一种生物能像人类一样,能够灵活高效地组织起超级庞大的团队。

(一)提升班组绩效的基础

同一目标是班组管理的基础,制定目标并不困难,但是每一组员都能被同一目标所吸引却并不容易。在实际的企业管理中,目标能否得到组员的普遍认同比目标是什么要重要得多。但遗憾的是,在企业的组织结构里企业高层是战略的制定者,组员是任务的执行者,高层与基层之间总是存在现实的思维错层,组员不理解企业战略、高层不理解组员的现实困难,这是因为高层和基层处于不同的信息层,而只有不同层级的班组长才有机会把高层的想法和基层组员的信息进行有机整合,也只有不同层级的班组长能够在高层和基层之间穿针引线,这使得决策更精准、战略更合理、目标更统一、执行更顺畅。

很多团队管理的失败并非败在技巧和方法上,而从一开始就没有夯实班组管理的土壤。甚至班组长所管理的根本就不是一个班组而是形形色色的个体。如果班组长希望自己的组员能够成为真正的团队成员,如果希望自己能够管理好一个真正的团队,那么班组长应具有以下特征。

1. 习惯学会认真聆听组员的想法

基层组员是任务具体的实施者,他们知道一项工作成功因素有哪些,也能对任务的合理性做出基本判断,就这点而言,班组长需要认真倾听组员的声音。但组员对项目任务的评价是多方面的,他们在分析任务的合理性时不仅对任务本身进行分析,还会结合自身能力、自我兴趣、限时资源、人际协作等多方面进行系统分析,一旦组员认为有困难、有风险就会对任务产生一定的逆反心理。因此班组长在倾听下属的声音时可以得到两种信息:一种是组员对任务合理性的理性评价;另一种是组员想要表达的困难与担忧。而班组长则需要分辨两者的不同,针对困难与担忧,班组长需要通过支持、引导、协调,帮助组员解决问题;针对理性的评价,班组长需要记录、整理分析并选择性地向上反馈。

2. 习惯学会灵活理解高层的战略

高层是战略的制定者。一个战略的制定主要依靠外部信息和内部信息的支撑。通常外部信息只能让领导明确应该做什么,但内部信息能提醒领导下级有能力做什么。坦率地说班组长很难改变领导想做什么的想法,因为应该做什么的意义高于能做什么的意义。基层能不能做主要取决于现实的资源条件,但对于领导而言整合资源是保障战略的必要手段,这一点领导会非常清楚。与领导相比,班组长的优势在于更接近基层组员的实际工作,更容易对怎么才能做好做出公正的评价,这种评价不涉及谁对谁错,只能表达出完成目标的现实资源诉求。班组长的职责是提醒领导战略的达成条件,是说服组员最大限度地去理解战略的意义。

3. 习惯学会冷静思考现实的情况

班组长在组织里扮演着承上启下的角色,这种角色的难点在于其很容易在立场中迷失。班组长可能会遇到这样的困难:听组员说有道理,进而感觉领导的决策有问题;听领导说好像也有道理,而感觉组员在无理取闹。有些班组长面对类似的情况选择自我麻醉、见机行事、随遇而安,最终亲手葬送了自己的大好前程和班组的未来。

　　这个问题的核心还在于领导与组员之间的资源矛盾上。班组长的策略应该是面对下级尽可能减少资源投入达成的结果;面对自己以尽可能多的资源支持和整合来保证结果;面对上级以尽可能合理的资源申请来促进达成结果。此事不求完美但求尽心尽力,当班组长能够在上级与下级之间搭建起沟通的桥梁,就有机会制定出合理的、科学的工作目标,从而促使团队目标的统一。这是团队建设和管理的第一步,也是促进团队绩效提升的关键行为,更是班组成员关系的环境土壤。在合理任务的驱动下,组员更容易形成相互的联系并提升团队的凝聚力。如果把团队管理视为一个系统工程,目标的统一只是打下坚实的基础,但高楼是否能拔地而起就取决于班组长的管理行为和管理策略。企业希望看到的是具有凝聚力、执行力、成长力和文化力的团队。而这种高绩效团队的诞生,需要经历成长的剧痛,班组长要在团队的不同成长阶段,采用不同的管理策略帮助团队健康发展。

(二)班组在不同阶段的表现与管理策略

　　班组的发展,多数都会经历以下发展阶段。

　　1.组建期

　　班组发展的第一个阶段是组建期。所谓组建期并非单指班组诞生的时间,而是组员的行为现象。此时组员处于困惑期,也处于对工作环境的摸索期,这个阶段不会有太好的绩效表现,但也不会发生工作和人际矛盾。此时的组员是激动、害怕、困惑和警惕,有较多的敏感盲从和最低限度的沟通。在组建期内组员比较关注以下问题。

　　(1)我是谁

　　人是复杂的环境动物,当一个人身处相对陌生的环境时,先静而后动,多看少说,这是一种自我保护。此时人们总在思考自己在这个团队里有什么样的行为和语言模式才能更好地生存下去,因此班组长总能够感觉到组员的敏感和警惕。

　　(2)你是谁

　　首先组员是构建环境的基础,其次才是上级的管理方式以及班组文化和价值观的影响结果。班组组建期内的组员总在探索彼此相处之道,同时也在观察班组长是一个什么样的人。由于在探索和观察中,所以表现出的是最低限度的沟通,甚至会表现出盲从的现象。

　　(3)我该干什么

　　每个人都会对自己未来的工作建立一个主观合理的期望值,并迫不及待地想搞清楚自己的工作内容和工作职责,与期望值进行对比,甚至有些人根本就没搞清楚状况就对工作开始盖棺定论。因为理想和现实发生偏差的瞬间,很多人根本无法正常地理性思考,因此组员会表现出害怕、激动、兴奋或沮丧,他们需要快速地了解自己的工作并做出理性的评价和自我调整。

（4）我该怎么干

有的工作看似简单,但是做起来并不容易,有的工作看起来复杂,但是操作起来比较简单,此时班组长需要让组员明确工作方法（不仅包含技术方法,也包含为人之道）。这是帮助组员重新构建期望值的机会,也直接决定了其对工作的满意度。如果从创新的角度看,很难说满意更好还是不满意更好,满意有时会使人失去斗志,但不满意有时却能够激发其改变自我的决心。

从班组发展的角度看,组建期内的组员对工作的满意度将决定着班组的稳定性。组建期的班组并不是最糟的,但也称不上好,对得过且过的班组长而言这也许就是理想的团队状态,而对于卓越的班组长而言,这样的班组距离理想的班组还有很大的差距。如果班组长希望班组尽快地度过组建期,首先要对自己的能力做好评估,因为此时所需的领导方式叫指令式管理。指令式管理对班组长的技术能力和实操能力有很高的要求,从形式上看,是一种单向沟通的管理模式。

指令式管理的特点是尽可能为每一个个体的行动设定指令和规范,让每一个个体都遵守一定的指令来执行任务,只要执行人按照规定的指令行动,就能达到最理想的效果。指令式管理由于将任务执行简化到了流程和细节,所以被指令者容易理解和操作,这样便可以把处于困惑期的个体组织起来,从整体上形成可观的效率。为了达到预期的效果,班组长往往在指令和规范的设计上会花很多心思,总体的原则是指令完整、清晰科学、具体和易操作。

这就要涉及一个非常关键的技术——如何将指令描述清楚,或是怎样才能零差错安排工作。

首先班组长要对工作内容了如指掌,能够了解工作的重要节点、关键步骤以及所面临的风险,在安排和描述过程中,力求将这些重要信息表达清楚。同时班组长也要知道安排工作的目的是让组员对工作内容明白和理解,这样才能准确地进行相关工作,所以组员的反馈非常重要,这是班组长能够判断组员是否听懂的重要途径。

通常工作分为两种:一种是目标型工作,另一种是任务型工作。这两种工作内容不同,安排方式也有差异。目标型工作可以安排给目标感较强的、粗放型的组员执行;而任务型工作要交给细致型的组员才能做得更加完美。但值得注意的是,粗放型的组员虽然目标感比较强,但是这些组员往往粗枝大叶、细节注意得较差,同时由于过于关注目标,对流程的执行不够关注,甚至很有可能不会拘泥于规章制度,这样的操作很可能造成遗留问题,因此安排目标型工作给粗放型组员的时候,应该让其简述操作步骤。

把任务型工作安排给细致型组员的时候,也要注意这类型组员的特点。他们的执行力较强,喜欢踏踏实实工作,这虽然是优点,但其缺陷性也比较明显。这类组员在被动执行的时候是不区分指令的对错优劣的,换句话说只要是上级安排的工作他/她就会执行,至于对错那是上级的事情。虽然这类组员也会察觉出工作中的问题或者风险,但由于其执行习惯作祟,便不会主动讲出来。所以安排这类工作的时候,要让细致型组员提出备选方案,这样做的意义是要让细致型组员充分发出自己的声音和观点,避免由于班组长主观判断错误引发的管理风险。

2.动荡期

班组发展的第二个阶段是动荡期。这时期的显著特征是组员间存在竞争和冲突,竞争和冲突背后所表达的是个体的盲目自信和对事物的独到见解。矛盾的发生说明班组在成长,是一种活力的表现。但矛盾的爆发会使内耗加剧,甚至严重影响班组绩效。动荡期内的组员比较关注以下问题。

(1)谁更合适

这个疑问的发生基于对自己、对别人的不了解,偶尔也会受班组内部人际关系的影响,这既是理性评价也是感性选择,当组员相对成熟时人们更习惯于交叉对比。

(2)上级是否专业或公正

这种主观对比并非真理,矛盾也由此而发生,此时班组长很容易成为受害者。当组员无法找到共识的方法时,唯一的共识就是上级不专业或不公正。

(3)我能信任谁

每个人都具有独特的文化属性,相似属性的人比较容易相处,反之就容易产生矛盾。但相处和能信任是截然不同的两个层面,简单来说文化属性能诱发矛盾但难以诱发信任,信任是互动的产物,信任的发生基于"我是一个什么样的人"。如果一个人自信、自尊、自爱和自重,就很容易得到更多的信任。如果一个人不知道能信任谁,就说明在他眼中身边人都有瑕疵,这是一种主观事实,也是一种挑剔的习惯。挑剔可以无师自通,而欣赏则是一种素质的修炼。没有信任的防卫,争论、竞争只是掩盖自己内心的不安。

（4）我能跟谁合作

信任可以促进合作，但是却无法直接促成合作，信任可以是无利益的合作，通常具有公益性。合作要有自己明确的需求，并找到与自己需求相匹配的人或组织。不知道与谁合作，要么是不知道自己要什么，要么就是不知道别人要什么，要么就是自己格格不入。但不管原因是什么，孤独与不安会破坏一个人的感受，这时候只有抱怨和挑战才能让其感受到自己的存在感。因此在班组中班组长要避免组员产生抱怨的心态。

（5）如何解决矛盾

职场犹如江湖，有人的地方就有纷争。也许人们还不习惯自然地对待矛盾和分歧，因此多数矛盾会被感性放大，在乎矛盾就是在乎输赢、强弱、对错与是非，说到底还是缺少他人对自己的认同。动荡期的班组是很多班组长不愿去面对的，甚至会让其怀念组建期的和平。动荡期的班组各类事件的发生的组织正在被激活，班组长的恐惧来源不是动荡本身而是缺少解决动荡的方法。如果班组长想帮助团队顺利地度过动荡期，那么就要练就纯熟的沟通技巧，因为探讨差异、提供咨询、说服讲解、解释澄清是化解动荡的必经过程。

这个阶段的管理方式是辅导式管理。辅导式管理是班组长通过平等对话，为困惑者打开心结的管理过程。辅导式管理注重对他人的影响和改变，因此班组长在沟通中要始终以人为本，以沟通为核心，而且要允许对方以事件的视角描述自己的观点。整个辅导的过程以倾听为主，以说服讲解为辅，以提供咨询贯穿始终。班组长可以通过提问的方式收集信息，以信息为基础，分辨组员的主观认知和客观认知的差异、挑剔与欣赏的差异、自我需求与组织需求的差异以及理性矛盾和感性矛盾的差异，从而帮助组员发现自我认知的盲区。在整个辅导的过程中班组长不做批判，只贡献信息和自己的看法，引导组员转变想法直至解决问题。

班组长采用的提问方式往往分为3类：开放式提问、封闭式提问、重复性提问。

例如，招待时问客人："您想喝什么？"这种提问就属于开放式提问；"您想喝茶还是咖啡？"这种提问就属于封闭式提问。如果对方说："喝茶吧。"你再问："您想喝茶是吧？"这就是重复式提问。

开放式提问，问题宽泛，一般没有标准答案，给对方充分发挥的余地，就像"开放式提问"本身的叫法，呈现出开放性，目的是获取更多的信息。

封闭式提问，一般会给问题提供两个答案让被问者做出选择，通常在一段谈话结束时使用，能够对方向性提供参考。

重复式提问是在确定对方答案的时候使用,这种问话方式也可以在交流之后一段时间后继续采用。人们通常都存在自我保护心理,对于开放式和封闭式提问都有可能采用特定的方式掩盖自己的真实意图,但是人们无法回避的是自己所说过的话,他一定会做出合理的解释,这就是重复式提问能够发现对方真实意图的作用体现。

3. 规范期

班组发展的第 3 个阶段是规范期。这个时期的显著特征是组员间的自主交流频繁,相互信任加强了,人际关系开始趋向于合作并培养出一定的默契。组员对自己的角色有比较清晰的认识,对工作有比较透彻的理解,因此会自然形成初步的工作规范和流程。

规范期的班组对班组长的依赖很强,还不能形成自主的班组,关键词是高频沟通、相互合作、关系融洽、规则初见并依赖上级。在班组规范期内组员比较关注以下问题。

(1)权限

班组组员之所以在这个问题上存在困惑是因为指令式管理已经让其产生了一定的依赖。当班组长鼓励组员创新和尝试独立时,组员会自然产生困惑和恐惧。组员很想知道能动用的资源有哪些、哪些事情可以自主、哪些事情需要汇报,这类问题的发生会使组员裹足不前,一旦不能及时解决,组员可能会从规范期回到动荡期。

(2)发展

当组员在工作中获得喜悦时,就会考虑自己的个人发展问题,他们深知这才是自己应该关注的问题,虽然这种理性来得不是那么及时,但在此时思考自己的职业发展是一种成熟的表现。多数人此时比较关注自己在企业里有没有发展机会,这种机会可以是职位上的变化,也可以是薪资上的变化,还可以是能力上的提升。

(3)与上级的关系

这里不是单纯的人际困惑,而是自己与上级如何分工的矛盾体现。班组长要知道不是每个组员都具备解读上级的能力,也不是每个班组长都喜欢被人解读,但组员在不明确上级的指令时很多事情就掌握不好"度"和"信",也就摆脱不掉对上级的依赖。因为谁也不想贸然承担不必要的工作风险。

那么怎样才能将工作风险化解于初期呢?班组长又将要如何操作呢?这就要求班组长采用"管理前置化"原则,一改"问题出来再解决问题"的管理方式,提前将生产作业流程中的问题与风险做出预判并做出相应的应急预案。

（4）团队的文化价值观

很多班组长认为文化是一个可有可无的东西,但文化往往是一个团队的灵魂,是班组里多数组员的行为特点,没有文化的引导就很难让组员发自内心地凝聚。丢了魂的班组只能靠目标、利益和情感黏合在一起,但这3样东西始终是不具备稳定性的,只有文化和价值观才能够长期解决组员的行为准则问题。组员的规范期没有特别突出的问题,所以很多班组长开始掉以轻心,但此时的组员并不稳定,能否顺利度过这个特殊阶段对于组员管理的意义是非常重要的。

在此期间组员要明确与上级的分工、明确班组提倡的文化、明确自己的职业发展目标以及明确班组长的管理风格,这些都是促进班组从规范期走向表现期的基础。在这个特殊时期,班组长应该进行风格的转化,从控制型管理转向支持型管理,给予组员更多的自主空间。

所谓支持型管理是通过信息共享和信息交互鼓励下级参与管理、参与决策、参与问题的解决来共同经营班组的管理方式。支持是管理的基础,首先班组长要增强管理的透明度,应主动向下级说明自己的要求、标准、资源、原则等相关问题,保障下级与上级的对位非常清晰;其次班组长要提倡班组发展和个人发展并行的管理思想,把组员的职业规划、辅导文化价值观教育当作日常管理的工作重点,从而促使组员愿意参与集体决策、集体创新和集体讨论。

总而言之,在这个阶段班组长所需要的这种支持型的管理在更大的意义上是帮助组员重新去设定工作标准和工作目标,组员可以把它理解成管理的螺旋式上升。支持型管理本着尊重组员意见的原则,以风险控制为底线,使每一个组员都能真正地参与其中,并获得归属感和荣誉感。

如果组员具备了归属感与荣誉感,那么利他的行为就会自然而然地发生。在班组长调研中有班组长描述:"本单位两名车管员,由于单位设备老化、故障频出,他们以身作则、任劳任怨,一个月甚至要加班半个月之久。"这些组员的举动都将通过价值观的引导而成为现实。

那么怎样才能引导下级的价值观呢?引导下级的价值观最核心的是调动组员自我价值认同感,只有在下级认知到提升价值才是获取其他物质利益的正确手段时,下级的价值观才会得到升级并由此而关注自我成长。一个拥有成长欲的组员会主动接受管理并愿意承担责任,这种引导需要长期进行才会有效果。可以参考工作动机的引导逻辑。

4.表现期

班组发展的最后一个阶段是表现期。表现期的标志是组员分工明确,角色定位清晰并与班组长的配合紧密。工作流程和规范均已建立并且能够有效地执行,组员能够进行自主和高效的沟通、分享自己的观点和建议、高度自信、富有归属感和荣誉感,关键词是愉快、激励、自我激励、高效的自我工作管理。在此阶段组员比较关注以下问题。

(1)创新尺度

组员在班组的表现期内会有强烈的创新欲望,但大多数组员不明确自己的创新尺度时,就很容易破坏其创新的热情,因此说明组员可操作的创新空间和原则能使上级放下心理负担。

(2)冒险程度

当风险和收益成正比时组员会出现左右为难的情况。在强烈的企图心驱使下,组员也有越雷池冒风险的可能。因此班组长应该公开说明班组的风险承担能力,为组员设定明确的风险底线。

(3)自主宽度

在班组的表现期内,班组长应当鼓励组员能够自主工作,但组员并不能确定是否所有的问题都可以自主,因此班组长有义务告知组员可以自主的范围并明确汇报的时间和时机。班组的表现期是班组的最佳状态,此期间的组员工作热情高涨、自发自愿地为班组贡献力量、主动接受高挑战工作,是很多班组长梦寐以求的结果。但若想保持这个状态需要班组长时刻为团队输入动力,这里不仅是单纯的信任,还体现在愿意与下级一起承担风险、有足够的资源支持、鼓励组员创新等各个方面。表现期所需的管理方式是授权式管理。

授权式管理是班组长通过为组员提供足够的资源支持和创造足够的自主空间来达到组织目标的过程。授权式管理的核心在于任务的选择和人员的配置,总体原则是风险控制,具体表现在合理的监管。通常授权的过程分为以下5步。

①选择合适的任务;

②选择合适的组员;

③确定授权的资源;

④既定授权的责任;

⑤确立监管的策略。

授权是班组长必须具备的一种管理技能。授权是班组长智慧和能力的延伸,在授权的过程中必须遵循客观规律和原则,因此授权是管理科学化和艺术化的具体体现。成众人之志则无不任意,用众人之力则无不胜也。没有完美的个人只有完美的团队,团队作用虽然很强大,但团队管理是对班组长能力的综合大考,其中包含团队目标的统一、人际关系的处理、人尽其才的用人、组织资源的共享、行为规范的建立以及高效合理的分工6项元素内容。在不同的团队发展阶段选择不同的管理策略,这充分体现了管理的灵活性和科学性。

在调研中发现,部分班组长能够实现授权作业,如有的班组长就说:"能够在日常安排工作中授权,同时在工程计分统计上也很成功。"等等。

三、提升班组长执行力的有效方法

(一)没有借口

借口是执行力的大敌,拥有借口就意味着给自己留有退路。趋利避害是人的本性,一旦留有自我退路,那么勇往直前的执行便大概率不会出现。其中有两点值得班组长思考:一是组员在工作时是否明确知道这项工作对于自己意味着什么,或是有什么好处;二是畏难是人的本性,作为班组长如何打消组员的畏难心理。

首先,在安排工作时,班组长应该明示本项工作中执行者的利益所在,也就是说做这项工作会有什么好处要向组员说明。

其次,在安排工作时,班组长要和组员讨论4个问题:意愿、资源、方法和风险。班组长需要说明本项工作的意义,并征求组员的意见;班组长和组员讨论本项工作所需要的资源以及获取方法,并给出支援承诺;班组长还应该和组员讨论具体的执行办法,帮助组员消除方法中的错误和误区;班组长要能和组员一起讨论该方法可能出现的风险并给出预案,在充分讨论之后,组员的畏难心理将会得到缓解,借口也将会消除。

(二)寻找办法

只有在没有借口的前提下,办法才能够得以实现,如果存在借口,那么组员所想的办法一定是逃避工作的办法,而不是如何将工作做好的方式方法。

(三)善于规划

有了执行意愿也有了执行的方法,那么就要设计执行计划,计划对于执行的结果具有保障性和监督改进的非凡意义。一个具有逻辑性和时间性的计划将有利于最终结果的呈现,也有利于有效的改进。计划通常具备以下几个要素:事件、执行人、预估完成时间、实际完成时间等。

(四)保持激情

保持激情是执行力持续的基础。在班组日常工作中,没有一项工作是一次性的,绝大部分工作都是重复和持续的,这就要求班组长能够引导和保证组员的持续执行,因此使组员走出舒适区保持良好的工作状态是非常关键的。

工作状态是由工作习惯决定的。组员良好的工作习惯会保证执行力的持续性,因此班组长需要通过以下 3 个方面来帮助组员养成良好的工作习惯。

1. 步骤简化是形成习惯的基石

人类往往喜欢那些简单的、不用思考就能完成的事和动作,因此工作的具体步骤越简单,大脑的抵触就会越小,就越容易执行,这就要求班组长尽可能简化工作流程,让组员易于接受。

2. 不断重复是形成习惯的保障

不断重复会形成条件反射般的不自觉动作和思维,这样的结果是人们所喜欢的,不会给组员心理和生理上造成任何压力。

3. 执行力是保持习惯的土壤

在一个班组内形成具有执行氛围的执行文化至关重要。在心理学中有一个非常重要的心理效应,叫作破窗效应其本意是一座没有人居住的大楼被人打碎了一扇窗子而没能及时修复,那么很快其他窗子也会被打碎。这是从众效应的具体体现,群体无意识是心理学的重要理论,也是班组组织研究的重要因素。从破窗效应中不难发现,个体是会被周围的群体环境所影响的,这种影响必会产生而且不能避免。因此如果班组长在班组内建立起正向的执行文化,那么这种执行氛围的影响就会推动个体产生执行倾向,形成有效的执行力。

高绩效班组就是以高绩效为目标、以执行为体现、以班组为单位的作战过程。每一个班组都是一个战斗单元,每一位班组长都是班组的指挥员和领航者。能够采用相应的管理策略、能够把握班组要素和推动执行力是每一位班组长的责任与义务,也是每位班组长的成就与光荣。图 2-2 是天津港班组文化中心。

图 2-2　天津港班组文化中心

第三章 卓越班组现场管理

第一节 现场管理基础

一、班前、班后会

班前、班后会,是传达企业决策、车间决议、班组指令最便捷的途径,是强调劳动纪律、遵守安全操作规程、杜绝习惯性违章最响亮的警钟,是传授安全知识、分享安全经验最有效的培训方式,也是班组长了解组员诉求、掌握组员动态最直接的渠道。

然而,有的班组对班前、班后会的认识不够,认为班前、班后会是形式主义,起不到多大的作用,为了应付检查而不得不开,若有企业领导或监管部门人员参加时就多讲点,若没有就直接点完名草草了事。这反映出了这些班组长只是把班前、班后会当作"形式"来认识,而不是作为落实班组安全管理的工作方法来看待。

班前、班后会是把组员从比较松闲的生活状态迅速地收拢为集中的工作状态,使之思想注意力转变。班前、班后会除了传达公司、车间精神,安排当日工作外,更重要的内容就是结合当日具体工作进行安全思想教育和安全措施的交代布置,以及对工作完成情况和存在的问题进行总结。此项工作尤为重要,因为它可以不断发现组员工作中的危险点,为今后的工作打下基础。

班前会绝不是"要注意安全""做事要小心"之类口号式的交代所能替代的,它需要在传达精神、布置工作的同时,对班组日常工作中的危险源进行分析,结合日常的习惯性违章、以往的事故案例,举一反三,提出切实可行的防范措施,提高大家的警惕性,从根本上提升组员的安全意识。

危险源查找不是一朝一夕的事情,是一项长期性的工作。通过对组员的安全思想教育,可以杜绝组员为了早点下班而急于求成、盲目蛮干,甚至违章操作的行为。像这类临近下班而急于求成、违章作业引发的安全事故在很多企业不是少数。为了悲剧不再发生,企业一定要吸取教训。班组长做好组员的安全思想教育工作,班前会就是一种行之有效的手段。

班前会可以说是每次工作前都向大家敲响一次安全警钟,班后会是总结当日工作的经验和教训,防止类似错误的重复发生,进行一次面对面的思想教育。

因此,班前、班后会最大的特点就是强调安全上的超前管理、警钟长鸣和经验教训的总结。只有让组员认识到班前、班后会的重要性,才能防止生产中各种安全事故的发生,才能为企业长期、稳定和持续的安全生产奠定坚实的基础。

(一) 生产现场班前会的目的及作用

1. 营造良好的工作氛围

刚上班时,现场组员难免停留在一种散乱无序的非工作状态:思想松弛、注意力不集中。因此,现场班前会召开的第一个目的就是制造一种适度的工作紧张感,让现场组员的身体和心理都迅速进入工作状态。

2. 明确工作安排

当天的工作任务是什么?要达到一个怎样的目标?现场组员的调配状况是怎样的?有哪些需要注意的事项……这些都是班组长必须明确并做具体指示的内容,也是工作有序进行的保证。

3. 对组员进行教育和指导

现场班前会是日常工作中召开频率最高、参与岗位范围最广的会议。对于上一班出现了什么问题、本班应该注意哪些事项等问题,班组长都可以利用现场班前会对组员进行教育和指导。持之以恒,就能有效加强现场组员的工作意识,促进高效率的现场管理。

4. 向现场组员传达企业的信息

班前会是上令下达的一种重要途径。如行业方向、企业动态、业务信息以及管理要求等必要的企业信息,班组长都可以利用现场班前会向组员传递,从而使组员的个人工作目标与企业经营目标达成一致。

【案例】

在海尔集团本部,员工每天站在6S脚印上开班前会(图3-1),进行检查与自我检讨。

（a）

（b）

□是否严格遵守时间？

□是否穿着规定的服装？

□是否在规定的场所吸烟？

□在工作现场是否放有私人用品？

□是否在工作现场吃东西？

□工作中是否有无关的闲聊或私语？

□是否遵守已决定的规则？

□是否遵守了作业标准？

□作业者是否穿戴了保护用具？

（c）

图3-1   海尔集团本部班前会现场图

（二）班前会的组织形式

（1）以部门、车间或班组为基本单位。

（2）由各部门长、车间主任或班组长主持。

（3）时间10~20分钟为佳（上班前）。

（4）固定位置，队形统一。

（5）员工仪态规范。

（三）班前会的内容

（1）前一天工作情况的总结。

（2）当天工作的安排。

（3）生产异常情况处理的跟踪。

（4）安全、质量、现场管理要求的下达及实施的检讨。

（5）事故再发的预防。

（6）企业文化信息的宣传。

（7）对表现优秀组员的表扬。

（8）违规事项及组员的批评和警示。

（9）公司级活动的预先通告。

（四）班前会"四规范、六必讲、七步法"

1."四规范"

（1）规范班前会时间。不要超过半个小时。

（2）规范班前会程序。班前会严格按照"点名、会议内容、喊口号、集体安全宣誓"4项程序进行。

（3）规范班前会内容。将安全意识薄弱组员排查纳入班前会点名环节,把安全培训纳入安排工作环节之中。

（4）规范班前会考核。建立班前会考评机制,让组员和专业领导当"评判员",每月组织一次班前会质量评估,根据评估情况落实奖罚。

2."六必讲"

（1）必讲上一班现场情况和存在的问题。

（2）必讲现场主要安全措施。

（3）必讲本班具体明确的注意事项和处理方法。

（4）必讲当班组长的主要安全责任和必须把握的安全环节。

（5）必讲特殊工种的岗位要求。

（6）必讲有问题、有隐患地点作业人员必须注意的安全事项,使组员充分了解自己工作的责权与注意事项。

3."七步法"

（1）点名签到。各班组严格按照班前会管理办法,严格执行签到程序,按照当班班组组员花名册进行点名考勤,并让组员在学习记录本上签字。点名四步法:听—看—叮嘱—画钩。

（2）排查。每次召开班前会,班组长要仔细观察组员情绪和行为,对情绪激动、脸色不好的组员进行排查,排查出勤人员的安全意识薄弱人员,对该调班的调班,对需要安排休息的安排休息,对情绪波动的及时做好思想工作,保证组员能够在精神饱满的状态下工作。

（3）点评。总结点评本班组的上一班工作情况,通报上一班生产现场存在的隐患和问题,并告知整改措施、处理方法及注意事项。

（4）学习。根据规定认真组织组员学习操作规程、作业规程,积极开展每班一案、每班一题活动,每班组织组员至少学习一个安全事故案例、一个安全技术问答、三条身边常见的隐患和违章、一种手指口述操作要领。

（5）抽背。每班至少抽查一名组员背诵手指口述操作要领、安全案例及身边常见的隐患及违章等知识,对答对的组员发放纪念品或奖励,对答错的组员进行处罚。

（6）安排/分工。对当班工作进行安排与分工,分工时充分考虑特殊工种人员的作业,并明确当班工作任务和工作重点,各项工作、各道工序责任到个人。

（7）宣誓。值班人员带领组员进行安全宣誓。

（五）交接班管理

你遇到过这种"不以为然"的态度吗（图3-2）？

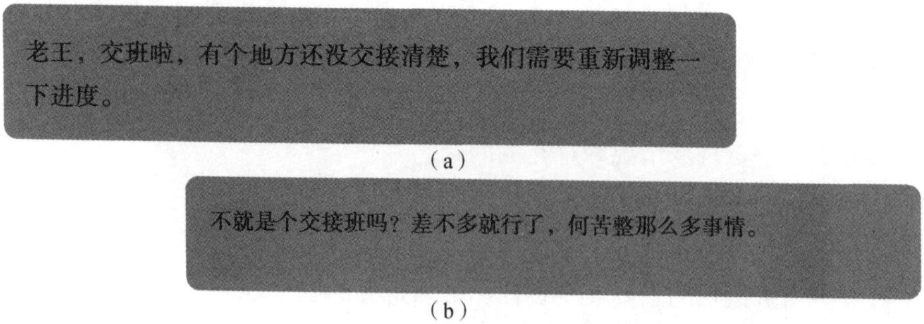

老王，交班啦，有个地方还没交接清楚，我们需要重新调整一下进度。

（a）

不就是个交接班吗？差不多就行了，何苦整那么多事情。

（b）

图3-2　交接班对话图

有类似的行为，就是对工作的敷衍了事。

【案例】

2019年5月2日凌晨0时12分，位于神木市的陕西恒源投资集团电化有限公司2号电石炉停电，准备处理炉内料面板。约1时10分，在处理炉内料面板过程中电石炉发生塌料，导致高温气体和烟灰向外喷出，致使20名现场作业人员不同程度烧伤，其中4人抢救无效死亡。

事故调查报告显示，事故主要原因主要包括：企业安全生产主体责任不落实，严重违反交接班管理制度，违规将两个班的作业人员同时安排清理料面，造成作业人员数量超标等。

在企业生产作业过程中，班组交班、接班和交接班记录的传递能起到沟通信息、发现问题、协调配合的作用。交接班工作在很多企业一线班组中，往往得不到充分重视，存在班前检查不到位、交接走过场等现象。

交接班时的注意事项如下。

1. 交接班地点

各工序生产现场。

2. 交接班手续

双方以在记录本的签字栏签字认可为界，签字确认后，代表交接班手续已履行完毕，之后双方不得争执。

3. 交接班内容

（1）接班组员必须提前换好工作服，按点进入工作现场，在班组长的带领下,认真检查现场后进行交接班。

(2)交班完毕的班组在班组长的带领下,参加班会后,讲评当班生产任务完成的情况,处理完本班遗留的问题。

(3)交工艺。当班组员应对管理范围内的工艺现状负责,交班时保持正确的工艺流程,并向接班组员交代清楚生产品种、使用原料、执行工艺等内容。

(4)交设备。当班组员应严格按工艺操作规程和设备操作规程认真操作,对管辖范围内的设备状况负责。交班时应向接班组员移交完好的设备。交代所有设备的现状,尤其是大型设备的完好情况。如遇检修,则要讲明检修的部位与进度。

(5)交卫生。当班组员应做好设备、仪表、门窗、玻璃、墙壁、地面的清洁卫生,交班时交接清楚。

(6)交工具。交接班时,工具应摆放整齐,无油污、无损坏、无遗失。

(7)交记录。交接班时,各种生产记录应真实、准确、整洁。

(8)凡上述几项不合格时,接班组员有权拒绝接班,并有权向车间反映。

4."十交"与"五不交"

(1)十交

①交本班生产情况和任务完成情况;

②交仪表、设备运行和使用情况;

③交不安全因素、采取的预防措施和事故的处理情况;

④交工具数量及缺损情况;

⑤交工艺指标执行情况和为下一班的准备工作;

⑥交原始记录是否正确完整;

⑦交原材料使用和产品质量情况及存在的问题;

⑧交车间指示、要求和注意事项;

⑨交跑、冒、滴、漏情况;

⑩交岗位设备整洁和区域卫生情况。

(2)五不交

⑪生产不正常、事故未处理完不交;

⑫设备或工艺有问题,搞不清楚不交;

⑬岗位卫生未搞好不交;

⑭记录不清、不齐、不准不交;

⑮车间指定本班的任务未完成不交。

（六）班后会

班前会是班后会的前提和基础,班后会是班前会的继续和发展。

班后会是一天工作结束或告一段落,是在下班前由班组长主持召开的一次班组会。

班后会主要以讲评的方式为主,在总结、检查(某种意义上也是一次小的评比)生产任务的同时,总结、检查安全工作,并提出整改意见。

（七）班后会的主要内容

(1)简明扼要地对当天生产任务的完成和执行安全规程的情况进行小结,既要肯定好的方面,又要找出存在的问题和不足。

(2)对工作中认真执行规程制度、表现突出的组员进行表扬;对违章指挥、违章作业的组员视情节轻重和造成后果的大小,提出批评或考核处罚。

(3)对人员安排、作业(操作)方法、安全事项提出改进意见,对作业(操作)中发生的不安全因素、现象提出防范措施。

班后会要全面、准确地了解实际情况,使总结讲评具有说服力,注意工作方法,做好组员的思想工作;以灵活机动的方式,激励组员安全工作的积极性,增强其自我保护意识和能力;帮助组员端正认识,克服消极情绪,以达到安全生产的共同目的。

二、6S 管理

（一）6S 的含义（图 3-3）

(1)整理(Seiri)。将工作现场的所有物品区分为有用品和无用品,除了有用品留下来,其他的都清理掉。

目的:留出空间,将空间活用,防止误用,以保持清爽的工作环境。

(2)整顿(Seiton)。把留下来的必需物品依规定位置摆放,并放置整齐加以标识。

目的:工作场所一目了然,消除寻找物品的时间,整整齐齐的工作环境,消除过多的积压物品。

(3)清扫(Seiso)。将工作场所内看得见与看不见的地方清扫干净,并加以点缀,保持工作场所干净、亮丽,创造良好的工作环境。

目的:稳定品质,减少工业伤害。

（4）清洁（Seiketsu）。将整理、整顿、清扫进行到底，并且制度化，经常保持环境处在整洁美观的状态。

目的：创造明朗现场，维持上述3S推行成果。

图 3-3 6S 的含义

（5）素养（Shitsuke）。每位组员养成良好的习惯，并按规章做事，培养积极主动的精神（也称习惯性）。

目的：促进良好行为习惯的形成，培养遵守规章的组员，发扬团队精神。

（6）安全（Security）。重视成员安全教育，使其每时每刻都有安全第一的观念，防患于未然。

目的：建立及维护安全生产的环境，所有的工作应建立在安全的前提下进行。

6S 之间彼此关联，整理、整顿、清扫是具体内容；清洁是指将前面的3S实施的做法制度化、规范化，并贯彻执行及维持结果；素养是指培养每位组员养成良好的习惯，并遵守规章做事。开展 6S 容易，但长时间的维持必须靠组员素养的提升。安全是生产的基础，要尊重生命，杜绝违章。

（二）6 个"S"之间的关系

6 个"S"之间相互关联，其中，"整理""整顿""清扫"是进行日常 6S 管理活动的具体内容；"清洁"则是对"整理""整顿""清扫"工作的规范化和制度化管理；"素养"要求组员培养自律精神，形成坚持推行 6S 的良好习惯；"安全"则强调组员在 5S 的基础上实现安全化作业。6 个"S"之间的关系如图 3-4 所示。

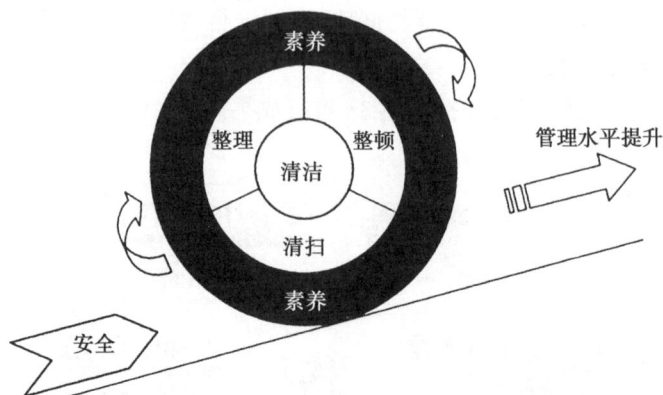

图 3-4   6 个 "S" 之间的关系图

(三)6S 推行失败的原因

1.管理者不重视

管理者不重视是导致 6S 推行失败的主要原因。管理者如果对 6S 管理认识不深,认为 6S 就是大扫除或者安排几个组员做就可以做好,就会舍不得投入。例如,平时检查敷衍了事,客户要来企业或者企业现场 6S 做得不好,管理者就安排相关部门组织一次大扫除。

2.认识不到位

认识不到位主要是指企业员工,甚至是部分管理者对 6S 管理的实施意义认识不到位。下面列出一些比较具有代表性的观点。

(1)我们公司已做过 6S 了。

(2)6S 就是把现场打扫干净。

(3)6S 只是工厂现场的事情,与办公室无关。

(4)6S 可以"包治百病"。

(5)6S 活动看不到经济效益。

(6)工作太忙,没有时间做 6S。

(7)我们是搞技术的,做 6S 是浪费时间。

(8)我们这个行业不可能做好 6S。

(9)6S 活动太形式化了,看不到什么实质效果。

(10)我们的员工素质一般,搞不好 6S。

(11)我们公司业绩良好,为什么要做 6S?

(12)我们企业这么小,搞 6S 没什么用。

(13)6S 活动推进就是 6S 检查。

（14）开展 6S 活动主要靠员工自发的行动。

3. 行动表面化

现场管理不外乎是对人、机、料、法、环的管理。现场每天都在变化，异常每天都在发生，企业做好 6S，能够让现场井然有序，把异常发生率降到最低，使员工心情舒畅地工作。然而，在某些企业里，虽然管理者强力推行，但是有些员工执行 6S 时仅停留在表面上，甚至有些员工不清楚 6S 的内容。

4. 缺乏坚持

6S 的推进是一项长期性的活动，要使推行工作持久、有效，企业必须加强推行过程中的控制力和执行力，这样才能确保整理、整顿、清扫、清洁、安全、素养 6 项内容实施到位。有些企业一开始可能有执行 6S 的热情，但是随着时间的推移，慢慢地冷淡了，没有形成习惯，使得 6S 的推行以逐渐消失而告终。企业如果没有一套合理、科学的 6S 考核评价体系，是很难将 6S 管理维持和开展下去的。因此，为保持和巩固 6S 管理的成果，企业必须坚持不懈地抓紧、抓实、抓好 6S 的推行工作。

5. 缺乏持久推行的动力

有的企业仅靠一味地考核、施加压力来推行 6S 管理，这样做肯定得不到长期有效的成果。管理者应该在考核的基础上建立合理的激励机制，让员工在享受 6S 管理带来的便捷的同时，还能享受做好 6S 管理所带来的身心愉悦，而不是每天都只想着如何应对检查与考核。

（四）6S 推行成功的关键

1. 管理者强有力的支持

管理者强有力的推行 6S 非常重要，这种支持绝不能只停留在口头上，而是应做到以下几点。

（1）出席推行委员会会议，与推行人员一起参加 6S 活动的评比。

（2）在公司的调度会议、工作会议上不断地强调 6S 管理的重要性，对完成质量优秀的部门给予奖励，对完成质量较低的部门进行批评与督促。

（3）调动内部各种力量为 6S 的推行服务，如内部刊物、宣传栏等。

2. 管理者要经常巡查现场

在一个企业或一个部门中，当导入一项新的活动或制度时，管理者关注的程度是这项活动能否坚持下来的决定性因素，6S 也不例外。管理者必须在言行上持续关心 6S 活动。具体来说，表达关心的重要方法之一就是经常进行现场巡视。管理者在巡视时要注意以下几点。

（1）把握大局

通常有组织的巡视活动是根据 6S 检查清单上的要求事项进行的。一般来说,管理层在现场进行巡视的时候,可以不受检查表的局限,不拘泥于形式,从企业的大局出发,提出6S要求,督促现场部门进行改善。若太过局限于检查表的检查项目,反而有可能失去对整体的有效把握。

(2)及时对6S活动提供支持和指导

管理者在巡视时,不能只停留在指出问题的层面上,而应该针对有关安全、公害、废弃物以及废旧设备处理等问题提供必要的指导和帮助,在具体执行6S活动的过程中提供必要的资源支持(人力、财力、物力)。

(3)注意与员工的现场沟通

为了培养员工的6S意识,管理者在巡视过程中应适时地与员工进行沟通。例如,在现场巡视时,管理者可以与相关员工进行短时间的谈话,表扬在6S活动中做出成绩的小组和员工,关注其改善成果,以不同形式表示对他们的支持。这样做不仅能够激发员工开展下一步活动的激情和动力,还能够促进其他员工和后进部门仿效与跟进。

3. 全员参与

开展6S活动重要的不是理论而是实践,实践越多效果越好,并且参加6S活动的人员越多,也就越容易达到6S的目的。因此,6S活动最有效的开展方法就是促进全员参与。同时,6S活动的开展还能为企业的改善革新活动打下良好的现场管理基础,提高员工参与革新活动的自主性和积极性。

(1)促进全员参与

在没有很好地开展6S活动的企业中,很多员工可能会片面地认为6S活动只是6S委员会或者管理者的事情。因此,要做到企业全员参与6S活动,就必须做好以下方面的工作。

①明确每个人的职责(表3-1)

表3-1   各岗位的6S职责

序号	岗位	6S职责
1	董事长、总经理	确认6S活动是公司管理的基础; 参加与6S活动有关的教育训练与观摩; 以身作则,展示企业推动6S的决心; 担任公司6S组织的领导者; 担任6S活动各项会议的主席; 仲裁有关6S活动检讨问题点; 掌握6S相关的各项进度与实施成效; 定期实施6S活动的上级诊断或评价工作; 亲自主持各项奖惩活动,并向全体员工发表讲话

表 3-1(续)

序号	岗位	6S 职责
2	中层管理者	配合公司政策,全力支持与推行 6S; 参加企业外有关 6S 的教育培训,吸收 6S 技巧; 研读 6S 活动的相关书籍,广泛收集资料; 开展部门内 6S 指导并参与公司 6S 宣传活动; 规划部门内工作区域整理、定位工作; 根据公司的 6S 进度表,全面做好整理、定位、划线标识; 协助下级解决 6S 障碍与困难点; 参与公司评分工作; 6S 评分缺点改善和指导; 督促下级进行定期的清扫点检; 上班后进行点名与服装仪容清查,上班过程中进行安全巡查
3	基层组员	对自己的工作环境需不断地整理、清洁,物品、材料及文件不可乱放; 不用的东西要立即处理,不可占用作业空间; 通路必须经常维持清洁和畅通; 物品、工具及文件等要放置于规定场所; 灭火器、配电盘、开关箱、电动机、冷气机等周围要时刻保持清洁; 物品、设备要仔细、正确、安全地摆放,将较大、较重的物品堆放在下层; 保管的工具、设备及所负责的责任区要整理; 将纸屑、布屑、材料等集中于规定场所; 不断清扫,保持清洁; 注意上级的指示并加以配合

②全员参与,积极实施

6S 活动的重点是整理现场,要求全体员工一起实施整理、清除废物,创造舒适的工作环境。在整理阶段,应当使区域布局、物品定位合理,方便取用和归还,节省寻找的时间并避免寻找过程中的焦虑情绪。在清扫阶段,全体员工要进行彻底清扫,力求现场整洁明亮,创造无垃圾、无污染的清洁的工作环境。

在这个过程中,6S 活动的参与者不仅能够创造舒适、整洁的现场环境,其意识也会发生改变,并能体会到现场改变后的成就感。

（2）激活全体员工的参与热情

要激活6S活动、促进全体员工参与，管理者就需要开展各种各样、丰富多彩的活动，来激发员工的参与热情。

①运用各种宣传工具

例如，发行6S活动刊物或在现有刊物上开辟6S专栏；制作6S宣传板报，张贴或悬挂6S标语、口号。

②开展多种形式的活动

例如，召开6S活动委员会和报告会；开展6S宣传画、标语、口号等的征集和表彰活动；开展6S竞赛和检查评比活动；在班前、班后会上，管理者应深入到班组，宣传6S的相关内容，强化效果。

（五）6S的实施

某些企业的生产现场存在一些问题，当管理者仔细检查，就会发现许多常见的"症状"，见表3-2。

表3-2　生产现场存在常见的"症状"

观察要素	呈现的现象	观察要素	呈现的现象
人员	·员工士气不振 ·精神面貌不佳 ·人员走动频繁 ·面无表情	环境	·通道被堵塞 ·垃圾杂物随处可见 ·积水、积油、积尘 ·噪声超标 ·尘雾满天飞扬
设备	·设备布局散乱 ·线路散乱、破损 ·机身上有污垢、积油、积尘 ·设备漏油、漏水、漏气 ·工模夹具摆放混乱、无标识 ·闲置设备随意放置 ·故障发生频繁	方法	·作业流程不畅 ·工艺不合理 ·违规、违章操作不断 ·无标作业、无标检验
物料	·物品堆积如山 ·在制品随意乱放 ·合格品、不良品混放 ·物品标识不清 ·停工待料时常发生 ·数量不准确	信息	·计划调整频繁 ·数据不准确 ·信息传递不及时 ·数据不记录

彻底实施 6S 管理,可以采用以下方法消除并预防"症状"的发生。

1. 整理

整理作业现场和办公场所中的设备设施、物品,区分为工作必需品和非必需品(图 3-5),保留必需品,处理非必需品。

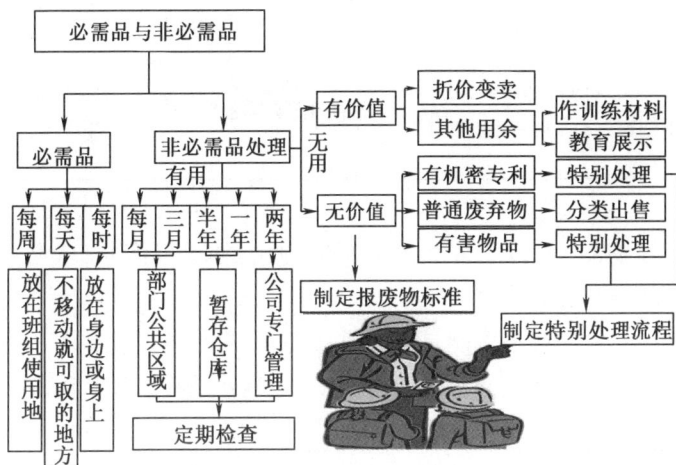

图 3-5 必需品与非必需品

(1)整理的作用

①能使现场无杂物,过道通畅,增大作业空间,提高工作效率;

②减少碰撞,保障生产安全,提高产品质量;

③消除混杂材料的差错;

④有利于减少库存,节约资金;

⑤使员工心情舒畅,工作热情高涨。

(2)因缺乏整理会造成的各种浪费

①造成空间浪费;

②零件或产品因过期而不能使用,造成资金浪费;

③因场所狭窄,物品时常不断地移动,造成工时浪费;

④管理非必需品的场地和人力,造成场地和人力资源的浪费;

⑤库存管理以及盘点,造成时间浪费。

(3)实施要领

①分析各班组现状,制定"要"和"不要"的判别标准,见表 3-3。

表 3-3   各班组现状判别标准

使用频率	分类(区分)	处理
1 年都用不到一次	用不到(不需品)	转用/废弃
半年到 1 年期间只使用过一次	几乎用不到(不急需品)	远处放置
2 个月到半年期间使用过一次;约 1 个月使用一次	偶尔使用(不急需品)	在作业地点集中放置
每星期使用一次;每日使用一次;每小时使用一次	经常使用(必需品)	作业范围内,身边随手可取的地方

所谓必需物品,是指经常必须使用的物品,如果没有它,就必须购入替代品,否则就会影响工作。

必需物品的使用频率可能是每小时或每天,也可能是每周都要用。它的处理方法就是放在工作台上,或是随身携带。如笔就是我们经常用的必需品。

②制定非必需品的处理方法。

非必需品可分为以下两种。

A.使用周期较长的物品,即一个月、三个月,甚至半年才使用一次的物品,如样品、图纸、零配件等;

B.对目前的生产或工作无任何作用的,需要报废的物品。它包括以下两种。

a.非必需用品(图 3-6):如钉钉子的铁锤,可能不是每天要用,也不可能每周都要用,但它可能每隔一段时间或每个月用到 1~2 次,也许半年或一年才会用到几次。

图 3-6   非必需品

b.不能用的物品:如过期的图纸、样品,处理方法只有一种,就是放在仓库。或者是必须要封存的,一年或两年才会用到的,像这一类的物品应放在仓库里封存。把非必需用品放入仓库后,要建立一个档案,并定期检查(表 3-4)。

表 3-4 非必需品处理的档案

物品名称：		数量：
分类	□原材料 □零件其他 □半制成品 □工具 □制成品 □文件 □机器/仪器 □其他	
不需要原因	□永远不需用 □次货贮存过量 □现时不需用 □过时货品 □不清楚有什么用 □剩余物资 □其他	
处理方法	□丢弃 □退回 □卖掉 □放回仓库 □留在工作场所附近地方 □其他	
备注		

③循环检查各自负责的区域,包括看得见和看不见的地方。

④按处理方法清理非必需品。

⑤制定自检表进行自检(表3-5)。

表 3-5 自检表示例

项次	查检项目	得分	检查状况
1	通道状况	0	堆放了很多物品,脏乱
		1	虽能通行,但要避开,推车不能通行
		2	摆放的物品超出通道
		3	超出通道,但有警示牌
		4	畅通,整洁

表 3-5（续）

项次	查检项目	得分	检查状况
2	工作场所的设备、材料	0	一个月以上未用的物品杂乱摆放
		1	角落放置不必要的物品
		2	有半个月以上要用的物品，杂乱
		3	放置有一周内要用的物品，整齐
		4	放置有 3 日内使用的物品，整齐
3	工作台（办公桌）上、下及抽屉内	0	不使用的物品杂乱放置
		1	半个月以上用一次的物品也有放置
		2	放置有一周内要用的物品，但过量
		3	放置有当日使用的物品，但杂乱
		4	桌面及抽屉内均最低限度，整齐
4	料架状况	0	杂乱存放不使用的物品
		1	料架破旧，未整理
		2	摆放不使用的物品，但不整齐

（4）整理范围

①操作台面、设备及其周围、生产物料等；

②办公桌椅、文件柜、抽屉等；

③工作流程、文件和工作行为。

（5）注意事项

①一定要在工作场所内全面检查，包括看得见的和看不见的；

②须制定需要和不需要的判别基准，全面检查工作场所后，对全部物品逐一判别，分清楚要和不要。

（六）实例

1. 无使用价值的物品

（1）不能使用的旧手套、破布、砂纸；

（2）损坏了的钻头、丝锥、磨石；

（3）已损坏且无法使用的锤、套筒、刃具等工具；

（4）精度不准的千分尺、卡尺等测量器具；

（5）不能使用的工装夹具；

（6）破烂的垃圾桶、包装箱；

(7)过时的报表、资料；

(8)枯死的花卉；

(9)停止使用的标准书；

(10)无法修理好的器具设备等；

(11)过期、变质的物品。

2. 不使用的物品

(1)目前已不生产的产品零件或半成品；

(2)已无保留价值的试验品或样品；

(3)多余的办公桌椅；

(4)已切换机种的生产设备；

(5)已停止生产的产品原材料；

(6)安装中央空调后的落地扇、吊扇。

3. 销售不出去的产品

(1)目前没登记在产品目录上的产品；

(2)已经过时、不合潮流的产品；

(3)预测失误而造成生产过剩的产品；

(4)因生锈等原因不能销售的产品；

(5)有使用缺陷的产品；

(6)积压的不能流通的特制产品。

4. 多余的装配零件

(1)没必要装配的零件；

(2)能共通化的尽量共通化；

(3)设计时应从安全、品质、操作等方面考虑,能减少的尽量减少。

5. 造成生产不便的物品

(1)取放物品不方便的盒子；

(2)为了搬运、传递而经常要打开或关上的门；

(3)让人绕道而行的隔墙。

6. 占据工厂重要位置的闲置设置

(1)已不使用的旧设备；

(2)偶尔使用的设备；

(3)没有任何使用价值的设备。

7. 不良品与良品分开摆放

(1)设置不良品放置场；

（2）规定不良品的标识方法；

（3）公认的不良品；

（4）工作岗位上只能摆放当天工作所需的必需品；

（5）规定不良品的处置方法和处置时间、流程。

8.减少滞留，谋求通道畅通

（1）工厂是否被零件或半成品塞满；

（2）工厂通道或靠墙的地方，是否摆满了卡板或推车。

（七）整顿

整顿应依据"三定原则"（图3-7），按照定品、定量、定位的方式，将必需品整齐摆放，并明确标识，缩短寻找物品的时间。

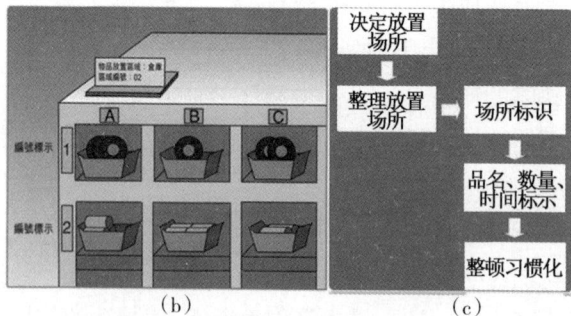

"三定原则" { 定品——有什么——确定物品的摆放位置
定位——在哪里——确定物品名并与标识对应
定量——有多少——确定物品数量、高度、防护等

（a）

（b）   （c）

图 3-7 "三定原则"整顿示意图

整顿是研究如何提高效率，如何能立即取得物品或放回原位的一种手段。任意决定物品的摆放必然不会使组员的工作速度加快，它只会增加找寻的时间。所以班组长需要思考：如何更快地拿取物品并让组员都能理解这套系统，遵照执行。

1.整顿的作用

（1）提高工作效率；将寻找时间减少为零；

（2）异常情况（如丢失、损坏）能马上发现；

（3）非担当者的其他人员也能明白要求和做法；

（4）不同的人员去做，结果应是一样的（已经标准化）。

整顿是一种科学,它已定出了标准,谁到这个工作岗位,什么东西放在哪里已变成一种习惯。整理工作没有落实必定会造成很大的浪费。浪费通常有以下几种。

(1)寻找时间的浪费;

(2)停止和等待的浪费;

(3)认为本单位没有而盲目购买所造成的浪费;

(4)计划变更而产生的浪费;

(5)交货期延迟而产生的浪费。

在杂乱无序的工作环境中,如果没有做好整理和整顿工作,会使工作人员找不到使用物品,造成时间和空间的浪费,同时还可能造成资源的浪费与短缺,使一些品质优良的物品沦为"废品",并占据着重要的位置。

2.整顿步骤和要领

(1)彻底地进行整理,巩固第一步整理成果

①彻底地进行整理,只留下必需物品;

②在工作岗位只能摆放最低限度的必需物品;

③正确地判断出是个人所需还是小组共需品。

(2)根据现场环境和业务需要,确定放置场所

①放在岗位上的哪一个位置比较方便? 进行布局研讨;

②将经常使用的物品放在工作地点的最近处;

③特殊物品、危险品必须设置专门场所并由专人来进行保管;

④物品放置要100%的定位。

(3)根据区域的设置,结合物品的特点,规定摆放方法

①产品按功能或种类区分放置;

②摆放方法多种,例如,架式、箱内、工具柜、悬吊式,各个岗位提出最适合各自工作需要的想法;

③尽量立体放置,充分利用空间;

④便于拿取和先进先出;

⑤平行、直角、在规定区域放置;

⑥堆放高度应有限制,一般不超过1.2米;

⑦容易损坏的物品要分隔或加防护垫来保管,防止碰撞;

⑧做好防潮、防尘、防锈的三防措施。

(4)进行标识

采用不同色的油漆、胶带;用地板或栅栏来划分区域;通道最窄的宽度,如人行道、人通行的地方至少要1米以上;单向车道的宽度为最大的车宽再加上

1.8 米;双向车道的宽度为最大车宽乘以 2 再加上 1 米。区分的各种标识,有绿、黄、白、红线。

色线的含义是:绿色为通行道,或者它是摆放良品和固定永久性设置标志;黄线属于可移动的设置,也是一种临时的摆设;白线是作业区;红线就是不良区跟不良品。

以下为具体的颜色区分:

①黄色:一般通道、区域线;

②白色:工作区域;

③绿色:料区、成品区;

④红色:不良区警告、安全管制。

但具体用何种颜色还要视底色而定。

3. 注意事项

(1) 整顿要形成不明白的人能立即取出所要的东西的状态,站在新人、其他现场的工作人员的角度来看,使什么物品该在什么位置更加明确。

(2) 对于放置处与被放置物,都要想办法使其能立即取出使用,使用后要能立即恢复到原位,没有放回或误放了马上就可以知道。

(3)落实前一步骤整理工作,整理工作没落实则不仅空间浪费,而且零件或产品会因变旧不能用而造成浪费。即便是不要的东西也管理会造成浪费(如库存管理和盘点都会比较麻烦)。

(八) 清扫

将作业场所和办公场所环境打扫干净,并检查异常,使其保持在无垃圾、无灰尘、无脏污的干净整洁状态。通过整理、整顿,必须物品处于能立即取到的状态,取出的物品还必须完好可用,这是清扫的最大的作用。

1. 实施要领

(1)制定相关的清扫标准,明确清扫对象、方法、重点、周期、使用工具等项目。

(2)建立清扫责任区,组员在工位及责任区范围内对物品(包括私人物品)、场所进行彻底的清扫。

(3)与点检、保养工作充分结合。

(4)查明污垢的发生源,予以杜绝或隔离。

2. 注意事项

清扫的第一目的就是要使工具等能正常使用。

另外,高层领导要以身作则。清扫时每一个人都去参与,责任贯穿到每一个人,清扫与点检、检查、保养工作要充分地结合,杜绝污染源,最终要建立清扫的基准。最好能明确每个人应负责清洁的区域,分配区域时必须绝对清楚地划分界线,不能留下无人负责的区域,即死角。

3.清扫的步骤

(1)准备工作

准备工作就是班组长对组员做好清扫的安全教育。对可能发生的事故,包括触电、剐伤、捅伤,油漆的腐蚀,尘埃拂落的扎伤、灼伤等不安全因素,进行警示。

清扫并不是一件简单的事情,它的准备工作首先要实施安全教育,这是非常重要的。对不安全的因素要进行警示,它如电线不能用湿手去触摸等。

另外,对于设备的耐用教育,如用什么方法可以减少人为的裂化,从而避免过早地因老化而出现故障,如何减少损失、提高效率,等等。通过学习设备的基本构造来了解机器设备及其工作原理,绘制设备简图,对出现尘垢、漏油、漏气、振动、异因等状况的原因进行解析,使组员对设备有一定的了解。

班组长应指导并组织组员学习相关的指导书,明确清扫工具,清扫的位置,提出加油润滑,螺丝钉卸装的方法及具体的顺序、步骤等基本要求。

(2)从工作岗位扫除一切垃圾灰尘

作业人员要自己动手清扫而非用清洁工来代替,清除常年堆积的灰尘污垢,不留死角,将地板、墙壁、天花板,甚至灯罩的里边都要打扫得干干净净。在工作岗位内,设置一个区域,在这个区域内,所有看得到的或看不到的,所有的一切物品与机器设备,都要进行清扫。而清扫的目的就是要扫除一切垃圾和灰尘。

(3)清扫、检查机器设备

设备应是一尘不染,干干净净的,每天都要保持设备原来的状态。设备本身及其所附属的辅助设备也要清扫。如分析仪或气管、水槽容易发生跑气、冒烟、滴油或滴水、漏油、漏水的部位要重点检查和确认。油管、气管,空气压缩等不易发现,看不到的内部结构也要留心注意。清扫时,边清扫,边改善设备的状态。把设备的清扫与检查,保养润滑结合起来。常言道,清扫就是点检,通过清扫把污秽、灰尘尤其是原材料加工时剩余的那些东西清除掉。这样的磨耗、瑕疵、漏油松动裂纹变形等问题就会彻底地全部暴露出来,也就可以采取相应的弥补措施,使设备处于完好整洁的状态。

（4）整修

对清扫中发现的问题，要及时进行整修。如地板的凹凸不平，搬运的车辆行驶时会使产品摇晃甚至碰撞，这样的地板就要及时地整修。对于松动的螺栓要马上紧固，补上丢失的螺丝、螺帽等配件；对于需要防锈保护、润滑的部位要按照规定及时地加油或保养。更换老化的或可能破损的水、气、油等各种管道。只有通过清扫，才能随时发现工作场所的机器设备。一些不容易看到的地方需要维修或保养，及时添置必要的安全防护装置。例如，防电的鞋、绝缘手套等，都要及时地更换绝缘层；已经老化或被老鼠咬坏的导线，要及时地更换并予以处理。

（5）查明污垢的发生源

污垢的发生源，主要是由于"跑、滴、冒、漏"等原因所造成的。

①跑：可能仪表变动得特别快，叫跑；

②冒：冒气、冒油、冒烟，这可能就是线路的故障；

③滴：可能是油管或水管出现滴油或滴水，这种情况有外在和内在两种原因，外在的原因可能是天花板滴水，或因螺丝松动所造成的滴水或滴油；

④漏：漏油、漏水。

即使每天进行清扫，这些油脂灰尘或碎屑还是会四处遍布，要彻底地解决这个问题还需要查明污垢的发生源，从根本上去解决问题。为什么会经常地滴油、漏气、冒烟，必须通过每天的清扫查明冒烟、滴油、漏油、漏水的问题所在，随时地查明这些污垢的发生源，从源头去解决问题。要制订污垢发生源的明细清单，按照计划逐步地去改善，将污垢问题从根本上解决。

（6）实施区域

实施区域或者叫责任制，有些企业也叫安全责任区。对于清扫应进行区域划分，实行区域责任制，并且做到责任到人，不可存在无人理的死角。如果一个工厂有很多无人理的死角，就难免出现问题。

如有一个企业，厕所虽然由清洁工来清扫，但是因为没有责任到人，致使很多员工有不满情绪，就会拿笔在厕所里乱写乱画，这个就是清扫的死角。乱写、乱画，就给公司的企业形象造成了一些不良的影响。

（7）制订相关的清扫标准

相关的清扫标准包括：明确清扫的对象、方法、重点、周期、使用的工具、担当者等各种项目。例如，这个厕所是谁清扫的、保管的、多久清扫一次，会议室、电视机、计算机、机器设备等也都要明确保管人或清扫人是谁。

4.实例

（1）清扫工具

抹布、拖把、要悬挂放置，充分利用空间，随时清理掉不能使用的拖把、扫把，对于扫帚或其他清扫工具都要进行数量的管理。

（2）搬运的车辆

在擦尘车或者推车的后面要装上清扫工具，这样就能一边作业，一边清扫，随时清扫其本身的灰尘，从而使机械设备保持锃亮如新。不能将机械不清洁的地方只用油漆等粉饰一番来掩盖细小的不洁之处，清扫后要及时地维护保养好清扫车辆等设备，还要设立分类垃圾箱以便于垃圾分类回收。

（3）机械设备

机械设备每天要保持光亮

①不能将机械不清洁的地方用油漆等粉饰一番，以此来蒙混过关；

②通过对机械设备进行每天的擦洗来发现细小的异常；

③清扫后及时地对清扫车辆等设备进行维护保养。

（4）设立分类垃圾箱

①可再生的，比方说塑料、金属品；

②不可再生的，如生活垃圾。

（5）防止那些碎屑的分散

①安置防护罩；

②把垃圾箱设置在作业台的下面，作业时让碎屑直接落在垃圾桶里面。

通过清扫的几个过程，可以发现，企业在推动6S时通常要经过以下几个步骤：

A.整理，就是把要的与不要的物品都区分开；

B.整顿，即要的东西摆在什么位置，随时可以拿到；

C.清扫，要做到责任到人，领导要以身作则，每一个组员都有责任区域，如果整理得彻底，整顿使组员作业更方便，使企业工作效率提高。

清扫，按照传统的观念，就是把垃圾扫起来，把脏的地方弄干净。但是，现代企业所需要的不是这种表面上的工作。清扫除了清除"脏污"，保持工作场所内干干净净、明明亮亮，还要排除一切干扰正常工作的隐患，防止和杜绝各种污染源的产生。因此，清扫要用心来做，必须人人动手，认真对待，保持良好的习惯。

例如，设置每日清扫清单（图3-6），规定例行清扫的内容，具体责任人。

表3-6　清扫清单

6S	责任人	值日检查内容
电脑区		机器是否干净、无灰尘
检查区		作业台、作业场所是否整齐
计测区		计测器摆放是否整齐,柜面是否保持干净
休息区		地面无杂物,休息凳是否整齐
治具区		治具是否摆放整齐、干净
不良区		地面无杂物,除不良区无其他零件和杂物
零件规格书		柜内零件是否摆放整齐、标识明确
文件柜及其他		文件柜内是否干净,物品是否摆放整齐

备注:①此表的6S是由担当者每天实施;②下班前15分钟开始;③其他内容包括清洁器具,放置柜、门窗玻璃

(九)清洁

清洁,是一个企业的企业文化建设开始步入正轨的一个重要步骤。要成为一个制度必须充分利用创意,改善和全面标准化,从而获得坚持和制度化的条件,提高工作的效率。如果要维持整理、整顿、清扫的实施成效,便要将实施方法标准化、制度化。

1.清洁的作用

(1)维持作用

清洁起维持的作用,将整理、整顿、清扫后取得的良好成绩维持下去,成为公司内必须人人严格遵守的固定的制度。

(2)改善作用

①对已取得的良好成绩,不断地进行持续改善,使之达到更高更好的境界;

②贯彻6S的意识,寻找有效的激励方法;

③坚持不懈;

④一时养成的坏习惯要花10倍的时间去改正;

⑤贯彻和推动6S;

⑥推行透明管理;

⑦运用激励的方法,目的是让企业的全体员工每天都对本公司正在进行6S评价活动持有饱满的热情。

2.实施要领

(1)落实前 3S 的工作

(2)制订目视管理、颜色管理的基准

(3)制订稽核方法

(4)制订奖惩制度,加强执行

(5)维持 5S 的意识

(6)高层主管经常带头巡查,带头重视

3.实例

清洁是通过检查前 3S 实施的彻底程度来判断的其水平和程度,一般要制订对各种生产要素、资源的检查判定表来进行具体的检查。其内容包括:

①作业台、椅子;

②货架;

③通道设备;

④办公台;

⑤文件资料;

⑥公共场所;

6S 活动的具体检查包括以下内容。

(1)作业台、椅子

作业台、椅子的整顿内容如表 3-7 所示。

表 3-7　作业台、椅子的整顿内容

项目	内容
整理	现场不用的作业台、椅子; 杂物、私人物品藏在抽屉里或台垫下; 放在台面上当天不用的材料、设备、夹具; 用完后放在台面上材料的包装袋、盒
整顿	凌乱地搁置台面上的物料; 台面上下的各种电源线、信号线、压缩空气管道等各种物品乱拉乱接、盘根错节; 作业台、椅子尺寸形状大小不一高低不平、五颜六色,非常不雅; 作业台椅子等都无标识

表 3-7(续)

项目	内容
清扫	设备和工具破损、掉漆、缺胳膊断腿; 到处是灰尘、脏污; 材料余渣、碎屑残留; 墙上、门上乱写乱画; 垫布发黑、许久未清洗; 表面干净、实际上却脏污不堪

（2）货架

货架的整顿内容如表 3-8 所示。

表 3-8　货架的整顿内容

项目	内容
整理	现场到处都有货架,几乎变成了临时仓库; 货架与摆放与场所的大小不相适应,或与所摆放物不相适应; 不用的货物、设备、材料都堆放在货架上
整顿	摆放的物品没有识别标识,除了当事人之外,其他人一时都难以找到; 货架或物品堆积得太高,不易拿取; 不同的物品层层叠放,难于取放; 没有按"重低轻高"的原则来摆放
清扫	物品连同外包装在内,一起放在货架上,清扫困难; 只清扫货物却不清扫货架; 布满灰尘、脏污; 物品已放很久了也没有再确认,很有可能变质

（3）通道

通道的整顿内容如表 3-9 所示。

表 3-9　通道的整顿内容

项目	内容
整理	弯道过多,机械搬运车通行不便; 行人和货物的通道混用; 作业区与通道混杂在一起

表 3-9(续)

项目	内容
整顿	未将通道位置画出; 被占为他用; 被占物品摆放超出通道; 坑坑洼洼,凹凸不平,人行、车辆全都不易通行
清扫	灰尘多,行走过后有痕迹; 有积水、油污、纸屑等; 有灰尘、脏污之处; 很久未打蜡或刷漆,表面锈迹斑斑

（4）设备

设备的整顿内容如表 3-10 所示。

表 3-10　设备的整顿内容

项目	内容
整理	现场不使用的设备;残旧、破损的设备有人使用却没有进行维护; 过时老化的设备仍在勉强运作
整顿	使用暴力、野蛮操作设备; 设备放置不合理,使用不便; 没有定期保养和校正,精度有偏差; 运作的能力不能满足生产要求; 缺乏必要的人身安全保护装置
清扫	有灰尘、脏污之处; 有生锈、褪色之处; 渗油、滴水、漏气; 导线、导管全部破损、老化; 滤脏、滤气、滤水等装置未及时更换; 标识掉落,无法清晰地分辨

（5）办公台

办公台的整顿内容如表3-11所示。

表3-11　办公台的整顿内容

项目	内容
整理	办公台多于作业台,几乎所有的管理人员都配有独立的办公台; 每张办公台都有一套相同的办公文具,未能做到共用; 办公台面干净,抽屉内却杂乱无章; 不能用的文具也在办公台上; 私人物品随意放置; 茶杯、烟灰缸放在办公台上; 堆放了许多文件、报表
整顿	现场办公台的摆放位置主次不分; 办公台用作其他用途; 办公台面办公文具、电话等没有进行定位; 公共物品放在个人抽屉里; 抽屉上锁,其他人拿不到物品
清扫	办公台面脏污,物品摆放杂乱无章,并且积有灰尘; 办公文具、电话等物品污迹明显; 办公台上办公垃圾多日未倾倒

（6）文件资料

文件资料的整顿内容如表3-12所示。

表3-12　文件资料的整顿内容

项目	内容
整理	各种新旧版本资料并存,无法区分; 过期的资料仍在使用; 需要使用的人员没有资料,无关人员反倒很多; 保密文件无人管理,任人随意阅读; 个人随意复印留底

表 3-12(续)

项目	内容
整顿	文件资料未做到分门别类,也没有使用文件柜、文件夹来存放; 文件资料没有定点摆放,使用时不能及时找出; 文件种类繁多,难以管理; 接收、发送都未记录或未留底稿; 文件资料即使遗失不见了,也没有人知道
清扫	复印效果不清晰,内容难以辨认; 随意涂改,没有理由和负责人; 文件破损、脏污; 文件柜、文件夹等污迹明显; 没有制定防潮、防虫、防火等措施

(7) 公共场所

公共场所的整顿内容如表 3-13 所示。

表 3-13 公共场所的整顿内容

项目	内容
整理	公共空间用来堆放杂物; 洗涤物品与食品混放; 消防通道堵塞; 排水、换气、调温、照明等设施不全; 洗手间男女不分
整顿	区域、场所无标识; 无整体规划图; 物品无定位、定置; 逃生路线不明确; 布局不合理,工作效率低
清扫	玻璃破损,不能挡风遮雨; 门、窗、墙被乱涂乱画; 墙发黑,地面污水横流; 采光不好,视线不佳; 外层污迹明显,无人擦洗; 无人定期进行必要的清洁、消毒

(十) 素养

通过整理、整顿、清扫、清洁等改善活动的持续推进,促进组员养成守标准、愿行动的良好习惯。

企业还推行了整理、整顿、清洁三个步骤,并做到清洁的规范化,制度化,最后让企业所有成员都养成习惯。因此,整理、整顿、清扫是重要的,是提升企业形象的必备条件。在有了清洁的前提下,班组长还要深入一步地对组员进行素质教育,使其更有修养。

班组长应向每一位组员经常灌输严格遵守规章制度、工作纪律的意识;还要强调创造一个良好的工作场所的意义。绝大多数组员对以上要求会付诸行动的话,个别组员和新人就会抛弃坏的习惯而转向好的方面发展。应强调的是要保持良好的习惯。

1. 素养的体现

(1) 企业的工作人员应该遵守企业的规章制度,认真且严格地按照标准进行作业。

①要有强烈的时间观念,遵守出勤和会议的时间。假如在一个企业里,经常有人上班迟到,却没有受到任何处罚,或没有给予适当的制止,新来的员工会怎么看这个公司的制度规范,或者说其他的人又会怎么样看待这个人,如果大家都严格地按照规定去遵守,那这个企业又怎能不成为一个既有良好的企业形象又有极高的经济效益的优秀企业呢?

②工作应保持良好的状态。例如,在工作时间内不可以随意地聊天、离开工作岗位、看小说、打瞌睡、看报纸、吃零食等,以及不能有各种不应有的言行。

③员工应衣着得体,正确地佩戴厂牌或工作证,待人接物诚恳、礼貌。

④员工工作态度认真、敬业。

⑤尊重他人、为他人着想、服务。

(2) 遵守社会的公德,热心公益事业。

(3) 有责任感,敬老爱幼,关心家人。

(4) 信任别人,有广阔的胸怀。

2. 实施要领

(1) 持续推行 4S 直到成为全企业人员共有的习惯;

(2) 制定员工行为准则及礼仪准则,帮助员工达到休养最低限度的要求;

(3) 推行企业视觉识别系统;

(4) 培养员工责任感,激发热情,铸造团队精神。

3. 实例

著者曾经在一家企业做为期 1 个月的驻场辅导,为了告诉这家公司制度规范的重要性,著者每天早上 7∶30 准时到达工作岗位。这样做的目的就是以身示范,使企业形成一种习惯,否则有一天还会退回到原来的状况。每天早上 7∶30 前,就站在门口,并要求所有的管理人员全部到齐。8∶00 开始上班。7∶50,所有的管理人员都到齐,员工一进来,第一句话就是"早上好",当时每一个员工的心里非常的高兴,甚至在很多场合都讲,他们都像自觉的,每天早上进厂子时,干部都穿戴整齐,面带微笑。可是一段时间以后发现,一些管理人员是为做早课而做早课。离开那家公司不久以后,那些管理人员居然跟总经理要求马上把早课取消。

因此,一个好的公司,它的岗位要求是:设计必须按照规定的标准、规定的时间设计图纸;资产采购在规定日期里,用规定的价格来采购到规定的物品;生产管理要按时交货,按照规定的日程来安排生产及物料控制;零件仓库必须按照生产计划,规定的流程、时间、数量,将零件运送到生产线上。无序化的企业,进步是很缓慢的,有序化的生产会促使企业越来越好。

当然,在这些做法里面,生产线 6S 活动表、生产现场的 6S 检查表、办公室的 6S 活动表、办公室的 6S 检查表,这些表格,都要逐一地去仔细检查,做到多少,哪些地方不对要及时改正。整理、整顿、清扫、清洁,形成一种制度化以后,企业员工都严格地遵守这个制度,那么这个企业必然会越来越兴旺发达。

(十一)安全

开展预先防范、隐患排查工作,营造安全舒适的工作环境。

1. 实施要领

安全实施要领如图 3-8 所示,以下为具体实施内容:

(1)检查各责任区范围内有无安全隐患;

(2)及时排除已查明的安全隐患;

(3)建立系统的安全管理体制;

(4)安全标识、安全操作规程、场地设备安全隐患示例、安全责任牌上墙;

(5)安全通道、危险区域划分用不同颜色的实线标识;

(6)设备使用记录、早中班交接记录、材料工具使用记录成册;

(7)建立机器、设备的责任保养制度;

(8)重视对员工的教育培训;

(9)定期制定消除隐患的改善计划;

（10）做好"六到"：心要想到、口要讲到、耳要听到、眼要看到、脚要走到、身要做到。

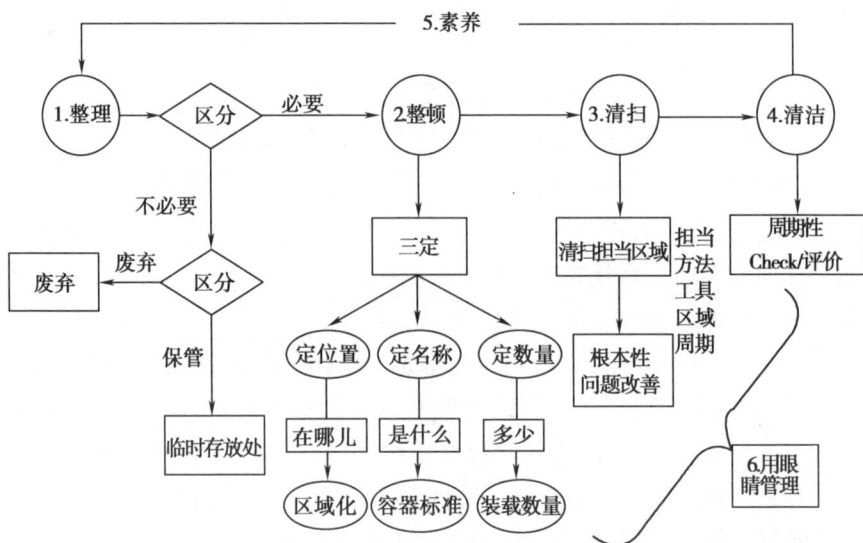

图 3-8   安全实施要领

三、目视化管理

（一）目视化管理的概念

目视管理是利用形象直观而又色彩适宜的各种视觉感知信息来组织现场生产活动，达到提高劳动生产率的一种管理手段。

目视管理是一种以公开化和视觉显示为特征的管理方式。综合运用管理学、生理学、心理学、社会学等多学科的研究成果。目视管理，也叫可视化管理，目视管理是一种行之有效科学管理手段。

目视化是让问题简单化，是用眼睛管理，也是企业管理氛围的体现，管理水平的直观传达。

（二）目视化管理的水准

目视管理可以分为以下 3 个水准。

（1）初级水准：有表示，能明白现在的状态；

（2）中级水准：谁都能判断良否；

（3）高级水准：管理方法（异常处理等）都列明。

（三）目视化管理的要点

(1)无论是谁都能判明是好是坏(异常)；

(2)能迅速判断,精度高；

(3)断结果不会因人而异。

（四）目视化管理的内容

(1)规章制度与工作标准公开化；

(2)生产任务与完成情况图表化；

(3)与定置管理相结合,实现视角显示信息标准化；

(4)生产作业控制手段现象直观与使用方便化；

(5)物品码放和运送数量标准化；

(6)现场人员着装标准化；

(7)色彩的标准化管理。

（五）目视化管理的对象

工厂里的全部构成要素都是目视管理的对象,如作业过程、物料、设备夹具、文件、场所、人、心情等。

1.作业现场的目视管理

作业现场的目视管理包括产品、品质、成本、交期、安全、士气、作业管理、排成交期管理、质量管理、模制具管理等。

2.间接部门的目视管理

为支持作业,也应导入目视管理,如文件管理、行动管理、业务管理、办公设备管理等。

（六）目视化管理的主要类别

1.红牌作战

红牌,适宜于6S中的整理,是改善的基础起点,用来区分日常生产活动中非必需品,挂红牌的活动又称为红牌作战(图3-9)。

2.看板管理

用在6S的看板作战中,使用的物品放置场所等基本状况的显示板。它包物品的具体位置在哪里、做什么、数量多少、谁负责、谁来管理等重要的项目,让人一看就明白。例如,图3-10为机修车间6S管理看板。

因为 6S 的推动,看板管理强调的是透明化、公开化,因为目视管理有一个先决的条件,就是消除黑箱作业。

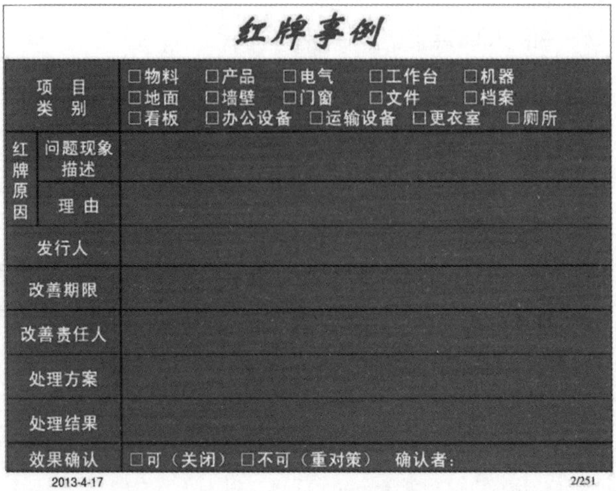

图 3-9　红牌作战图

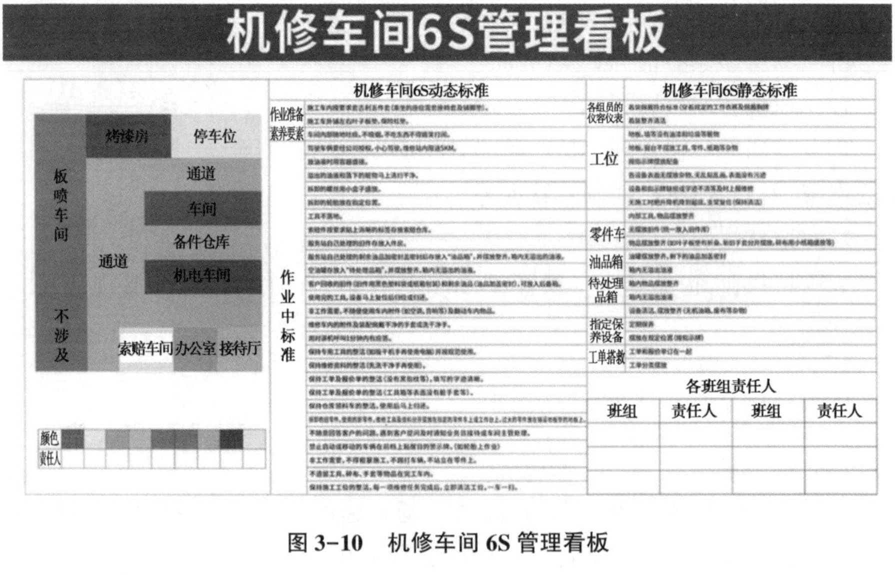

图 3-10　机修车间 6S 管理看板

3. 信号灯或者异常信号灯

在生产现场,第一线的管理人员必须随时知道,作业员或机器是否在正常地开动,是否在正常作业。信号灯是工序内发生异常时,用于通知管理人员的工具。信号灯有以下种类。

（1）发音信号灯

发音信号灯适用于物料请求通知，当工序内物料用完时，或者该供需的信号灯亮时，扩音器马上会通知搬送人员立刻及时地供应，信号灯必须随时让它亮，信号灯也是在看板管理中的一个重要的项目。

（2）异常信号灯

异常信号灯用于产品质量不良及作业异常等异常发生场合，通常安装在大型工厂的较长的生产、装配流水线。

异常信号灯一般设置红或黄两种信号灯，由人工来控制，当发生零部件用完或出现不良产品及机器的故障等异常时，往往影响到生产指标的完成，这时由操作人员马上按下红灯的按钮，红灯一亮，生产管理人员和厂长都要停下手中的工作，马上前往现场，予以调查处理，异常被排除后，管理人员就可以关闭该信号灯，然后继续进行作业和生产。

（3）运转指示灯

运转指示灯能够检查显示设备状态的运转、机器开动、转换或停止的状况。停止时还显示它的停止原因。

（4）进度灯

进度灯是比较常见的，安在手动或半自动的组装生产线上，它的每一道工序间隔大概是 1~2 分钟，用于组装节拍的控制，以保证产量。但是节拍时间隔有几分钟的长度时，它用于作业。

就作业员的本身，自己把握的进度，防止作业的迟缓。进度灯的节拍时间一般为 10 分。对应于作业的步骤和顺序，以及标准化程序，它的要求也比较高。

4. 操作流程图

操作流程图是描述工序重点和作业顺序的简明指示书，也称为步骤图，用于指导生产作业。

在一般的车间内，特别是工序比较复杂的车间，在看板管理上一定要有个操作流程图。原材料进厂后，第一个流程可能是签收，第二个工序可能是点料，第三个工序可能是转换，或者转制，这就叫操作流程图。例如，图 3-11 为吊车队胎式起重机司机机械检查 SOP 标准化流程图。

图 3-11　吊车队胎式起重机司机机械检查 SOP 标准化流程图

5. 反面教材

反面教材,一般它是结合现物情况以图文的形态的表示,让现场的作业人员明白,错误的操作将会产生的不良的现象及后果。一般是放在人多的显著位置,让人一看就明白,其所指示的是不能够正常使用,或不能违规操作。

6. 提醒板

提醒板,用于防止遗漏。是企业通过一些自主管理的方法来最大限度地尽量减少操作人员在工作中产生遗漏或遗忘。

例如,有的车间内的进出口处,有一块板子,写着今天有多少产品要在何时送到何处,或者什么产品一定要在何时生产完毕。或者有领导来视察,检查的时间或内容,以作为提醒。这些都统称为提醒板。

一般来说,用纵轴表示时间,横轴表示日期,纵轴的时间间隔通常为一个小时,一天用 8 个小时来区分,每 1 小时,就是每 1 个时间段记录正常、不良或者是次品的情况,让作业者自己记录。

提醒板每月统计 1 次,并在每月的例会中进行总结,与上个月进行比较,看是否有进步,并确定下个月的目录,这是提醒板的另一个作用。

7. 区域线

区域线是对半成品放置的场所或通道等区域,用线条将它画出,主要用于整理与整顿、异常原因、停线故障等,用于看板管理,区域线如图 3-12 所示。

（a）室外区域线图

（b）室内区域线图

图 3-12　区域线图

8. 警示线

警示线是在仓库或其他物品放置处用来表示最大或最小库存量的涂在地面上的彩色漆线,用于看板作战中。

9. 告示板

告示板是一种及时管理的道具,也就是公告,或是一种让大家都知道,上面一般会记录公告性质的内容,如"今天下午两点钟开会"。

10. 生产管理看板

生产管理看板(图 3-13)是展示生产线的生产状况、进度的表示板,主要记录生产实绩、设备开动率、异常原因(停线、故障)等,用于看板管理。

生产管理看板

日期：　　班组：　　负责人：

今日生产任务				通知公告
订单	型号	计划数	完成数	
				6S、注意事项

图 3-13　生产管理看板

(七)目视化管理中的识别管理

识别管理一般分为图 3-14 中的 8 个种类。

●人员识别	●工种识别
●职务识别	●熟练程度识别
●机器设备识别	●产品识别
●作业识别	●环境识别

图 3-14　识别管理的 8 个种类

1. 人员识别

(1)适用范围

规模较大的企业,规模越大的企业越需要进行人员识别,便于工作的展开。

(2)类型

工种、职务、资格、熟练员工等各个方面的识别。一般是通过衣帽的颜色、肩章、徽章,以及醒目的标示牌来区别。

2. 工种识别

例如,

①白色衣服:办公室的职员;

②蓝色衣服:生产的员工;

③绿色衣服:评检人员;

④红色衣服:维修人员。

3.职务识别

职务识别一般用肩章来进行。例如,

①一般的员工:没有肩章;

②一杠:组长;

③两杠:班长;

④三杠:科长;

⑤四杠:部长(生产部部长)或经理;

⑥五杠:厂长。

4.熟练程度识别

例如,

①红色的牌子:培训中的员工;

②白色的牌子:熟练的工人;

③黄色的牌子:非熟练的工人;

④绿色的牌子:技术工人,或是师傅级的,为技术工。

5.机器设备识别

机器设备的识别内容比较广泛,有机器设备的名称、型号、产地、管理的编号、管理担当、使用的人员、警示、状态,检查维修的日期,还有这个机器的有效实现,合格或不合格,以及一种叫作准用的,这些都是机器设备的识别。

6.产品识别

(1)产品识别的内容

有名称、类型、型号、规章、管理编号、数量、状态(有不良品、良品、返修品、试用品、试作品)。

(2)产品识别方法

有包装、现品票、印记或标示牌。这些在工厂管理中,只要员工用心逐一地去检查就可以发现。产品识别,一定要做到非常细。

7.作业识别

(1)作业识别内容

①作业状态(开始、中段、结束等三种状态的作业);

②检验的状态(未检的、检查中、已经检查过);

③作业类别(有焊接、冲压、表面处理、组装等各种类别的作业);

(2)识别的方法

①工序卡;

②指导书;

③印记;

④标识牌。

8.环境识别

环境识别一般是通过颜色和各类标识牌来区分。

①通道:识别人行道、机动车车道、消防通道、特别通行道;

②区域:办公室、作业区、检查区、产品的不良区、禁烟区;

③设施:电路、水、气、油等三种管道、消防设施等。

(八)目视化管理要标准化、制度化

生产问题出现了,很多班组长都会习惯地说,"我都跟他们说过了,他们也会注意的,时间一长或人员一旦发生变动,老问题就又出现了"。这是没有标准化、制度化的结果,所以班组长一定要对问题要揪住不放,追查到底。

这个问题说明了任何一个员工,不论是部门的新人还是新上岗的人员,都需要有标准书。机器怎么用,什么时间整理、整顿、清扫?这些都是要有标准的。

所以推动6S教育应是班组长的一项持续不断的工作,而持续不断的工作就是要让班组内的所有组员,都养成整理、整顿、清扫、清洁、休养的习惯。清洁的目的就是要标准化与制度化。所以,需要班组长通过教育来引导。

推动标准化、制度化,有以下注意事项。

①是否找到了真正的原因?

②有没有对策?对策是否有效?对策是否已经写入了6S指导书中?

③是否每一个作业员都清楚明白?

(九)幕视化应用举例

(1)用很显著的彩色线条标识某些最高点和最低点,让操作人员一眼就看得明白。

(2)在通道拐弯处设置一个反光镜,以防止撞车。

(3)装一个绿灯表示通行,装一个红灯表示停止。

(4)用小纸条挂在出风口,显示着空调、抽风机是否在工作。

（5）在螺母上做记号，以确定固定的相对位置、关键部位。

（6）用灯光照射，以引起注意。

（7）用顺序数字，表明检查点和进行的步骤。

（8）用图式、照片作为操作的指导书。

（9）使用一些有阴影或凹槽的工具放置盘，使各类工具或备件的放置方法和位置都一目了然。

（10）用一个标准形式的布告牌，上面写明重点注意事项，悬挂于显明的位置，让操作人员正确地作业；也可以用图表的形式反映某些工作内容或进度的状况，便于操作人员了解整体工作的状态，随时确认自己跟进的位置。

第二节　班组生产管理

一、港口生产管理

1. 港口生产管理的任务

（1）科学地计划和组织装卸生产活动，通过综合平衡，使装卸生产各环节和各工序之间的能力比例合理；使船舶运力、港口通过能力和货物装卸任务平衡。

（2）全面完成计划所规定的指标。包括货物装卸吞吐量、安全质量（货损率、货差率、赔偿金额率）、装卸效率、装卸成本等。

（3）充分利用人力资源，合理组织劳动力，不断提高劳动生产率。

（4）加强设备管理，提高设备完好率和利用率，正确、合理地确定设备更新期，及时更新改造设备，促进企业技术进步。

2. 港口生产过程

（1）港口生产过程指货物的装卸过程，即货物从进港到出港所进行的全部作业的综合。

（2）港口生产过程由生产准备过程、基本生产过程、辅助生产过程和生产服务过程组成。需要注意以下4点：

①几个过程缺一不可；

②装卸生产决定服务性和辅助生产的规模；

③服务性和辅助生产是物质保证；

④港口生产的计划、生产组织、各环节的衔接和平衡、生产进度的控制调整，不但包括基本生产，还包括其他生产内容。

3. 生产过程组织的任务

①保持港口畅通,加速车、船、货的周转;

②保证按期、按时、安全优质地完成车、船装卸任务;

③提高港口的经济效益,降低装卸成本;

④加强与生产过程相关部门之间的配合与协调。

4. 生产过程组织的基本原则

(1)连续性

连续性指组成生产过程的各环节、各工序、各阶段,在时间上紧密衔接,不发生不合理的中断现象。表现在:

①四个阶段之间不中断;

②各工序之间不中断;

③货物作业的连续性,即减少货物在港时间;

④连续性不代表所有舱都要连续作业。

(2)协调性

协调性指港口各主要环节之间、作业线上各作业工序之间,在生产能力上,即在人员、设备等各方面保持适当的比例。

(3)均衡性

均衡性指在相同的时间间隔内下达的任务均衡,同时也包括各阶段、各作业工序所完成的任务相同、相近或稳步上升。

(4)经济性

组织港口生产不但要考虑生产效率,还要考虑经济效益。既要组织好基本生产过程,也要组织好其他三个过程;既要注意物质(各项设备)的组织,也要注意信息的组织。

二、物料管理

(一)成本管理

班组是生产企业的最基层管理单元,企业90%以上的生产制造成本都发生在班组,所有在班组消耗的人力、物力、财力均是班组成本。

企业要想控制成本、节能降耗、提质增效,应该重点抓好基层班组的成本管理。

1. 班组成本管理的主要内容

生产车间或班组的成本管理,总的来说包括4个方面,即人工成本、作业成本、材料能源成本和设备成本。

（1）人工成本

日本丰田公司的大野耐一先生曾经说过："没有人喜欢自己只是螺钉，工作一成不变，只是听命行事，不知道为何而忙，丰田公司做的事很简单，就是真正给员工思考的空间，引导出他们的智慧。员工奉献宝贵的时间给公司，如果不妥善运用他们的智慧，才是浪费。"

班组人工成本管理的关注点，就是如何调动组员的积极性，让他们发挥更大价值和作用。

班组的人工成本管理，可从以下方面着手：

①尽可能调动组员的积极性，营造良好的班组氛围，增强团队凝聚力，让组员有一个好的心态和心情，从事本职工作；

②关注和关爱组员的身体健康和卫生保健，让组员拥有和保持良好的健康状态，减少日常疾病，保持较高的出勤率；

③提升组员的技术技能水平，让组员将工作一次做对，减少不必要的返工和修复工作；

④培养一岗多能组员，增强班组生产计划、作业调度的灵活性，提高劳动生产效率。

（2）作业成本

班组的作业成本管理，一方面是减少非增值作业，另一方面是减少无效或低效动作。

按照对顾客价值的贡献，作业可以分为增值作业和非增值作业。班组的作业成本管理，就是尽可能地减少非增值作业，从而削减作业成本。

班组常见的非增值作业包括：不必要的等待、搬运、检查、返工和维修等。

许多人们认为理所当然的动作组合，其实都存在停滞、无效、低效、次序不合理、不均衡（如太忙碌、太清闲等）、浪费等不合理现象。

动作分析的实质是研究分析人在进行各种工作操作时之细微动作，删减无效动作，使操作简便有效，以提高工作效率。具体内容包括发现操作人员的无效动作或浪费现象，简化操作方法，改善工器具，优化作业环境，减少工人疲劳，并在此基础上制定出标准的操作方法。

（3）材料能源成本

材料消耗，也是班组的一项主要成本支出。为了搞好班组材料成本管理，首先要明确本班组材料成本的控制点，即本班组在日常工作中，要消耗哪些材料，其相应定额是多少。要让组员学会计算材料浪费，即材料的价值。然后，班组长要鼓励组员参与材料成本改善创新活动,通过修旧利废、降低材料消耗的方式,促使材料成本不断降低。在材料成本管理领域,班组长应给予组员以适当的激励与鼓励。

在材料成本管理方面,班组长可设立班组材料成本管理的委员,建立班组各类材料和物资的管理台账,并建立班组的材料和物资的领用、保管、回收和退库制度。结合上级部门下发的材料成本指标,开展材料或物资的成本定额管理。同时,班组要定期召开班组成本分析会,开展材料成本核算,分析材料、物资的消耗情况,并与定额指标相对比,找出超支原因,制定改进措施。鼓励组员开展材料使用的修旧利废、节能降耗、改善创新活动,节约物资消耗。另外,班组长还可建立材料成本消耗的赛台,奖励和激励成本管理的优秀组员。

能源成本主要包括生产或施工过程中用到的水、电、气、蒸汽等能源要素,严格执行 ISO 14001(如有)认证过程中所制定的各项要求与规章,控制好能源管理,不让一滴水、一度电等能源浪费。

(4)设备成本

设备管理的全过程包括选购、安装、调试、使用、维修、改造、更新、报废等。设备管理成本主要包括购置费用(直接影响折旧费)、维修与设备管理人工成本、维修材料费(主要是备件)、外修费、停工损失等。

班组层面的设备成本管理措施,主要包括以下几个方面:

①开展设备点检、润滑,搞好设备保养工作;

②及时发现、消除设备的微缺陷,避免故障扩大,造成设备的重大事故和损失;

③降低设备故障率,降低设备非计划停机时间,减少设备停机带来的损失;

④开展设备改善革新活动,完善设备功能,延长设备寿命,降低设备故障率。

此外,班组还可以通过开展全员生产维护(Total Productive Maintenance,TPM)活动,提升设备的综合效率,降低设备的故障率和各类损失,从而降低设备成本。

(二)企业与班组中的浪费

在企业运行的过程中,存在着难以计数的各种各样的浪费,大野耐一将生产现场中存在的浪费归纳为以下 7 种:

①生产过剩;

②等待;

③搬运；

④加工；

⑤库存；

⑥动作；

⑦不良品。

通过彻底消除生产中存在的浪费，达到用最少的投入实现最大的产出，提升生产的效率，降低生产成本，从而提高企业的效益，这也正是精益生产总的指导思想。正如大野耐一所说："我们所做的，其实就是注意从接到顾客订单到向顾客收账这期间的作业时间，由此剔除不能创造价值的浪费，以缩短作业时间。"

在生产现场的各个浪费中，生产过剩是最大的浪费和危害最为严重的行为，甚至还是导致其他浪费的根源。

生产过剩根源于过剩的生产能力的存在，如过剩的设备、过多的人员、过剩的库存等。人员、设备、材料也好，如果超过必要的限度，便会提高成本，带来不必要的劳务费、折旧费、管理费用、利息等支出，同时，还会因为资源的浪费而错失新的市场机会。

生产过剩又会直接导致过剩库存的浪费，从而产生多余的仓库、搬运、搬运工、搬运设备、库存管理和维护，多余的管理人员等。

很多企业产生浪费的主要原因有以下3点。

1. 对浪费无动于衷

例如，著者曾经和一家企业的总经理到生产现场，总经理生气地质问生产经理："为什么我每次到生产现场都能发现这么多浪费，你为什么就发现不了？"生产经理当即回答道："总经理，您能发现浪费，是因为您平时很少下现场。"生产经理的言下之意就是，自己发现不了浪费，是因为天天在现场，麻木了和习以为常了。

如果管理者不能发现问题，那么管理者就是最大的问题。对浪费和问题麻木不仁和视而不见的管理者，要么是能力不足，要么是态度不正，他们才是企业"最贵"的浪费。

2. 害怕暴露浪费

例如，在一次咨询项目月度总结会上，车间主任正在汇报如何发现和改善生产过程中的浪费，在场的董事长打断其汇报并且很不高兴地说："你们今天才发现和改善这些浪费，前些年你们干什么去了？"

董事长的这一句话，就等于扼杀了员工们今后的创新改善意愿，既然改善浪费会遭到责骂,不改善反而平安无事,那么,员工们为什么要改善呢?

不少企业的管理者害怕暴露问题和浪费,他们担心因此而受到上级的批评和处罚,企业的经营者和管理者应该拥有健康的精益思想,那就是"多鼓励,少批评,用欣赏的眼光看待员工们的每一项改善"。

3.缺乏改善激励机制

提高员工们发现浪费与改善浪费的能力,企业就有必要训练管理者和员工们 7 大浪费、6 大损失以及一些基础的 IE 改善知识。

要提高员工们发现浪费与改善浪费的意愿,班组长需要做好以下 5 件事:

(1)简化改善的申报程序;

(2)缩短改善奖励的周期;

(3)公开改善奖励的仪式;

(4)改善立项纳入干部考核;

(5)最高层参与改善成果的发表。

公司最高层参与改善成果的发表是改善过程中最好的激励,著者曾经在全球 500 强的某日资企业电工训练期间发现,总经理会亲自参加每个月的改善成果发表会,而且多年来他都是这样坚持做的。著者询问一些管理者,总经理能听懂中文吗? 他们说不完全能听得懂,但总经理就是这样静静地坐着、看着、听着,而且每次都会来。可见,支持不是停留在口头上,更重要的是在行动上。总经理关注的重点在哪里,改善的绩效就在哪里。

快速地发现和寻找出浪费最基本的方法就是"三现原则"和"望、闻、问、切"。所谓的"三现原则"就是"到现场,看现物,了解是否适合现状";而"望、闻、问、切"则指的是"观其形,听其言,问其痛,把其脉"。

①"望"的重点是到生产现场,看精益的布局是否合理,看流程中是否有断点,看是否形成边续流,看是否有人员等待和物流停滞,还要看再制品库存的数量。一个精益的布局流程能在设计的源头消除很多的浪费,一个再制品库存量高的现场也会存在着计划不均衡和生产线不平衡的问题。

②"闻"的重点是到生产现场后,听前后工位组员们反馈的问题,听跨部门组员(如 QE、PE、IPQC 等)对现场的抱怨,听生产部门主管对现场的期待,从与他们的交谈中捕捉到浪费点和改善的需求。

③"问"的重点是到生产现场后,对每一个浪费作业需要反复提出为什么(WHY),以找出浪费最根本的原因。怎么通过"问"寻找出浪费呢? 问其 Q/C/D/S/M 达成现状与公司目标及竞争对手的差距,问其 4M1E 各个环节中存在的问题,问其哪些工序可以实施 ECRSI 改善。

④"切"的重点是到生产现场后,调阅与分析 KPI 数据达成情况,测量组员实际作业工时与标准工时的差异,观察设备运行的工艺参数是否符合标准工艺参数的要求。

通过"望、闻、问、切",班组长就可以很快找出现场存在的各种浪费,松下电器的一位日方总经理曾说:"你越是 IE 专家,你就越找不出浪费,因为 IE 专家首先想到的是如何改善浪费,而不是寻找浪费"。

改善浪费具有三个层次:浪费找组员、组员找浪费、组员具备改善浪费的能力。所以一个班组要改善浪费,就必须先学会发现浪费,这一点组员切不可本末倒置。

(三) 消除浪费

可口可乐公司有一句经典语录——"管理者不改善不创新就是工作失职"。一流的企业没人知道有浪费,人人改善浪费;二流的企业有人知道有浪费,有人改善浪费;三流的企业人人知道有浪费,没人改善浪费。

1. 消除浪费的基本步骤

①了解什么是浪费;

②识别工序中哪里存在浪费;

③使用合适的工具来消除已经识别的特定浪费;

④实施持续改进措施并重复执行上述步骤。

在消除浪费的过程中,班组长应遵循"浪费改善先宏观后微观,先整体后局部;浪费改善大处看布局和流程,小处看工序和动作"的原则实施改善。针对布局和流程这些较大的浪费,班组长可以运用系统改善的方法进行突破,如 VSM、DMAIC、OPF、Pull、Kanban、均衡生产等;针对工序和动作处理这些较小的浪费,还可以运用专业改善和自主改善的方法进行突破,如 QCO、SMED、PTS、8D 法、A3 报告、创意功夫等。

大野耐一曾经说过:"假如企业的商品售价中成本占 90%,利润为 10%,把利润提高一倍的途径有两种:①销售额增加一倍;②从 90% 的总成本中剥离出10% 的不合理浪费。"

2. 减少 7 大浪费的有效途径

减少 10% 的浪费可以实现利润翻番,所以生产部门要做好降本增效,最直接的还是消除 7 大浪费(图 3-15)。

图 3-15　7 大浪费示意图

下面简单介绍几种企业中最常见的浪费：

(1)搬运浪费

搬运浪费如图 3-16 所示。

（a）　　　　　　　　　　　　　　（b）

图 3-16　搬运浪费示意图

搬运是作业时有必要、但不产生附加价值的行为,所以是浪费。

①表现形式

搬运的浪费若分解开来,又包含放置、堆积、移动、整理等动作的浪费。如以下情况：

　　A.搬运距离较远,小批量地运输；

　　B.主副线中的搬运；

　　C.出入库次数多的搬运；

　　D.破损、刮痕的发生。

②原因

　　A.生产线配置不当；

　　B.未均衡化生产；

C.坐姿作业；

D.设立了固定的半成品放置区；

E.生产计划安排不当。

③对策

A.U型设备配置；

B.一个流生产方式；

C.站立作业；

D.避免重新堆积、重新包装。

④注意点

A.工作预置的废除；

B.生产线直接化；

C.不能有半成品放置区；

D.人性考虑并非坐姿才可以。

(2)动作浪费

两手或单手空闲、动作太大、转身角度大、或蹲或坐、作业动作停止、移动中"状态"变换、伸背动作、弯腰动作、左右手交换、重复动作、不明等待、没有必要的反转动作、多余步行的动作，以上这些都属于作业过程中动作的浪费。动作浪费示意图如图3-17所示。

图3-17 动作浪费示意图

①表现形式

A.工作时的换手作业；

B.未倒角之产品造成不易装配的浪费；

C.小零件组合时,握持压住的浪费；

D.动作顺序不当造成动作重复的浪费；

E.寻找的浪费。

②原因

A. 作业流程配置不当；

B. 无教育训练；

C. 设定的作业标准不合理。

③对策

A. 一个流生产方式的编成；

B. 生产线 U 型配置；

C. 标准作业之落实；

D. 动作经济原则的贯彻；

E. 加强教育培训与动作训练。

④注意点

A. 补助动作的消除；

B. 运用动作经济原则；

C. 作业标准。

动作浪费的改善可以参照图 3-18 所示。

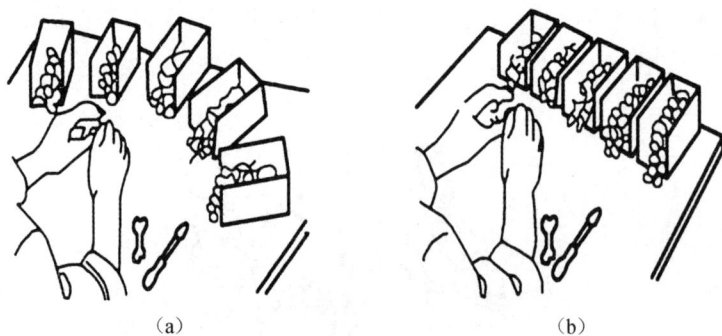

（a）　　　　　　　　　　　（b）

图 3-18　动作浪费改善示意图

(3) 不良品浪费

①表现形式

A. 因作业不熟练所造成的不良品；

B. 因修整不良品时所造成的浪费；

C. 因不良品造成人员及工程增多的浪费；

D. 材料费增加。

②原因

A. 标准作业欠缺；

B. 过分要求品质;

C. 人员技能欠缺;

D. 品质控制点设定错误;

E. 认为可整修却做出不良品;

F. 检查方法、基准等不完备;

G. 设备、模夹治具造成的不良品。

④对策

A. 自动化、标准作业;

B. 防误装置;

C. 在工程内做出品质保证"三不政策";

D. 一个流的生产方式;

E. 品保制度的确立及运行;

F. 定期的设备、模制具保养;

G. 持续开展"5S 活动";

H. 推行"零返修率";

I. 要用一切办法来消除、减少一切非增值活动,如检验、搬运和等待等造成的浪费。

⑤注意点

A. 能回收重做的不良品;

B. 能修理的不良品;

C. 误判的不良品。

(4)库存浪费

不良品所造成的库存,半成品所造成的库存,制造过多所造成的库存都是浪费。库存往往会掩盖其他浪费和问题。库存浪费如图 3-19 所示。

①表现形式

A. 不良品存在库房内待修;

B. 设备能力不足所造成的安全库存;

C. 换线时间太久造成了大批量生产的浪费。

4. 采购过多的物料变库存

②原因

A. 视库存为当然;

B. 设备配置不当或设备能力差;

C. 大批量生产,重视稼动;

D. 物流混乱,闲置物品未及时处理;

E. 提早生产;

F. 无计划生产;

G. 客户需求信息未了解清楚。

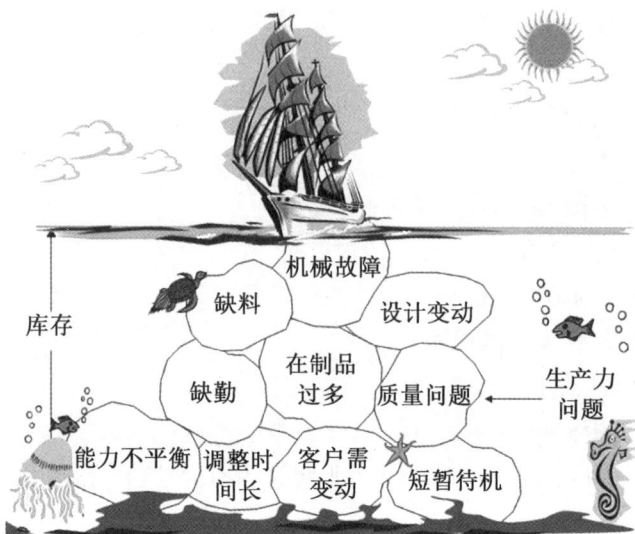

图 3-19   库存浪费示意图

③对策

A. 库存意识的改革;

B. U 型设备配置;

C. 均衡化生产;

D. 生产流程调整顺畅;

E. 看板管理的贯彻;

F. 快速换线换模;

G. 生产计划安排考虑库存消化。

④注意点

A. 库存是万恶之源;

B. 管理点数削减降低安全库存;

C. 消除生产风险降低安全库存。

(5)如何正确发现并消除浪费

发现浪费的方法:

①运用点检表方式；

②运用 5Why 原则；

③运用时间分析手法；

④运用动作经济原则；

⑤"三现、五原则"。

A. 三现：现场、现状、现物。

B. 五原则（表3-16）：

表 3-16　五原则

五原则	内容
发生状况,把握事实	现象、申诉内容、发生次数、5W2H 处置内容；对零部件的确认结果、原因分析、目前正在生产的该零部件的品质状况
查明原因	连续问 5 个"Why"的分析；发生的途径、问题再现试验、Why 分析
适当的对策	适当的对策:对策内容、效果预测、PPA
确认效果	确认对策的实际效果
对源头的反馈	需要落实到体制、组织或标准化的内容

三、设备管理

班组设备管理是企业设备管理的基础,因此发动作业员工管好、用好、维护好自己操作的设备,加强生产班组的设备管理工作,尤为重要。作为企业的基本单元,班组的设备工作绝不能忽视,精心维护设备、认真执行操作规程、保持工作场所的整洁、有条不紊地做好安全生产工作,就必须做到"勤检查、勤加油、勤打扫"。

【案例】小庞在日本的表现,很为中国工人争气,日本工人一时无法解决的问题,竟然由中国派去学习的人快速解决。可以说,小庞个人的设备维修技能确实高超。

但是,隐藏在小庞高超技能背后的是什么呢？ 正是生产现场对设备管理的严重疏漏。为什么这么说？ 因为管理不到位,设备才会经常出现"症状",才造就了小庞这位维修高手。"日本工人时时维护设备,中国工人天天维修设备",一字之差,效能却相差数倍。随着中国企业的实力不断上升,很多企业开始大举购买最先进的设备进行生产,虽然设备水平并未与西方国家的设备有明显差距,而且工人的技能甚至优于西方,但效能却相差明显。差在哪里?差在对现代管理的理解,差在管理制度的落实,差在用落后的观念去使用最先进的设备。为什么会这样?问题的本质原因是什么?要找到答案,还需要回答这几个问题:

谁在使用设备?谁是设备故障的第一责任人?谁对设备使用最熟悉?谁能在第一时间发现设备故障的征兆?谁最方便对设备进行实时维护?答案就是一线的生产人员。只有一线的组员,才最熟悉设备,最贴近设备,真正发挥对设备的日常管理保障职能,消除因设备不良产生的种种障碍,让自己的工作高效有序。

(一)班组设备管理的基本任务

班组设备管理的基本任务可以概括为专人管理、正确使用、合理润滑、精心维护、定期保养,以保持设备长期处于良好的技术状态,确保企业产品质量和生产任务的顺利完成。

(二)班组设备管理的工作内容

1.专人管理

专人管理实行"定人定机,凭证操作",即设备归谁使用,就由谁负责保管和维护保养。建立台台设备有人管、有人维护保养的岗位责任制,并将该台设备管理负责人,用统一格式写在设备标牌上。生产工人经过理论知识、实际操作考试合格后,发给"设备操作合格证",凭证上岗操作。

2.正确使用

操作人员必须熟悉设备规格、性能、构造和调整方法,不准超负荷、超规格、超速使用设备,同时要遵守工艺规程和设备操作规程。

3.合理润滑

设备不加润滑就会发生事故,做好合理润滑的中心环节是实行"润滑五定",即定人、定点、定质、定期、定量。

4.精心维护

设备的日常维护保养分为班保养、周保养和月保养。精心做好维护保养工作是减少故障、保证生产、延长设备使用寿命的关键。班保养和周保养的具体内容如下。

(1)班保养

由操作人员负责进行,要求做到:班前对设备各部进行检查点检,并按规定加油润滑,确认正常后才能使用。设备运行中要严格遵守操作规程,注意观察运行情况,发现异常时要及时处理,操作人员不能排除的故障应立即通知维修工人检修。下班前用5~10分钟进行设备清擦保养,要求达到各导滑面清洁,各处积油、积水、积屑清除干净,设备外表清洁,零附件无缺损,摆放整齐,工作地面整洁,记好交接班和运行记录。

(2)周保养

操作人员每周做一次保养,要求达到除完成班保养内容外,还应全面清擦设备各表面和死角,拆洗防护罩,清洗油池、油线、油毡和外露部分传动件。

5.定期保养

定期保养即一级保养(月保养),要求操作人员对设备每月进行一次保养。

(三)设备管理的预防哲学

(1)确立预防的条件(分析问题,防患未然)
(2)排除物理性、心理性缺陷
(3)排除强制劣化
(4)消灭慢性不良
(5)延长原有寿命

此处本书借鉴预防医学的思维方式(图3-20):例如,每天刷牙绝对不是为了口气清新、微笑迷人,真意在于预防牙病。为了预防设备故障,日常应该做好必要的清扫、润滑、检查工作。

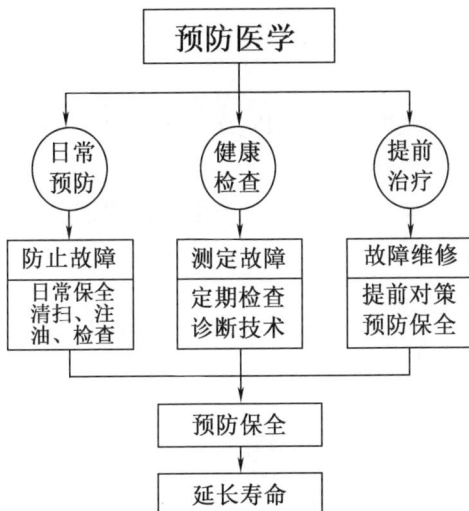

图3-20 设备管理的预防哲学

（四）自主维护的7个步骤

1.初期清扫

初期清扫是以设备为中心彻底清扫灰尘、垃圾等。操作人员要将清扫变检查,检查能发现问题,发现设备的潜在缺陷,并及时加以处理。同时通过清扫可有助于操作人员对设备产生爱护之心。

2.发生源、困难部位对策

为了保持和提高第一阶段初期清扫的成果,要杜绝灰尘、污染等的根源(发生源),为此可采取消除或加盖、密封等对策。对难以维护保养的部位,如加油、清扫、除污等,也应采取有效对策,提高设备的可维护保养性。

3.编写清扫、加油基准

根据第1、第2步活动所取得的体会,编写一个临时基准,以保养分管的设备,如清扫、加油,紧固等基本条件。

4.总点检

点检是为维持生产设备原有的机能、确保设备和生产的正常运行,产品满足客户的要求,按照设备的特性,通过人的"五感"和简单工具仪器,对设备的规定部位(点),按照预先设定的技术标准和观察周期,对该点进行逐点的检查,查找异状、隐患、劣化,达到"早发现、早预防、早修复",减少甚至避免故障的效果。

为了充分发挥设备的固有功能,要学习设备结构、功能及判断基准,检查设备各主要部分的外观,发现设备的缺陷并使之复原,同时使自己掌握必要的检查技能。

（1）螺栓/螺母

螺栓/螺母要素点检基准如表3-17所示。

表3-17　螺栓/螺母要素点检基准

设备要素	点检基准
微缺陷	有没有松动、脱落
长度	螺栓的螺纹是否从螺帽出来约2~3个螺纹
键	长孔是否使用平键; 有振动的时候是否使用弹簧键; 是否在同一个场所混用多种键

表 3-17(续)

设备要素	点检基准
方法	螺栓是否从下面插入,能否看见螺帽; 限位开关等是否用 4 个螺栓固定; 双螺帽是否用内侧小、外侧大的螺帽固定; 旋转体、振动体有没有使用垫圈

（2）注油

注油要素点检基准如表 3-18 所示。

表 3-18　注油要素点检基准

要素	点检基准
注油口	油管(油嘴)和减速器注油口是否保持干净; 注油口有没有防尘对策; 是否已经注油; 注油口是否标记油种/油量
油量计	注油器或 Oiler 是否保持干净,容易确认油量; 有没有适当油量的标记; 有没有油的流出或注油管,通气孔是否堵塞
自动注油器	是否正常动作,注油量是否适当; 注油管或油脂管有没有泄露、变形、变曲
润滑状态	旋转部、驱动部、链条是否保持干净,有没有油; 有没有需要以上的注油引起周边污染

③驱动系统

驱动系统要素点检基准如表 3-19 所示。

表 3-19　驱动系统要素点检基准

要素	点检基准
皮带 & 滑轮	有没有皮带的龟裂、起毛、磨损、油附着; 有没有皮带的拉伸、拉松、搓; 各皮带的张力是否一定,有没有其他皮带的混用; 皮带的上部是否超出没轮; 滑轮面是否清洁、光亮(皮带或滑轮的磨损); 滑轮与滑轮的中心是否一致(中心偏移)
链条	链条有没有被拉伸; 链轮、齿轮有没有磨损,脱掉,伤痕; 销轴和套筒之间的润滑是否充分; 链轮之间的中心是否一致(中心偏移)
轴,轴承,联轴器	有没有松动、断油引起的发热、震动、异常音; 键或锁定螺栓有没有松动、晃动、脱掉; 联轴器橡胶有没有磨损,螺栓有没有松动 是否注过油脂
齿轮	润滑是否适当,是否剩余的油污染周边; 齿轮有没有磨损、伤痕、脱落、疙瘩; 齿轮有没有异常音、振动

④空压系统

空压系统要素点检基准如表 3-20 所示。

表 3-20　空压系统要素点检基准

要素	点检基准
减压阀 油雾器 过滤器	是否保持干净,能清楚看到内部; 安装方向是否正确; 油的滴下量是否适当(约 5 秒滴 1 滴); 从 3 点 Set 到空压设备的距离是否 3 米以内; 有没有断油或自动排水是否满

表 3-20（续）

要素	点检基准
空压仪器	气缸或电子阀有没有空气泄露； 气缸或电子阀是否确实固定； 是否用铁丝、绳、胶带、束线带等只做了临时措施； 有没有气缸污染、伤痕、磨损； 速度控制器的安装方向是否正确； 电子阀有没有异常音、发热、松动； 断路器有没有破损
管线	空气管道或软管的排出有没有容易滞留的地方； 管道和软管带的固定是否确实； 有没有空气泄露，软管有没有伤痕或刮痕； 阀门类的动作有没有异常，有没有开、关标识； 有没有不必要的管道、线、阀门类

⑤油压系统

油压系统要素点检基准如表 3-21 所示。

表 3-21　油压系统要素点检基准

要素	点检基准
油压单元 （power unit）	油罐的油量是否适当，有没有液位标识； 油的温度是否适当，有没有限界温度标识； 油是否发灰（吸入空气）； 油的注油口或滤网是否干净； 有没有油的吸入，过滤芯是否堵塞； 油罐的供排气过滤芯是否堵塞； 油泵是否正常，有没有异常音、振动
热交换器	油冷却器或管道上有没有油的泄露； 有没有冷却水的泄露； 油和水的出口/入口的温度差是否适当（TUBE 是否堵塞）

表 3-21（续）

要素	点检基准
油压仪器	仪器类有没有油的泄露； 仪器类是否确实固定； 仪器类的动作是否正常,有没有瞬间停止或速度低下； 油压是否适当,压力表动作是否良好(0点颤抖)； 油缸的缓冲是否正常
管线	管道和软管的固定是否确实； 有没有油的泄露,软管有没有伤痕或刮痕； 阀门类动作是否正常,有没有开、关标识； 有没有不必要的管道、线、阀门； 软管或铜管是否有被搓在一起或是否有急剧的弯曲

⑥电子设备

电子设备要素点检基准如表 3-22 所示。

表 3-22 电子设备要素点检基准

要素	点检基准
仪表	配电板、操作板、控制板内整理,整顿,清扫状态如何； 是否存放不必要物品或可燃性物品； 内部线带顿状态如何? 电流表,电压表是否适当,有没有正常范围标识? 仪器或表示灯有没有破损? 灯丝有没有断? 开关类有没有破损,动作是否正常? 门密封有没有破损,开和关正常吗? 有没有不使用的孔,防水,防振是否好?
电机	电机是否发热或产生异常音、味、振动； 电机盖和风机是否有污染； 仪器的安装,螺栓是否松动； 基础螺栓是否有龟裂或碎

表 3-22（续）

要素	点检基准
传感器	限位开关是否有污染或晃动； 限位开关内部是否干净，lead 线是否松开，盖是否正常； 限位开关的安装方法是否正确； 光电开关附近是否有污染和晃动； 传感器位置是否偏移； 仪器的线接触到 ead 口，外皮是否脱落
管线	管道，线 CODE 的固定是否确实； 电缆线是否脱落或断线； 有没有管道的腐蚀或碎，线外皮的脱落或伤痕； 地板面的铺钱是否混乱，是否有从空中顺下来的线

⑦泵和风扇

泵和风扇要素点检基准如表 3-23 所示。

表 3-23 泵和风扇要素点检基准

要素	点检基准
泵	泵或支架是否有异常音、振动、晃动； 基础螺栓是否松动腐蚀或破损； 支架基础部位是否有腐蚀、龟裂或破损； 密封套是否有泄露很多液； 管道或阀门是否有液泄露； 管道或阀门是否堵塞； 压力表、真空表、油量表、温度计等是否正常，是否有正常范围的标识； 启动电流值、运转电流值是否正常，是否有正常范围标识； 阀门动作是否正常；是否有开关标识
风扇	风机和支架是否有异常音、振动、晃动； 基础螺栓是否松动、腐蚀或破损； 支架基础部位是否有腐蚀、龟裂或破损； 密封套有没有空气、GAS 的泄露； 管道或风门有没有空气、GAS 的泄露； 管道是否有堵塞或冻住

⑧水和蒸汽

水和蒸汽要素点检基准如表 3-24 所示。

表 3-24　水和蒸汽要素点检基准

要素	点检基准
管道,仪表	是否有蒸汽或水的泄露; 是否有蒸汽压、水压等的压力表污染,破损或上下限标识; 是否有内容物的流向标识; 是否有管道、设备保温类的破损或拉长
阀门	阀门手柄是否有掉,固定螺栓是否有松动; 是否关阀门但实际没有被关上; 开/关时是否容易操作,有没有困难; 有没有开/关标识? 调节量的情况,是否有标识

一些企业的设备点检表,就像钻石一样"恒久远永流传"。在工厂里,那么点检的内容是否该实时调整,又该如何调整呢? 所以身为班组长必须明确一点,即在设备总点检后,形成一份完整的设备点检清单,但这份清单绝不是放在现场,让组员每天用于使用的点检基准或点检表,而是让企业将这份完整的点检清单视为一个"数据库",操作人员、专业保全人员的日/周/月的点检内容是从这个"库"中挑选出来的,而不是完全照搬。

首先,随着组员对设备结构的掌握程度以及点检技能的持续提升,再加上对点检困难部位的不断改善,设备操作人员与专业维保人员的点检内容是可以动态调整的,例如,前期一些相对复杂、不易点检的部位可以由专业人员完成,当组员技能提升到一定程度的时候,一些点检内容是否可以从专业人员的点检表剪切到操作人员的点检表,让专业人员有时间去做类似检修、调机等更专业的工作,以此类推。

那么问题来了,操作员的点检内容是不是会越来越多,导致没有充分的时间去完成呢? 这就需要班组长同时开展"点检困难部位"的改善活动,通过目视化等手段让组员点检工作变得更容易、更快速。

5. 自主点检

在第 3 步编写的清扫基准、加油基准、检查基准的基础上,加上第 4 步学到的内容,并完全遵照执行,这就是自主点检基准。在学习和执行的过程中,还要不断学习和熟悉设备的操作和动作,质量和设备等的关联性,具有正确操作设备和早期发现异常情况的能力。

6. 标准化/保证工程品质

从现有的以设备为中心的活动向保证工程品质方面扩展,制定出管理基准,应彻底减少物、事等管理对象,尽量简化。所谓应彻底地整顿,遵守(维持)既定基准并逐步完善,以便作业人员易于遵守。车间实行目视管理和管理实行标准化。

7. 自主管理

通过前6步的活动,已获得了不少的成果,组员也得到了很大的锻炼,所以这第7步就要建立起不断改善的意识,不断地进行 PDCA 循环,结合企业的方针、目标,制定出适合自己的新的小组活动目标,做到自主管理的彻底化。

第三节 现场安全管理

一、风险辨识

风险辨识是指针对不同风险种类及特点,识别其存在的危险、危害因素,分析可能产生的直接后果以及次生、衍生后果。

2019 年国家能源局在修订《生产安全事故应急预案管理办法》(2019 年 9 月 1 日起施行)时,将原第十条第一款、第二款中的"事故风险评估"修改为"事故风险辨识、评估",增加了风险辨识,将其列入风险管理的一个步骤。

2019 年 4 月,为深入贯彻落实《中华人民共和国安全生产法》(简称《安全生产法》)等法律法规,推进港口安全风险分级管控和隐患排查治理双重预防机制建设,中华人民共和国交通运输部组织编制了《港口安全生产风险辨识管控指南》,要求港口企业做好安全生产风险辨识管控工作,重点加强重大风险的辨识管控(图 3-21)。

(一) 风险辨识的目的

(1)确定风险等级,制定防范措施,杜绝风险演变成事故。

(2)风险辨识为风险评价和风险控制提供依据。

(3)对系统中存在的风险因素进行辨识与分析,判断系统发生事故和职业危害的可能性及其严重程度,从而为制定防范措施和管理决策提供科学依据。

(a)

(b)

图 3-21　港口重大风险的辨识管控

(二) 风险辨识的依据

依据《生产过程危险和有害因素分类与代码》(GBT13861-2009)、《危险化学品重大危险源辨识》(GB18218—2018)、《职业病危害因素分类目录》(国卫疾控发〔2015〕92号)等辨识各种风险,运用定性和定量分析、历史数据、经验判断、案例比对、归纳推理、情景构建等方法,分析事故发生的可能性、事故形态及其后果。

随着市场经济的发展,科技水平的进步,港口的机械化程度也不断提高。这为港口生产的安全管理带来了机遇,也带来了挑战。经验证明,事故的预防和控制必须同时从技术、教育、管理三方面入手,尤其是管理。著者通过对港口近十年来的安全生产事故的调查发现,大部分事故都是可以避免的,而这些事故的产生原因大多是由指挥人员的违章、操作人员的违章、相关人员安全知识的匮乏造成的。

（三）风险分级

不同的风险辨识方法对风险的分级略有不同,按照国家《中华人民共和国突发事件应对法》第四十二条"可以预警的自然灾害、事故灾难和公共卫生事件的预警级别,按照突发事件发生的紧急程度、发展势态和可能造成的危害程度分为一级、二级、三级和四级,分别用红色、橙色、黄色和蓝色标示,一级为最高级别。"为保持一致性,一般把风险分为"红、橙、黄、蓝"四级,红色(一级)最高。

1. 蓝色(四级)

蓝色(四级)为较低风险,需要注意或可忽略的、可以接受或可容许的。

2. 黄色(三级)

黄色(三级)为一般风险,需要控制整改。如存在较大的人身伤害和设备损坏隐患的可能性。对于该级别的风险,应引起关注并负责控制管理,应制定管理制度、规定进行控制,在规定期限内实施降低风险措施。

3. 橙色(二级)

橙色(二级)为较大风险,必须制定措施进行控制管理。对于该级别及以上的风险,企业应重点控制管理。当风险涉及正在进行中的工作时,应采取隔离或人员撤离措施,并根据需求限期整改,直至风险降低后才能开始工作。

4. 红色(一级)

红色(一级)为不可接受的重大风险,即将发生且极其风险,必须立即停工整改。对于该级别风险,只有当风险已降低时,才能开始或继续工作。

（四）风险辨识原则

1. 全覆盖的原则

风险辨识应坚持做到"横向到边、纵向到底、不留死角",全面系统地分析各种风险事件存在和可能发生的概率以及损失的严重程度,风险因素及因风险的出现而导致的其他问题。风险发生的概率及其后果的严重程度,直接影响风险控制策略和管理效果。因此,必须全面了解各种风险的存在和发生及其将引起的后果的详细情况,以便及时而清楚地为决策者提供比较完备的决策信息。

2. 动静态结合的辨识原则

风险是一个复杂的系统,其中包括不同类型、不同性质、不同损失程度的各种风险,运用某一种独立的分析方法难以对全部风险进行辨识,建议综合使用多种分析方法,采用动态分析与静态分析相结合的方式,全面持续开展辨识活动,随时调整风险判别方法和评价边界条件。

3. 实事求是的原则

风险辨识的目的在于为风险评估提供前提和决策依据,以保证控制风险在可接受程度或最大限度减少风险损失,因此,积极运用现有的人力资源、工器具、科技手段、计算方法以及规范性技术标准等开展辨识,在辨识过程中避免无中生有、无限延伸、无边界条件等莫须有的恐惧人为夸大危害程度,以保证辨识工作的顺利开展。

4. 创新技术应用的原则

风险辨识一定要建立在严谨的科学基础之上。风险的识别和量化定性要以严格技术手段作为分析工具,在充分利用新技术、大数据、新算法等先进工具以及全面收集信息的基础上,进行统计分析和计算,以取得科学合理的分析结果。

5. 风险辨识程序

安全生产风险具有客观(不可消除)、可识别、可控和不确定性。

港口安全生产风险体现为港口营运过程中生产安全事故发生可能性和事故后果严重程度的组合。

风险辨识是发现、确认和描述风险的过程。港口安全生产风险辨识应确定风险辨识范围,划分作业单元,结合本单位安全生产管理实际确定风险事件,从人、设施设备(含货物或物料)、环境、管理等方面分析致险因素,将风险辨识结果填入港口安全生产风险辨识管控信息表(表3-25)。港口安全生产风险辨识程序如图3-22所示。

表3-25　港口安全生产风险辨识管控信息表

风险辨识范围(如液体散货装卸)

作业单元	风险事件	致险因素				风险事件发生可能性	风险事件后果严重程度	风险事件风险等级	作业单元整体风险等级	风险管控措施
		人的因素	设备设施因素	环境因素	管理因素					
装船作业	输送化学品的软管破裂									……
	输油臂故障导致泄漏									
……	……									

说明:设施设备和其装卸存储的货物或物料一并考虑。

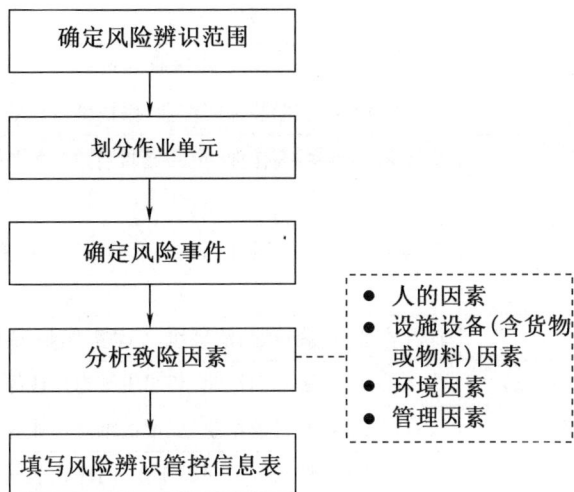

图 3-32　港口安全生产风险辨识程序图

6.风险辨识范围

企业根据本单位安全生产风险管理实际,确定风险辨识范围。

风险辨识范围参照表 3-26,结合实际情况确定。

表 3-26　港口风险辨识范围

	风险辨识范围
港口客运	旅客候船、旅客上下船等
港口普通货物营运	集装箱装卸、储存,干散货装卸、过驳、储存,件杂货装卸、过驳、储存,车辆滚装、停放等
港口危险货物营运	集装箱装卸、储存,干散货装卸、过驳、储存,液体散货装卸、过驳、储存等

按照独立性原则,在风险辨识范围内划分作业单元,并建立作业单元清单。作业单元参照下表 3-27,结合实际情况划分。

表 3-27　作业单元清单

风险辨识范围	作业单元
旅客候船	旅客安检、候船室等候上船等
旅客上下船舶	靠离泊作业、上下船活动等

表 3-27（续）

风险辨识范围	作业单元
集装箱装卸	靠离泊作业、船舶装卸箱作业、岸桥维修作业、动火作业等
集装箱储存	拆装箱作业、堆高作业、集装箱堆存、场桥维修作业、动火作业等
液体散货装卸（含过驳）	靠离泊作业、装卸船作业、装卸车作业、吹扫作业、动火作业等
液体散货储存	储存作业、倒罐作业、清罐作业、动火作业、受限空间作业等
干散货装卸（含过驳）	靠离泊作业、装卸船作业、装船机维修作业等
干散货储存	堆存作业活动、苫盖作业、皮带机维修作业等
件杂货装卸（含过驳）	靠离泊作业、件杂货装卸船作业、门座式起重机维修作业等
件杂货储存	件杂货装卸车作业、件杂货储存、装载机维修作业等
车辆滚装	靠离泊作业、车辆上下船等
车辆停放	车辆水平行驶、车辆停放等

7. 确定风险事件

风险事件是由于人、设施设备（含货物或物料）、环境和管理等因素存在缺陷导致的事故或危险场景。港口经营者根据本单位各作业单元安全生产风险管理实际，结合本行业典型事故案例，确定风险事件，如火灾、爆炸、中毒、泄漏、船舶碰撞码头、旅客落水、货物坠落、缆绳断裂、管道泄漏、储罐泄漏、货物坍塌、静电积聚等。风险事件参照《伤害事故类别解释》（GB6441），并结合本单位安全生产实际确定。

8. 致险因素分析

针对确定的风险事件，结合本单位安全生产实际，参照《生产过程危险和有害因素分类与代码》（GB/T 13861—2022）进行致险因素分析。致险因素一般包含以下方面：

（1）人的因素：从业人员安全意识、安全与应急技能、安全行为或状态；

（2）设施设备（含货物或物料）因素：港口作业机械、存储设施设备、装卸工艺、安全设施等的安全可靠性和货物、物料的危险特性；

（3）环境因素：港口作业条件的安全性，以及自然环境对港口作业的影响；

（4）管理因素：安全生产的管理机构、管理制度及操作规程的合规和完备性。

9. 风险评估

风险等级大小由风险事件发生的可能性(L)和后果严重程度(C)的组合决定。

(1)评估指标分级标准

①风险事件发生的可能性分级。

可能性统一划分为五个级别:极高、高、中等、低、极低。风险事件发生的可能性判断标准及取值(L)如表 3-28 所示。

表 3-28 风险事件发生的可能性分级表

可能性级别	发生的可能性	取值(L)区间
极高	极易	9<取值≤10
高	易	6<取值≤9
中等	可能	3<取值≤6
低	不大可能	1<取值≤3
极低	极不可能	0<取值≤1

注:可能性指标取值为区间内的整数或最多一位小数。

②风险事件发生的后果严重程度分级。

后果严重程度统一划分为四个级别:特别严重、严重、较严重、不严重。后果严重程度判断标准及取值(C)见如表 3-29 所示。

表 3-29 后果严重程度判断标准及取值(C)表

后果严重程度(取值C)	后果严重程度总体判断标准
特别严重(10)	人员伤亡:可能发生人员伤亡数量达到《生产安全事故报告和调查处理条例》中特别重大事故伤亡标准,或达到《水路交通突发事件应急预案》中突发事件Ⅰ级伤亡标准的; 经济损失:可能发生经济损失达到《生产安全事故报告和调查处理条例》中特别重大事故经济损失标准,或达到《水路交通突发事件应急预案》中突发事件Ⅰ级损失标准的; 环境污染:可能造成特别重大生态环境灾害或公共卫生事件,或达到《国家突发环境事件应急预案》中特别重大突发环境事件标准的; 社会影响:可能对国家或区域的社会、经济、外交、军事、政治等产生特别重大影响

表 3-29(续)

后果严重程度(取值 C)	后果严重程度总体判断标准
严重(5)	人员伤亡:可能发生人员伤亡数量达到《生产安全事故报告和调查处理条例》中重大事故伤亡标准,或达到《水路交通突发事件应急预案》中突发事件Ⅱ级伤亡标准的; 经济损失:可能发生经济损失达到《生产安全事故报告和调查处理条例》中重大事故经济损失标准,或达到《水路交通突发事件应急预案》中突发事件Ⅱ级损失标准的; 环境污染:可能造成重大生态环境灾害或公共卫生事件,或达到《国家突发环境事件应急预案》中重大突发环境事件标准的; 社会影响:可能对国家或区域的社会、经济、外交、军事、政治等产生重大影响
较严重(2)	人员伤亡:可能发生人员伤亡数量达到《生产安全事故报告和调查处理条例》中较大事故伤亡标准,或达到《水路交通突发事件应急预案》中突发事件Ⅲ级伤亡标准的; 经济损失:可能发生经济损失达到《生产安全事故报告和调查处理条例》中较大事故经济损失标准,或达到《水路交通突发事件应急预案》中突发事件Ⅲ级损失标准的; 环境污染:可能造成较大生态环境灾害或公共卫生事件,或达到《国家突发环境事件应急预案》中较大突发环境事件标准的; 社会影响:可能对国家或区域的社会、经济、外交、军事、政治等产生较大影响。
不严重(1)	人员伤亡:可能发生人员伤亡数量达到《生产安全事故报告和调查处理条例》中一般事故伤亡标准,或达到《水路交通突发事件应急预案》中突发事件Ⅳ级伤亡标准的; 经济损失:可能发生经济损失达到《生产安全事故报告和调查处理条例》中一般事故经济损失标准,或达到《水路交通突发事件应急预案》中突发事件Ⅳ级损失标准的; 环境污染:可能造成一般生态环境灾害或公共卫生事件,或达到《国家突发环境事件应急预案》中一般突发环境事件标准的; 社会影响:可能对国家或区域的社会、经济、外交、军事、政治等产生较小影响。

注:表中同一等级的不同后果之间为"或"关系,即满足条件之一即可。括号中为取值分数。

风险事件的可能性评分是针对每个风险事件,根据港口行业发生安全生产事故的情况,分析最新辨识的主要致险因素,结合本单位实际,对照可能性判断标准表,进行可能性评分。

风险事件的后果严重程度评分是针对每个风险事件,综合考虑可能造成的最大人员伤亡、经济损失、环境污染、社会影响,对照后果严重程度判断标准表,进行后果严重程度评分。

(2)风险等级评估

港口安全生产风险等级由高到低统一划分为四级:重大风险、较大风险、一般风险、较小风险。风险等级分值大小(D)由风险事件发生的可能性(L)和后果严重程度(C)的组合决定。

风险等级分值(D)=可能性(L)×后果严重程度(C)

风险等级分值(D)及对应的风险等级见表3-30所示。

表3-30 风险等级分值(D)及对应的风险等级

风险等级	风险等级分值(D)
重大风险	55<分值≤100
较大风险	20<分值≤55
一般风险	5<分值≤20
较小风险	0<分值≤5

(3)作业单元整体风险评估

计算作业单元中各风险事件的风险等级,以风险事件的最高风险等级作为该作业单元的整体风险等级。

将每个风险事件发生可能性、风险事件后果严重程度、风险事件风险等级和作业单元整体风险等级填入港口安全生产风险辨识管控信息表。

(4)风险等级的调整与变更

作业单元和风险事件初评为"重大风险"后,针对不可接受风险,港口经营人应针对主要致险因素(人、设施设备、环境、管理),及时通过人、财、物、技术等方面的投入,以降低风险等级,经重新评估后可变更风险等级。针对主因、客观因素,无法降低的"重大风险",应积极加强风险管控。

港口每年应开展不少于1次的全面辨识活动。发现新的致险因素出现,或已有主要致险因素发生变化,导致发生风险事件可能性或后果严重程度显著变化时,应及时开展风险再评估,并变更风险等级。

10.十类风险形式(四类分类体系)

(1)显现风险:停电、触电、坠落、噪声、中毒、泄漏、火灾、爆炸、坍塌、踩踏等突发事件及危害因素;

(2)潜在风险:异常、超负荷、不稳定、违章、环境不良等危险状态及因素;

(3)静态风险:隐患、缺陷、坠落、爆炸、物击、机械伤害等不随时间变化的风险;

(4)动态风险:火灾、泄漏、中毒、水害、异常、不稳定、环境不良等随时间变化的风险;

(5)短期风险:坠落、爆炸、物击、机械伤害、中毒、不安全行为、环境不良等发生过程短或存在时间不长的风险;

(6)长期风险:隐患、缺陷、火灾、泄漏、水害、异常、不稳定等过程长或发展时间较长的风险;

(7)人因风险:失误、三违、执行不力等;

(8)物因风险:隐患、缺陷等;

(9)环境风险:环境不良、异常等;

(10)管理风险:制度缺失、责任不明确、规章不健全、监督不力、培训不到位、证照不全等。

经过风险辨识后,可将全面风险辨识的结果进行系统的整理,建立系统、完整的风险数据库,备案查找,有利于风险管理的有效发展。

二、风险防控

(一)危险货物罐区泄漏中毒、火灾爆炸风险防控措施

1.主要致险情形

(1)港口企业危险货物储罐区发生泄漏;

(2)港口企业易燃易爆危险货物罐区内违规动火作业、违反操作规程作业;

(3)港口企业电气故障或避雷装置、防静电装置失效;

(4)港口企业储罐腐蚀及储罐附属设备损坏,联锁装置、液位监测系统、气体报警装置等失效;

(5)未安装紧急切断阀或其功能失效;

(6)夏季高温酷暑、暴雨雷电和台风影响;

(7)主要负责人的第一责任、各岗位从业人员责任落实不到位。

2. 主要防控措施

(1)加强储罐监测工作,强化联锁切断装置、高低位液位监测系统、有毒气体可燃气体报警装置等维护保养和巡检;

(2)杜绝罐区内违规动火作业和违反操作规程;

(3)加强电气设备和避雷装置、防静电装置的维护保养;

(4)加强持证人员安全教育和业务技能培训;

(5)加强对罐体检维修管理;

(6)强化应急物资储备、应急设施设备配备和应急处置演练,建立区域应急联动机制;

(7)加强日常监督检查;

(8)对涉及重点监管的危险化学品和危险化学品重大危险源的储运设施自动化控制系统装备、重大危险源在线监测监控实现全覆盖;

(9)加强企业主要负责人、各岗位从业人员的安全意识教育和技能培训。

(二)危险货物堆场仓库泄漏中毒、火灾爆炸风险防控措施

1. 主要致险情形

(1)港口企业危险货物堆场违规超量、超范围堆存危险货物集装箱;

(2)仓库内禁忌物混存;

(3)堆场箱区设置、堆垛方式、堆码层数及隔离等不符合要求;

(4)硝酸铵类物质的危险货物集装箱违规作业;

(5)毒性气体、液化天然气(LNG)等易燃易爆剧毒集装箱罐柜及其附件损坏;

(6)消防设施及应急能力不足;

(7)夏季等恶劣自然环境影响;

(8)违反操作规程作业;

(9)企业主要负责人的第一责任、各岗位从业人员责任落实不到位。

2. 主要防控措施

(1)严格按照相关标准要求堆存易燃易爆剧毒危险货物集装箱,严格按照安全操作规程作业;

(2)装有《危险货物分类和品名编号》(GB6944—2005)列出的1.1项、1.2项爆炸品和硝酸铵类物质的危险货物集装箱严格实行直装直取,严禁在港区内存放;

（3）禁忌物严禁混存；

（4）集装箱堆码的垛型应与机械能力、集装箱类型、箱内货物的特性以及箱区设计要求相适应；

（5）加强硝酸铵类危险货物集装箱和毒性气体、LNG等易燃易爆剧毒集装箱罐柜的港口作业以及相关报警装置的维护保养和巡检；

（6）推进智能主动安防系统建设；

（7）加强日常监督检查、抽查力度；

（8）强化应急物资储备、应急设施设备配备和应急处置演练，建立区域应急救援联动机制；

（9）集装箱堆码应做好恶劣自然环境防范，如防风栓固；

（10）对涉及重点监管的危险化学品和危险化学品重大危险源的储运设施自动化控制系统装备、重大危险源在线监测监控均实现全覆盖；

（11）加强企业主要负责人、持证人员等各岗位从业人员的安全意识教育和技能培训。

（三）危险货物码头装卸作业泄漏中毒、火灾爆炸风险防控措施

1. 主要致险情形

（1）港口企业危险货物码头装卸作业设备故障；

（2）码头前沿管道、法兰破损和LNG、液化石油气（LPG）、氨气等易燃易爆剧毒货物泄漏；

（3）管道的压力监测或安全泄放装置故障；

（4）未按要求加装紧急切断阀或紧急切断阀故障失灵；

（5）装卸作业过程中违反操作规程；

（6）未设置生产作业及环境监测系统，大风等恶劣天气未及时预警；

（7）船岸安全检查、值守不到位；

（8）企业主要负责人的第一责任、各岗位从业人员责任落实不到位。

2. 主要防控措施

（1）加强装卸设备设施、管道、法兰和紧急切断阀等的维护保养、检验检测和巡检；

（2）定期对管道的压力检测和安全泄放装置进行检验，并加强日常检查；

（3）严格落实装卸作业前船岸安全检查制度，严格装卸作业现场安全管理，杜绝违章操作，强化装卸过程中船岸信息交换、船岸界面人员值守和安全巡检工作；

(4)强化应急物资储备、应急设施设备配备和应急处置演练;

(5)按要求设置生产作业及环境监测系统,恶劣天气前停止作业;

(6)加强企业主要负责人、装卸作业人员等各岗位从业人员的安全意识教育和技能培训。

(四)危险货物罐区检维修作业中毒窒息、火灾爆炸风险防控措施

1.主要致险情形

(1)港口企业危险货物罐区动火作业、受限空间作业等特殊作业活动未严格执行企业内部审批制度,未按规定做好隔离、防护和应急措施;

(2)未按要求对储罐进行清洗、置换、隔离、通风等;

(3)未按要求进行气体检测和分析或检测仪器故障;

(4)使用不符合要求(如防爆要求)的工属具;

(5)未采取正确的个人防护措施,未按要求落实监护人制度;

(6)企业主要负责人的第一责任、各岗位从业人员责任落实不到位。

2.主要防控措施

(1)对涉及重点监管的危险化学品和危险化学品重大危险源的储运设施自动化控制系统装备、重大危险源在线监测监控均实现全覆盖;

(2)罐区动火作业、受限空间作业等特殊作业活动严格执行企业内部管理制度,并做好隔离、防护和应急措施;

(3)严格按要求进行气体检测和分析,气体检测的仪表要定期检验,同时做好日常维护;

(4)储罐检修时使用的工属具应满足相关要求,穿戴好符合要求的劳动防护用品;

(5)落实好监护人制度,无人监护不得进入受限空间作业;

(6)加强危险性作业劳务外包管理,严格审核承包商的资质条件;切实加强劳务派遣和灵活用工人员安全管理,做好作业交底和现场监护;

(7)加强企业主要负责人、各岗位从业人员的安全意识教育和技能培训。

(五)液体危险货物装、卸车作业泄漏中毒、火灾爆炸风险防控措施

1.主要致险情形

(1)装、卸车软管或鹤管有缺陷;

(2)罐体未按要求进行检查,存在缺陷,如腐蚀凹坑、裂纹、穿孔等;

(3)防火、防爆、防雷、防静电、防泄漏等措施失效;

(4)未落实好装卸作业前的各项检查工作,装卸过程中未加强值守和安全巡检;

(5)取样时未落实好相关防静电、防火花等措施;

(6)夏季高温酷暑、暴雨雷电影响;

(7)企业主要负责人的第一责任、各岗位从业人员责任落实不到位。

2. 主要防控措施

(1)作业软管应定置管理,并定期检测与维护保养;

(2)危险货物罐式车辆按要求进行定期检验,并做好日常检查;

(3)定期对装、卸车台的防火、防爆、防雷、防静电、防泄漏等装置进行检验和检查;

(4)装卸作业开始前严格按要求落实各项检查工作;

(5)取样作业应严格执行相关作业规程,严格落实相关的防静电、防火花等安全措施;

(6)危险货物道路运输企业依据相关规定向港口企业提供托运人制作的危险货物托运清单信息;

(7)加强企业主要负责人、各岗位从业人员的安全意识教育和技能培训。

(六)涉爆粉尘装卸储存作业爆炸风险防控措施

1. 主要致险情形

(1)封闭空间从事粮食、煤炭、金属粉末等可能产生爆炸性粉尘的货物装卸、储存作业;

(2)作业现场未按要求配置防爆电器及防静电设备设施,或设备设施损坏无法使用;

(3)进行装卸作业时,违规进行动火作业、电焊作业;

(4)违反安全操作规程;

(5)企业主要负责人的第一责任、各岗位从业人员责任落实不到位。

2. 主要防控措施

(1)定期对防爆电器进行检测;

(2)采取防静电措施,如作业人员穿防静电服,电气设备接地等;

(3)采取防止火花产生措施,如防止金属撞击,定期对装卸设备进行维护;

(4)进行装卸作业时,严禁明火作业;

(5)及时采取通风、除尘、集(积)清理等有效的粉尘控制措施;

（6）严格按照操作规程进行作业；

（7）强化应急物资储备、应急设备设施配备、应急处置演练；

（8）加强企业主要负责人、各岗位从业人员的安全意识教育和技能培训。

（七）大型装卸机械倾覆风险防控措施

1. 主要致险情形

（1）大型装卸机械（如门机、岸桥、场桥、装船机、卸船机、堆取料机等）性能缺陷、老旧损坏，存在安全隐患；

（2）超负荷装卸作业；

（3）码头未设置靠泊辅助系统或靠泊辅助系统故障，船舶碰撞码头；

（4）遇台风等恶劣天气时大型机械未做好防风措施；

（5）企业主要负责人的第一责任、各岗位从业人员责任落实不到位。

2. 主要防控措施

（1）定期对大型装卸机械等进行检验检测、维护保养；

（2）严格按照装卸机械的额定负荷进行装卸作业，严禁超负荷吊装；

（3）码头按要求设置靠泊辅助系统并保障其有效性；

（4）定期检查大型机械的防风装置，在台风登陆前做好防风措施；

（5）加强恶劣天气预警信息的收集，做好应急物资储备，有针对性开展应急演练；

（6）恶劣天气期间，启动应急预案，合理安排港口作业，做好人员避险、设备避风，不能保证安全时要及时撤离人员；

（7）加强企业主要负责人、各岗位从业人员的安全意识教育和技能培训。

三、教育演习

（一）安全教育

新从业人员安全生产教育培训时间不得少于 24 学时。危险性较大的作业和岗位，教育培训时间不得少于 48 学时。

1. 入厂三级教育

（1）教育培训人员对新入厂的工人、技术、管理人员以及临时工、派遣工等进行公司级、车间级和班组级安全生产教育，未经三级教育培训或考试不合格者，不得上岗作业。

（2）教育培训内容

①公司级安全生产教育培训的内容主要是：国家安全生产法规；安全生产基本知识；本公司安全生产规章制度；劳动纪律；作业场所和工作岗位存在的危险因素、防范措施及事故应急措施；有关事故案例等。

②车间级安全生产教育培训的内容主要是：本车间安全生产状况和规章制度；作业场所和工作岗位存在的危险因素、防范措施及事故应急措施；事故案例等。

③班组级安全生产教育培训的内容主要是：岗位安全操作规程；生产设备、安全装置、劳动防护用品（用具）的性能及正确使用方法；发生事故的安全撤退路线和紧急救援措施；事故案例等。

2.日常安全教育

（1）各级领导对干部、职工必须经常性地进行安全思想、安全技术、安全防火以及劳动组织纪律的教育，使全公司干部职工增强法治观念，自觉遵守各项规章制度，履行安全职责，确保生产工作的安全。

（2）工厂有关人事、技术、安全等部门1年不少于2次对全厂干部职工进行安全生产教育，包括利用黑板报、宣传栏和安全知识测验等形式进行。

（3）每季度组织不少于一次全厂性的安全防火、安全生产大检查，发现不安全因素要及时进行整改。

（4）由于工作责任心不强违反操作规程、制度等，造成各种事故者，除追究当事人的责任外，还要进行岗位安全教育，经考试合格后才能上岗操作。

3.特殊工种教育

（1）从事电气作业、电（风）焊作业、电梯操作、工厂内机动车驾驶等特殊工种，经有关部门组织进行学习，并经考试合格取得特种作业资格证后才能上岗。

（2）对特殊工种的人员，人事部、技术部、安全管理部等要经常进行教育培训，使该类人员不断提高安全技术水平。

（3）企业的新工艺、新技术、新设备、新产品投产前，要按新的安全操作规程，对岗位的有关人员必须进行专门的教育培训，经考试合格后才能进行独立操作。

（4）对重大生产事故和恶性未遂事故，厂级有关部门要组织有关人员进行事故现场教育，认真吸取经验教训，防止类似事故的发生。

4.调岗安全教育

（1）跨车间（部门）调动工作岗位时，应由接受车间（部门）负责对调入人员进行车间级和班组级安全教育。

（2）在车间（部门）内跨班组调动岗位时，由接受的班组进行第三级安全教育。

（3）在班组内变换工种（岗位）时，由班组对其进行变换工种安全教育。

5.复工安全教育

复工教育的对象包括因工伤痊愈后的人员及各种休假超过3个月以上的人员，重新上岗时应进行相应的车间级安全生产教育培训。

（1）工伤后的复工安全教育

首先要针对已发生的事故做全面分析，找出发生事故的主要原因，并指出预防对策，进而对复工者进行安全意识教育，岗位安全操作技能教育及预防措施和安全对策教育等，引导其端正思想认识，正确吸取教训，提高操作技能，克服操作上的失误，增强预防事故的信心。

（2）休假后复工安全教育

职工常因休假（节、婚、丧或产、病假等）而造成情绪波动、身体疲乏、精神分散、思想麻痹，复工后容易因意志失控或者心境不定而产生不安全行为，导致事故发生，因此，要针对休假的类别，进行复工"收心"教育，即针对不同的心理特点，结合复工者的具体情况消除其思想上的余波，有的放矢地进行教育，如重温本工种安全操作规程，熟悉机器设备的性能，进行实际操作练习等。

对于因工伤和休假等超过3个月的复工安全教育，应由企业各级分别进行。经过教育后，由劳动人事部门出具复工通知单，班组接到复工通知单后，方允许其上岗操作。对休假不足3个月的复工者，一般由班组长或班组安全员对其进行复工教育。

6.安全考核

（1）职员的安全技术培训和考核，由安全生产管理部组织进行，考核内容包括：

①《安全生产法》和其他法律法规中的有关规定；

②公司各项安全生产管理制度；

③所接触的危险有害物质的理化性质、对人体的危害、预防措施和急救处理原则；

④所管部门或业务范围内要害岗位的安全管理制度和注意事项；

⑤车间、部门各类安全装置的种类和作用以及管理方法；

⑥本企业劳动保护用品和器具以及消防器材的正确使用方法。

（2）工人的安全技术考核，由车间、部门领导负责组织，安全员具体执行，考核内容包括：

①国家有关安全生产和劳动保护方针、政策、法规、制度和标准；

②本车间(岗位)的生产特点以及所接触的危险有害物质的理化性质,对人体的危害、预防方法和急救处理原则；

③本车间(岗位)的各项安全生产规程和管理制度；

④本车间(岗位)各类安全装置的类型和作用及其维护保养方法；

⑤本岗位的劳动保护用品和器具,以及消防器材的正确使用方法；

⑥本岗位的工艺流程和作业安全注意事项。

7. 教育合格证制度

(1)员工必须参加安全生产教育培训,通过通用安全知识及企业安全知识考试合格,方可取得教育合格证,凡是独立直接从事生产作业活动的人员必须持证上岗。

(2)员工上岗时,应严格遵守劳动安全卫生的规章制度和安全操作规程,服从安全部门的管理,努力做到"不伤害自己,不伤害他人,不被他人伤害"。

(3)持证者有权拒绝违章指挥,有权制止违章作业。

(4)持证者须按规定的时间进行复审,逾期不复审者证件无效。

(二)安全演习

培训与演练的目的是提高企业员工的应急意识,使企业的应急救援行动工作人员熟知应急救援行动是"做什么""谁来做""何时做""怎么做",如何正确应对灾害、事件、事故的危险,并明确应急救援行动工作人员各自所负责的责任。同时测试应急预案的合理程度,测试有关紧急装置、设备和应急物资的供应等是否正常,并提高作业现场内、外的应急部门的协调能力,以此来判别和改正应急预案的缺陷。

应急救援技能培训与演练的内容是企业各部门根据应急救援职责分工的要求,组织相关人员进行培训和演练,使应急救援行动工作人员切实具备完成应急救援任务所需要的知识和技能。相关的应急救援演练,每年依据企业实际情况举行 1 次,必须达到应急救援行动规定的要求,并做好培训和演练的过程记录和总结工作。

1. 应急训练与应急演习

(1)应急训练是指为熟悉应急设备及其操作而开展的练习,如所有救生属具和消防设备的使用等。

(2)应急演习是指针对某种突发事件按安全生产应急预案进行的综合性演练活动,如消防演习、弃船演习等。

2. 演练实施的基本过程

（1）演练准备阶段：确定时间、地点，确定演练的目标、范围、参加人员、规则、技术、物资以及方案。

（2）演练实施阶段：实施演练和演练过程的记录，演练实施阶段的主要救援任务有：

①立即组织营救受害人员，组织撤离或者采取措施保护危害区域内的其他人员；

②迅速控制事态；

③消除危害后果，做好现场恢复；

④查清事故原因，评估危害程度；

（3）演练总结阶段：编写演练的评价报告，总结此次演练的不足，并加以追踪整改。

3. 应急预案

应急预案是指面对突发事件，如自然灾害、重特大事故、环境公害及人为破坏的应急管理、指挥、救援计划等。

应急预案一般应建立在综合防灾规划上，其重要子系统有：

①完善的应急组织管理指挥系统；

②强有力的应急工程救援保障体系；

③综合协调、应对自如的相互支持系统；

④充分备灾的保障供应体系；

⑤体现综合救援的应急队伍等。

（1）应急预案的类型

①应急行动指南或检查表

针对已辨识的危险制定应采取的特定的应急行动。指南简要描述应急行动必须遵从的基本程序，如发生情况向谁报告、报告什么信息、采取哪些应急措施。这种应急预案主要起提示作用，对相关人员要进行培训，有时将这种预案作为其他类型应急预案的补充。

②应急响应预案

针对现场每项设施和场所可能发生的事故情况，编制的应急响应预案。应急响应预案要包括所有可能的危险状况，明确有关人员在紧急状况下的职责。这类预案仅说明处理紧急事务的必需的行动，不包括事前要求（如培训、演练等）和事后措施。

③互助应急预案

相邻企业为在事故应急处理中共享资源,相互帮助制定的应急预案。这类预案适合于资源有限的中、小企业以及高风险的大企业,需要高效地协调管理。

④应急管理预案

应急管理预案是综合性的事故应急预案,这类预案详细描述事故前、事故中和事故后何人做何事、什么时候做、如何做。这类预案要明确制定每一项职责的具体实施程序。应急管理预案包括事故应急的4个逻辑步骤:预防、预备、响应、恢复。

（2）应急预案适用范围

①在区域内从事现场理货业务时发生生产安全事故的;

②在区域内发生火灾、碰撞、人员伤病、机械事故等危险情况,需要紧急疏散和救援人员的;

③在堆场、仓库防风、防台风的管理工作;

④在区域内防洪抗灾等工作;

⑤其他造成重大危害的自然灾害;

⑥对本企业和堆场、仓库有重大危害的社会公共危机事件。

4.组织指挥体系与职责

成立本企业、堆场、仓库突发事件应急救援指挥中心。指挥中心总指挥一般由本单位副总经理担任。指挥部成员直接领导下属应急组,并向总指挥负责,由总指挥协调各组工作的进行。指挥中心由指挥部总指挥、指挥部成员组成。事故一旦发生,各职能组在接报后火速赶往事故现场,展开应急救援计划,其按任务划分为:救援抢险组组长、组员。

（1）领导小组主要职责

①根据掌握的信息,及时发布防风、防台、防汛等命令,对现场预防自然灾害和突发事件工作进行部署。

②检查预防自然灾害和突发事件应急措施的落实情况。

③负责有关单位联系,及时传递信息和向政府及有关职能部门报告情况。

④组织制定并实施现场安全事故及重大危害的自然灾害的紧急疏散和救援计划。

⑤发挥各方力量协同救援;同意调配实施救援的人员、物资、器材;对请示及时做出答复、决定应急救援行动中的重大事项。

⑥负责应急处理的综合协调工作,为事故调查提供有关情况、资料。

⑦事故报告程序如图3-23所示。组织落实政府及有关职能部门交办的其

他工作。

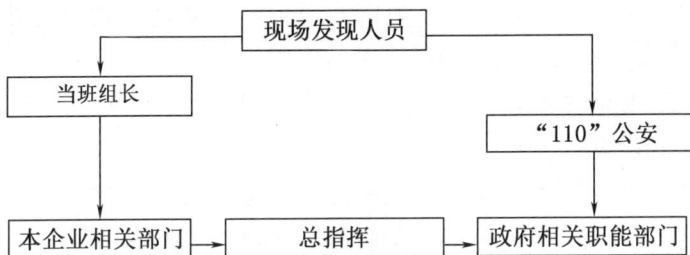

图 3-23 事故报告程序示意图

（2）指挥中心主要职责

①制定总体决策和救援行动方案，及时掌握事故现场变化情况提出相应措施，适时调整方案及调配人力，组织协同作战。

②组织事故指挥部与指挥中心及各救援组之间的通信联络，保障事故现场前后方的通信畅通。

③组织供应器材工具、灭火器、饮食、衣物的供应和医院救护工作。

④根据抢险救援的紧急要求，决定就近使用各种水源，截断现场区域内电力。

⑤根据事故现场情况，划定警戒区，组织疏散警戒区人员、物资，下令限制人员和交通工具进入。

（3）抢险救援组的职责

①负责现场救援抢险工作，熟悉各种机械的救援方法，熟练地使用各种机械。

②进行事故现场侦查，查清事故的位置和范围。了解情况查清是否有人受伤、受困，及时抢救伤员。

③根据事故现场需要，通知有关部门协调抢救。

④在事故抢救过程中发生消防及救援设备故障时，及时组织抢修。

⑤抢险救援结束后及时补充器材，回复备战状态，总结事故经验、教训。

（4）通信联络组

①在事故、灾害发生后，通信人员应立即赶赴现场，负责现场通信联系，保证命令准确地上传下达。

②平时应熟悉地方消防队、医院、公安部门、有关管理部门及友邻单位等的电话号码及通信联络方式，熟悉本单位的道路交通情况。

③当有线通信设备受到破坏时,及时采取措施,确保通信联络畅通。

(5)现场保卫组

①负责组织对事故现场的保卫工作,设置警戒线,维持现场交通秩序,禁止无关人员进入。

②做好现场治安巡逻,保护事故现场,制止各类破坏骚乱活动,控制嫌疑人员。

(6)后勤供应组

①根据指挥部的命令,及时组织事故及灾害抢险救灾所需物资的供应、调运。

②负责事故抢险人员的食品和生活用品的及时供应。

③负责损坏的公共设施的修复工作。

通过应急救援预案演练,验证其实施预防效果,找出不足和缺陷,并及时加以改进和完善修改增补附页,应急救援预案原则上每 2 年重新审核修订 1 次。

应急响应程序举例如图 3-24 所示。

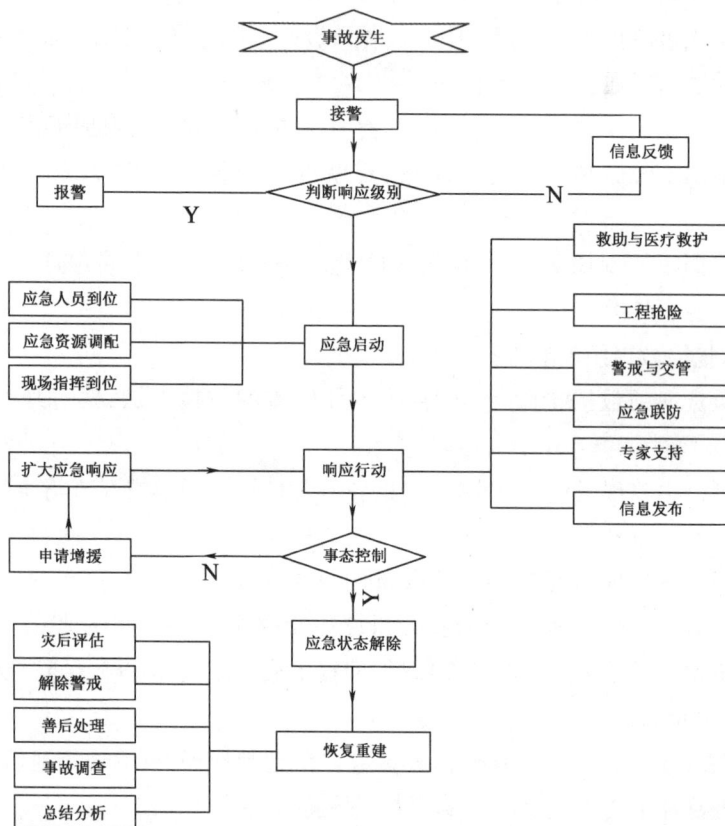

图 3-24　应急响应程序

（三）急救常识

1. 急救时的注意事项

事故发生后，对伤者进行急救是减少人员伤亡、挽救生命的关键一步，急救时应注意以下几点。

（1）发生事故或遇到紧急情况时，不要惊慌失措，一定要保持镇定。

（2）快速初步判断事故原因、伤害程度等，根据实际情况判断是否需要拨打急救电话。拨打急救电话时，应尽量说明事故发生地点、事故原因、受伤害人数、伤害程度。在急救部门未到现场之前，周围人员应及时对伤者采取有效的急救措施。

（3）急救前首先要了解伤员伤情，从心跳、呼吸及瞳孔等方面判断伤员伤情。

（4）伤员较多时，应根据伤情对伤员进行分类抢救，抢救原则先重后轻，先急后缓。

（5）进行急救时，救援人员应注意进行适当的防护。特别是把患者从严重污染的场所救出的过程中，救援人员必须加以自我防护，避免成为新的受害者。

【小知识】

一、急救前伤情判断

1. 有无意识

通过呼叫、拍打、捏手指等方式检查伤者有无意识、知觉。

2. 有无呼吸

人在正常情况下呼吸均匀、规则，每分钟 16~20 次。可通过目测伤员胸部是否有起伏判断伤者有无呼吸。垂危伤员呼吸微弱，可用小片棉花或小薄纸条放在伤员鼻孔旁，观察这些物体是否随呼吸来回飘动。

3. 有无心跳

可通过测试有无脉搏跳动情况判断伤情。正常人每分钟心跳 60~100 次；严重创伤、大出血伤员，脉搏微弱而快，每分钟跳 120 次以上多为早期休克；伤员死亡时心跳停止。

4. 观察瞳孔

正常人两只眼睛瞳孔等大、等圆，遇到光线照射时可以迅速收缩。伤员受到严重伤害时，两侧瞳孔不一样大，可能收缩或扩大。当用手电筒等光照射时，瞳孔不收缩或收缩迟钝。

二、常见的紧急救护方法

1. 止血

班组中遇到机械伤害,造成皮肤破损、静脉出血或其他事故造成伤口大出血情况时,应先对伤者进行止血。常用止血方法有压迫止血法、止血带止血法。

(1)压迫止血法,即用手指或手掌用力压紧伤口附近靠近心脏一端的动脉,这样就能起到临时止血的效果。小臂或小腿出血时,可弯曲肘关节或膝关节,压迫血管,起到止血目的。

(2)止血带止血法,即用止血带(一般用弹性好的橡胶管或橡胶带)绕肢体绑扎打结。上肢受伤可扎在上臂上部1/3处,下肢受伤扎在大腿中部。其原理与压迫止血法相同。若现场没有止血带,也可用纱布、毛巾、皮带等环绕肢体打结,在结内穿一根短棒,转动此棒使带绞紧,等流血停止后,拉紧活结固定木棒。在绑扎和绞紧止血带时,不要过紧或过松,以能止血而不感到皮肤过分受压迫为宜。

2. 包扎

伤员经止血后,应进行包扎,避免细菌侵入伤口。包扎材料可选用绷带、三角巾,在没有这些材料的情况下可以就地取材,如衣服、毛巾和手帕等。应尽量选用干净的材料,避免伤口感染。常用包扎法包括:头顶式包扎法、单眼包扎法、三角形上肢包扎法和带式包扎法等。

包扎过程中应注意以下内容。

(1)包扎的动作要轻、快、准、牢。避免碰触伤口,以免增加伤员的疼痛或出血感染。

(2)对充分暴露的伤口,要尽可能地先用无菌敷料覆盖伤口,再进行包扎。

(3)不要在伤口上打结,以免压迫伤口而增加痛苦。

(4)包扎不可过松或过紧,以防滑脱或压迫神经和血管,影响远端血液循环。

3. 骨折固定

骨折断端与外界直接相通的叫开放性骨折,未与外界相通的叫闭合性骨折。

(1)骨折固定的要点

骨折固定主要有以下要点。

①要注意伤口和全身状况,如伤口出血,应先止血,后包扎固定;如出现休克或呼吸、心脏骤停时,先进行心肺复苏抢救。

②加垫:夹板等固定材料不要直接接触皮肤,可用棉花或布块等软物垫在夹板和皮肤之间,特别是夹板两端、关节突出部位。

③固定、捆绑的松紧要适度,过松容易滑脱,失去固定作用,过紧会影响血

液循环。固定时应外露指(趾)尖,以便观察血流情况,如发现指(趾)尖苍白或青紫时,可能是固定包扎过紧,应放松重新包扎固定。固定完成后应记录固定的时间,并迅速送医院做进一步的诊治。

(2)骨折固定的材料

骨折固定的材料有夹板和敷料。

①夹板:用于扶托固定伤肢,其长度宽度要与伤肢相适应,长度一般要跨伤处上下两个关节。没有夹板时可用健侧肢体、树枝或竹片等代替。

②敷料:用于垫衬的如棉花、布块或衣服等,用于捆绑的绳子、布条等。

(3)骨折固定的方法

骨折固定的方法包括上肢骨折的固定、下肢骨折的固定、脊椎骨折的固定。

4.搬运伤员

事故发生后,急救人员可能需要搬运伤员,此时搬运方式十分重要。如果搬运方式不当,可能造成伤情加重,严重时可能造成神经、血管损伤,甚至瘫痪。对于伤情不严重的伤员,可采用扶、背或抱等方法将其移走。对于可能有脊柱骨折的伤员,应采用担架、木板抬运,不能采取一人抬腋窝部,一人抬下肢的"吊车式"搬运方法。移动时,伤员头和躯干必须同时转动,最好在原位固定后再搬动,不要轻易改变伤员体位。搬运伤员时必须保持平稳、步调一致。在没有担架、木板,需众人用手搬运时,必须有一人双手托住伤员腰部。对于脊柱骨折的伤员,处理不好可能造成脊柱神经拉断,下肢永久性瘫痪,因此抢救人员应格外注意。

对颅脑受伤昏迷的伤员,搬运时要重点保护头部,保持呼吸道通畅,应为伤员解开衣领,去掉领带,解开腰带。担架搬运时,头部应侧向一边,以免呕吐物阻塞呼吸道而窒息。

5.催吐

(1)催吐方法

①用硬羽毛、压舌板、匙柄、筷子或手指等搅触咽弓和咽后壁使之呕吐。

②使用2%~4%的盐水或淡肥皂水催吐。

③必要时可用0.5%~1%的硫酸铜25~50毫升灌服。

④不能口服催吐药物的中毒者可注射阿扑吗啡,成人皮下注射3~5毫克,可引起呕吐。但有休克、中枢神经系统抑制及吗啡中毒者禁用。

(2)催吐注意事项

①当呕吐发生时,病人头部应放低,危重病人可将头转向一侧,以防呕吐物吸入气管,发生窒息或引起肺炎。

②服强碱等腐蚀性毒物及处于昏迷状态的中毒者不宜催吐。有严重心脏病、动脉瘤、食道静脉曲张及溃疡病等不宜催吐。

6.心肺复苏

如果伤员有神志不清、抽搐、颈动脉摸不到搏动、心跳停止、瞳孔散大、呼吸停止及面色苍白等症状时,可判断为心脏骤停。心脏骤停是最紧急的情况,必须分秒必争、不失时机地进行抢救。

心肺复苏是挽救心脏骤停患者的急救技术,分为两部分,一是人工呼吸,二是胸外心脏按压。

(1)人工呼吸

①使伤员仰卧,即胸腹朝天,迅速解开其围巾、领口,放松腰带,颈部下方可适当垫起以利于呼吸通畅。

②清除伤员口中的假牙、血块、黏液等异物。如伤员牙关紧闭,可用小木片、小金属等坚硬物品从其嘴角插入牙缝,慢慢撬开嘴巴。

③救护人员跪在其头部的一侧,使伤员头部尽量后仰,鼻孔朝天,下颌尖部与前胸部大致保持在同一水平上。救护人员一只手捏紧伤员鼻子,另一只手掰开伤者嘴巴,自己深吸一口气,对着伤员的口将气吹入,造成吸气。吹气时可隔一层纱布或毛巾,但注意不要因此影响空气出入。救护人吹气力量大小,依伤员的具体情况而定。一般以吹进气后,伤员的胸廓稍微隆起为最合适。

④吹气后,应立即离开伤员的口,并松开伤员的鼻孔,使其自由呼吸。施救人员准备进行第二次吹气。这样反复进行,以每分钟进行14~16次为宜。

⑤在人工呼吸过程中,若发现伤员有轻微自然呼吸时,人工呼吸应与自然呼吸节律相一致。当自然呼吸好转时,可暂停人工呼吸进行观察。自然呼吸不能完全恢复时,应继续进行人工呼吸,直至呼吸完全恢复正常。

(2)胸外心脏按压

①使伤员平躺在地面,解开衣服,清除口内异物。

②救护人员跪在伤员肩部一侧,两腿分开与肩同宽,两手相叠,将掌根部放在伤员胸骨中下1/3部位。

③救护人员两肩位于伤员胸骨正上方,两臂伸直,掌根略带冲击力垂直向下压,压陷深度为3~5厘米(儿童和薄弱者酌减),以每分钟80次为宜。

④按压后,掌根迅速放松,让伤员胸部自动复原。放松时救护人员的掌根不必离开胸壁。

重复上述步骤,按压时位置要准确,压力要适当。压力过大过猛,可能挤压出胃中食物,堵塞器官,或造成肋骨折断,内脏损伤等。压力过小,起不到按压作用。

提示:伤员呼吸和心跳均已停止时,应同时进行胸外按压与人工呼吸抢救。其节奏:单人抢救时,每按压15次后吹气2次(15∶2),反复进行;双人抢救时,每按压5次后另一人吹气1次(5∶1),反复进行。

(四)应急处置与急救的培训内容

1. 报警

班组长需要使组员了解并掌握如何利用身边的工具最快最有效地报警,如手机、电话、无线电、网络或其他方式报警。

还需要使组员熟悉发布紧急情况通告的方法,如使用警笛、警钟、电话或广播等。当事故发生后,为及时疏散事故现场的所有人员,应急人员应掌握如何在现场贴发警示标志。

2. 疏散

为避免事故中不必要的人员伤亡,应培训足够的应急人员在紧急情况现场安全、有序地疏散被困人员或周围人员。对人员疏散的培训主要在应急演练中进行,通过演练还可以测试应急人员的疏散能力。

3. 不同水平应急者的培训

针对危险品事故应急,班组长应明确不同层次应急人员的培训要求。通过培训,使应急者掌握必要的知识和技能以识别危险、评价事故危险性、采取正确措施以降低事故对人员、财产和环境的危害等。

四、职业健康

(一)职业健康基本概念

1. 职业健康是研究并预防因工作导致的疾病,防止原有疾病的恶化

因工作导致的疾病主要表现为工作中因环境及接触有害因素引起人体生理机能的变化。1950年由国际劳工组织和世界卫生组织的联合职业委员会给出的定义:职业健康应以促进并维持各行业职工的生理、心理及社交处在最好状态为目的;并防止职工的健康受工作环境影响;保护职工不受健康危害因素伤害;并将职工安排在适合他们的生理和心理的工作环境中。

2. 职业健康管理

职业健康管理包括:职业健康体检、职业健康监护档案管理、职业人群健康状况评价、职业人群动态管理等。

3. 职业健康的沿革

中华人民共和国成立—1998年，工作场所职业卫生监管工作主要以劳动部门为主，劳动部门和卫生部门共同负责。

1998—2003年，政府机构改革，将劳动部承担的职业卫生监管职能，交由卫计委承担，工作场所职业卫生监管工作全由卫生部门负责。

2003—2010年，工作场所职业卫生监管主要工作划转到安全监管部门。

2010年10月，中央编办印发了104号文件，基本上将工作场所的职业卫生监管工作全部划转到了安全监管部门。

所以名称上就有"劳动卫生""职业卫生""职业健康""职业健康监护""职业健康与安全"等，与"职业健康"关联较多的是"职业健康监护"，也是职业健康的主要工作。

职业健康监护是以预防为目的，根据劳动者的职业接触史，通过定期或不定期的医学健康检查和健康相关资料的收集，连续性地监测劳动者的健康状况，分析劳动者健康变化与所接触的职业病危害因素的关系，并及时地将健康检查和资料分析结果报告给用人单位和劳动者本人，以便及时采取干预措施，保护劳动者健康。

4. 职业安全与职业健康的区别

广义上安全是包括职业卫生的，但是具体上，安全更多关注设备和厂区的安全，职业卫生只针对个人。从评价上就看得出来，安全评估设备的安全性，针对人的方面多为一些作业规范和要求，职业卫生多关注人的工作环境，尤其是毒物、噪声的浓度等。

5. 职业卫生评价和安全评价的区别

职业卫生评价和安全评价明显不同，但两者是有关联的。安全评价的范围广，是针对产线上所有不安全的因素做的评价。职业卫生评价的全称是《职业病危害控制效果评价》，是针对职业病的因素，预防上有哪些措施，评价一下防护措施是否有效，主要是针对人的防护。安全做得好，后面的职业卫生评价就好做了。安全和机械本身配置有关，越好的配置，安全保护越好，职业卫生评价就越简单好做。

例如，工厂中常用的研磨工程——传统的干磨，它有粉尘和噪声两种危害，职业卫生时就要做现场的粉尘和噪声监测，而且安排岗位员工做胸片和电测听，不通过监测或者人员不健康时，需要整改，还需要复测和调岗，比较麻烦，费钱又费力。如果改成水磨，就不存在粉尘危害，只有噪声，并且噪声小，很容易就通过了，省钱省力，但是机器本身的成本高。机器高级了，安全评价好做，职业卫生也好做。机器老旧,安全评价不好做,职业病防治更得花大力气。

(二)职业健康管理措施

1.职业危害因素

(1)职业危害因素定义

职业危害因素是在生产过程中、劳动过程中、作业环境中存在的危害从业人员健康的因素,称为职业性危害因素。

(2)职业性危害因素分类

职业性危害因素按其性质,可分为以下环境因素(物理因素、化学因素和生物因素)、与职业有关的其他因素。

①物理因素

物理因素是生产环境的主要构成要素。不良的物理因素,或异常的气象条件如高温、低温、噪声、振动、高低气压、非电离辐射(可见光、紫外线、红外线、射频辐射、激光等)与电离辐射(如 X 射线、γ 射线)等,这些都会对人产生危害。

②化学因素

化学因素是生产过程中使用和接触到的原料、中间产品、成品及这些物质在生产过程中产生的废气、废水和废渣等都会对人体产生危害,也称为工业毒物。毒物以粉尘、烟尘、雾气、蒸气或气体的形态遍布于生产作业场所的不同地点和空间,接触毒物可对人产生刺激或使人产生过敏反应,还可能引起中毒。

③生物因素

生物因素是生产过程中使用的原料、辅料及在作业环境中都可能存在某些致病微生物和寄生虫,如炭疽杆菌、霉菌、布氏杆菌、森林脑炎病毒和真菌等。

④与职业有关的其他因素

与职业有关的其他因素如劳动组织和作息制度的不合理,工作的紧张程度等;个人生活习惯的不良,如过度饮酒、缺乏锻炼等;劳动负荷过重,长时间的单调作业、夜班作业,动作和体位的不合理等都会对人产生影响。

⑤其他因素

其他因素主要有社会经济因素,如国家的经济发展速度、国民的文化教育程度、生态环境、管理水平等都会对企业的安全,卫生的投入和管理带来影响。另外,如职业卫生法制的健全、职业卫生服务和管理系统化,对于控制职业危害的发生和减少作业人员的职业伤害,也是十分重要的。

2. 职业病的概念及分类

（1）概念

职业病是指劳动者在职业活动中,接触粉尘、放射性物质和其他有毒有害物质等因素而引起的疾病。如在职业活动中,接触杯可引致铍肺;氟可致氟骨症;氯乙烯可引起肢端溶骨症;焦油沥青可引起皮肤黑变病等。

（2）分类

2023 年 12 月 23 日国家卫生计生委、人力资源社会保障部、安全监管总局、全国总工会 4 部门联合印发《职业病分类和目录》(国卫疾控发〔2023〕48 号),包括:

①职业性尘肺病及其他呼吸系统疾病:尘肺病 13 种,其他呼吸系统疾病 6 种;

②职业性皮肤病 9 种;

③职业性眼病 3 种;

④职业性耳鼻喉口腔疾病 4 种;

⑤职业性化学中毒 60 种;

⑥物理因素所致职业病 7 种;

⑦职业性放射性疾病 11 种;

⑧职业性传染病 5 种;

⑨职业性肿瘤 11 种;

⑩其他职业病 3 种。

（3）生产性粉尘

生产性粉尘是指在生产过程中形成,并能长时间悬浮在空气中的固体微粒。生产性粉尘来源于固体物质的机械加工、物质蒸气冷凝、物质的不完全燃烧等。在我国分布较广,且对职业人群健康影响较大的生产性粉尘主要有:矽尘、煤尘、石棉尘。

（4）粉尘引起的职业危害

粉尘引起的职业危害有全身中毒性、局部刺激性、变态反应性、致癌性、尘肺。其中以尘肺的危害最为严重。尘肺是目前我国工业生产中最严重的职业危害之一。

（5）生产性毒物的概念

生产过程中生产或使用的有毒物质称为生产性毒物。生产性毒物在生产过程中,可以在原料、辅助材料、夹杂物、半成品、成品、废气、废液及废渣中存在,其形态包括固体、液体、气体。如氯、溴、氨、一氧化碳、甲烷以气体形式存在,电焊时产生的电焊烟尘、水银蒸气、苯蒸气,还有悬浮于空气中的粉尘、烟和雾等。

（6）常见的职业中毒类型

①金属及类金属中毒；

②有机溶剂中毒；

③刺激性气体中毒；

④窒息性气体中毒；

⑤苯的氨基和硝基化合物中毒；

⑥高分子化合物中毒；

⑦农药中毒。

（7）物理性职业危害因素及所致职业病

作业场所存在的物理职业危害因素包括气象条件（气温、气湿、气流、气压）、噪声、振动、电磁辐射等，所致职业病有：

①噪声及噪声聋；

②振动及振动病；

③电磁辐射及所致的职业病。

（8）异常气象条件及有关职业病

异常气象条件指高温作业、高温强热辐射、高温高湿；其他异常气象条件指低温作业、低气压作业等。

异常气象条件引起的职业病列入国家职业病目录的有以下3种：中暑、减压病（急性减压病主要发生在潜水作业后）、高原病（是发生于高原低氧环境下的一种特发性疾病）。

（9）职业性致癌物的分类

与职业有关的能引起肿瘤的因素称为职业性致癌因素。由职业性致癌因素所致的癌症，称为职业癌。引起职业癌的物质称为职业性致癌物。职业性致癌物可分为3类：

①确认致癌物，如炼焦油、芳香胺、石棉、铬、芥子气、氯甲甲醚、氯乙烯和放射性物质等；

②可疑致癌物，如铜、铜、铁和亚硝胺等，但尚未经流行病学调查证实；

③潜在致癌物，这类物质在动物实验中已获阳性结果，有致癌性，如铬、锌、铅。

（10）职业癌

我国已将石棉、联苯胺、苯、氯甲醚、砷、氯乙烯、焦炉逸散物、铬酸盐等8种职业性致癌物所致的癌症列入职业病名单。

（11）生物因素所致职业病

我国将炭疽、森林脑炎、布氏杆菌病列为法定职业病。

（12）其他列入职业病目录的职业性疾病

职业性皮肤病、化学性眼部灼伤、铬鼻病、牙酸蚀症、金属烟尘热、职业性哮喘、职业性变态反应性肺泡炎、棉尘病、煤矿井下工人滑囊炎等均列入职业病目录。

（13）与职业有关的疾病

与职业有关的疾病主要是指在职业人群中，由多种因素引起的疾病，它的发生与职业因素有关，但又不是唯一的发病因素。非职业因素也可引起发病，是未列入职业病目录的一些与职业因素有关的疾病，如搬运工、铸造工、长途汽车司机、炉前工及电焊工等因不良工作姿势所致的腰背痛；长期固定姿势，长期低头，长期伏案工作所致的颈肩痛；长期吸入刺激性气体、粉尘而引起的慢性支气管炎。

其他如一些单调作业引起的疲劳、精神抑制、缺勤增加等；夜班作业导致的失眠、消化不良，又称为"轮班劳动不适应综合征"；还有些脑力劳动，精神压力大、紧张可引起心血管系统的改变等。某些工作的压力大或责任重大引起的心理压力增加等也会对人体带来影响变化。

（14）女工的职业卫生问题

妇女由于生理特点，在职业性危害因素的影响下，生殖器官和生殖功能易受到影响，且可以通过妊娠、哺乳而影响胎儿、婴儿的健康和发育成长，关系到未来的人口素质。在一般体力劳动过程中，突出的有强制体位（长立、长坐）和重体力劳动的负重作业两方面问题。我国目前规定，成年妇女禁忌参加连续负重，禁忌每次负重质量超过20千克，间断负重每次质量超过25千克的作业。

许多毒物、物理性因素以及劳动生理因素可对女工健康造成危害，常见的有铅、汞、锰、铬、苯、甲苯、二甲苯、二硫化碳、氯丁二烯、苯乙烯、己内酰胺、汽油、氯仿、二甲基甲酰胺、三硝基甲苯、强烈噪声、全身振动、电离辐射、低温和重体力劳动等，这些可引起月经变化或具有生殖毒性。

3.导致职业病发生的因素

职业病的发生常与生产过程和作业环境有关，但环境危害因素对人的危害程度，还受个体的特性差异的影响。在同一职业危害的作业环境中，由于个体特征的差异，每个人所受的影响可能有所不同。这些个体特征包括性别、年龄、健康状态和营养状况等。职业病的发病过程，还取决于以下3个主要条件：

①有害因素的本身的性质；

②有害因素作用于人体的量；

③个体易感性。

4.劳动防护用品

（1）劳动防护用品定义

劳动防护用品是指由生产经营单位为从业人员配备的，使其在劳动过程中免遭或者减轻事故伤害及职业危害的个人防护装备。使用劳动防护用品，是保障从业人员人身安全与健康的重要措施，也是保障生产经营单位安全生产的基础。

（2）劳动防护用品按防护性能分类

劳动防护用品分为一般劳动防护用品和特种劳动防护用品两大类。一般劳动防护用品如一般的工作服、手套等。特种劳动防护用品分为以下6类：

①头部护具类；

②呼吸护具类；

③眼（面）护具类；

④防护服类；

⑤防护鞋类；

⑥防坠落护具类。

（3）劳动防护用品按防护部位分类

①头部防护用品

头部防护用品是为防御头部不受外来物体打击和其他因素危害配备的个人防护装备，如一般防护帽、防尘帽、防水帽、安全帽、防寒帽、防静电帽、防高温帽、防电磁辐射帽、防昆虫帽等。

②呼吸器官防护用品

呼吸器官防护用品是为防御有害气体、蒸气、粉尘、烟、雾由呼吸道吸入，或直接向使用者供氧或清净空气，保证尘、毒污染或缺氧环境中作业人员正常呼吸的防护用具，如防尘口罩（面具）、防毒口罩（面具）等。

③眼面部防护用品

眼面部防护用品是预防烟雾、尘粒、金属火花和飞屑、热、电磁辐射、激光、化学飞溅等伤害眼睛或面部的个人防护用品，如焊接护目镜和面罩、例括护目镜和面具以及防冲击眼护具等。

④听觉器官防护用品

听觉器官防护用品是能够防止过量的声能侵入外耳道，使人耳避免噪声的过度刺激，减少听力损失，预防由噪声对人身引起的不良影响的劳动防护用品，如耳塞、耳罩、防噪声头盔等。

⑤手部防护用品

手部防护用品是保护手和手臂,供作业者劳动时戴用的手套(劳动防护手套),如一般防护手套、防水手套、防寒手套、防毒手套、防静电手套、防高温手套、防X射线手套、耐酸碱手套、防油手套、防震手套、防切割手套、绝缘手套等。

⑥足部防护用品

足部防护用品是防止生产过程中有害物质和能量损伤劳动者足部的护具,通常被称为劳动防护鞋,如防尘鞋、防水鞋、防寒鞋、防静电鞋、防高温鞋、耐酸碱鞋、防油鞋、防烫脚鞋、防滑鞋、防刺穿鞋、电绝缘鞋、防震鞋等。

⑦躯干防护用品

躯干防护用品即通常讲的防护服,如一般防护服、防水服、防寒服、防砸背心、防毒服、阻燃服、防静电服、防高温服、防电磁辐射服、耐酸碱服、防油服、水上救生衣、防昆虫服、防风沙服等。

⑧护肤用品

护肤用品指用于防止皮肤(主要是面、手等外露部分)免受化学、物理等因素的危害的用品,如防毒、防腐、防射线、防油漆的护肤品等。

(4)劳动防护用品按用途分类

劳动防护用品按防止伤亡事故的用途可分为:防坠落用品、防冲击用品、防触电用品、防机械外伤用品、耐酸碱用品、耐油用品、防水用品、防寒用品。

劳动防护用品按预防职业病的用途可分为:防尘用品、防毒用品、防噪声用品、防振动用品、防辐射用品、防高低温用品等。

(5)劳动防护用品的配备要求

《安全生产法》第四十五条规定:"生产经营单位必须为从业人员提供符合国家标准或者行业标准的劳动防护用品,并监督、教育从业人员按照使用规则佩戴、使用。"

《职业病防治法》第二十二条规定:"用人单位必须采用有效的职业病防护设施,并为劳动者提供个人使用的职业病防护用品。"

(6)选用原则

正确选用优质的防护用品是保证劳动者安全与健康的前提,劳动防护用品选用的基本原则是:

①根据国家标准、行业标准或地方标准选用;

②根据生产作业环境、劳动强度以及生产岗位接触有害因素的存在形式、性质、浓度(或强度)和防护用品的防护性能进行选用;

③穿戴要舒适方便,不影响工作。

(7)使用劳动防护用品的基本要求

①劳动防护用品使用前应先做外观检查。检查的目的是确认防护用品对危险有害因素防护效能的程度。检查的内容包括外观有无缺陷或损坏,各部件组装是否严密,启动是否灵活等。

②劳动防护用品的使用必须在其性能范围内,不得超极限使用;不得使用未经国家指定、未经监测部门认可(国家标准)和检测还达不到标准的产品;不得使用无安全标志的特种劳动防护用品;不能随便代替,更不能以次充好。

③严格按照使用说明书正确使用劳动防护用品。

第四节 现场作业管理

为保证公司生产经营、业务活动过程中安全生产,需对公司生产区域进行现场作业管理。

一、港口作业的特性

由于港口作业(图3-25)流动分散、操作复杂、劳动密集、露天作业、人机交叉、昼夜连续作业的性质,形成了港口安全作业的4个特性:操作工艺的复杂性,操作过程的多变性,作业方式的动态性以及生产事故的多发性。

(a)

(b)

图3-25 港口作业现场图

(一)操作工艺复杂性

港口作业是一个由人、机、货、船、环境等要素组成的相互交叉、错综复杂的大系统。具体表现如下:

(1)人员素质水平参差不齐,作业方式各异;

(2)港口机械、货物、船的种类较多,且有各自的安全操作规程;

(3)环境不稳定,错综复杂。

(二)操作过程的多变性

港口装卸作业以船为代表,往往在一艘货船甚至一条作业线的装卸货过程中,都会同时交叉或交换几个操作过程。

(三)作业方式的动态性

(1)港口作业基本上是以拖车、铲车、吊机等大型流动、固定机械为主要工具进行的,且一般是连续作业。

(2)港口作业一般要辅之以人力的群体劳动,并且通常要进行 24 小时为 1 班的 3 班连续作业和货物的空间位移。

(四)生产事故的多发性

由于港口作业的复杂性和连续性,使港口作业的事故具有多发性、随机性和严重性的特点。

据日本的事故统计分析,日本港口装卸作业中工伤事故的伤亡率仅次于矿业和林业部门。根据我国沿海港口近年来工伤事故的统计分析,工伤死亡率为0.1‰,重伤率为 0.33‰。由此说明港口装卸行业是危险性较大、事故率偏高的行业。

二、调度管理

港口调度工作是港口企业有效组织实施其生产过程的大脑和中枢。

港口生产组织是从接待船舶开始,经过船舶装卸,再到送走船舶结束的一个生产周期。船舶连续不断地到达,经过装卸后离去,因此港口生产是一个周期接一个周期地进行下去。其生产过程组织就是研究船舶到达后在港口装卸作业,使货物在不同运输方式之间完成换装的组织过程。

港口生产的组织实质是通过人的思维对各种生产要素进行合理的组合的过程。所谓合理的组合就是根据一定的组织原理进行统筹安排,使港口各环节的能力与船舶流、货物流在空间上、时间上、经济上得到统一。港口调度就是保证港口企业生产计划组织实施而进行的一系列部署和指挥、检查和督促、协调和平衡的总称。

港口调度根据调度对象的不同可划分为船舶调度、堆场调度、装卸作业机械及人员调度、集疏运工具调度等 5 部分。下面主要介绍其中船舶调度、工作场调度的主要任务以及装卸调度的"中央控制室"指挥模式。

（一）船舶调度

在港口的物流体系中，船舶调度应当占据很关键的地位。这是由于船舶调度直接关系到整个港口的通行状况，同时也决定着良好的港口形象。通过运用船舶调度的方式，应当能确保各个时间段的船舶顺利航行，在此前提下有效配置港口的资源。从现状来看，各地港口对于水运条件都要进行充分利用，在调度过程中密切结合船舶靠岸、船舶离岸与船舶移动等各项关键环节。做好全过程的船舶调度，有利于保证良好的周转率并且加快装卸货物速度，进而提升港口物流的综合效益。

1. 船舶调度重要性

如何进行离岸与靠岸的船舶调度，这项工作构成了港口物流的核心。港口物流的顺利运行不能缺少船舶调度作为保障。落实船舶调度的相关工作，有利于加快港口的船舶周转，对于船舶的船期也可以提供充分保障。与此同时，做好港口内部的船舶调度也有助于提高装卸货物的效率，进而缩短了装卸货物消耗的时间。近年来，随着港口经济的迅速进步与发展，港口物流体系中的船舶调度受到了更多的关注。对于现阶段的船舶调度而言，基本宗旨就在于加快周转速度并且减少调度成本，进而为港口提供优良的船舶航行条件。因此有关部门如果要致力于加快港口的建设速度并且提升港口吞吐量，那么前提与关键应当落实于船舶调度。具体在装卸货物以及指挥船舶的过程中，负责调度的部门及其人员都应当因地制宜，确保运用适当的手段和措施来完善港口调度操作。港口物流不能缺少良好的船舶调度作为支撑，建立于船舶调度基础上的港口物流有利于提升综合效益，对于船期也进行了相应的缩短。

2. 探求完善措施

（1）提升港口的服务层次

对于港口物流而言，调度部门的基本职责在于组织各项货物的装卸操作，对于靠岸或者离岸的船舶做好相应的调度与服务。由此可见，调度部门在整个港口服务中占据了很关键的地位，同时也构成了纽带与桥梁。在港口的各项调度工作与生产工作中，船舶调度具有较高的重要程度。作为负责调度船舶的人员，本身应当熟悉港口的基本状况以及调度作业流程，在此基础上还应当密切结合货物性质、生产作业的现状以及港口吞吐量等各项要素。由此可见，作为船舶调度的负责人员应当具备更高层次的服务意识,确保为港口船舶提供优质的调度服务。具体来讲,船舶调度应当体现明确的规划性,确保推行高效、安全与优质的调度工作。

例如,负责船舶调度的工作人员应当熟悉现行的工作规范,对于港口泊位及其他要素都应当予以密切关注。相比于其他领域的调度工作,港口船舶调度具有较强的复杂性特征,在此过程中应当 密切结合船舶吃水、船舶载重量、船舶性能及长度等要素。

此外,船舶调度还应当体现预控性与前瞻性的特征,这种措施是为适应现阶段复杂的船舶调度现状。

(2)提升指挥能力与调度能力

近些年来,船舶调度的相关工作流程变得更加复杂,在这其中涉及较多的专业领域。为了有序完成各个流程的船舶调度,调度人员就应当具备更强的调度能力以及船舶指挥能力。在建设专业化码头的实践中,港口船舶的类型将会变得更丰富,而与之相应的货物运输品种也在不断增加。为适应现阶段的新形势,负责调度工作的责任人员应当致力于提升自身的综合素养,对于现行的船舶调度制度进行全面的掌握。同时,调度工作人员还要把专业原理与船舶调度的实践密切结合在一起,对于日常工作涉及的各种经验进行及时的总结。只有不断致力于提升自身的服务水准,调度工作人员才能具备更强的指挥能力与综合调度能力。

(3)妥善处理应急状况

在完善船舶调度的全过程中,对于各种类型的突发事件都应当能妥善应对,在此基础上提升处置突发事件的综合能力。受到当地自然状况、水文与气候等很多要素影响,船舶调度很可能遇到某些突然的变化,如灾害天气或者大风天气给船舶航行带来的强烈干扰。面对各种类型的状况,船舶调度部门都要密切关注实时性的变化,从而选择针对性的调整措施。现阶段的船舶调度与物流工作应当具备更高的前瞻性,确保预先控制各项要素,进而提高港口物流与船舶调度的应急处置能力。

(二)堆场调度的主要任务

(1)满足船舶稳性、吃水差、负荷强度、剪切强度等技术规范,保证船舶的安全航行。

(2)满足不同货物的装运要求,保证货物运输的安全质量。

(3)充分利用船舶的运输能力,提高船舶的箱位利用率。

（4）合理安排堆场进箱计划，减少翻箱倒箱，提高堆场的利用率。

（5）有效组织码头装船作业，提高生产作业效率。

（6）码头装船作业签证的原始依据和吞吐量的统计资料等。

（三）装卸调度的"中央控制室"指挥模式

在流程作业的条件下，我国一些大型干散货码头改变作业调度指挥模式，开始使用原集装箱码头才采用的"中央控制室"指挥模式。采用中央控制室指挥码头现场装卸作业，至少需要以下条件。

1.作业系统流程化

实施中央控制室指挥模式，码头的作业系统必须已实现流程化，以标准化的工艺、机械设备系统和人员配置组织标准化的作业流程。

2.作业监控直观化

一些大型干散货码头在作业现场安装了许多监控摄像头，在中央控制室设置大屏幕，与现场监控摄像头联网。这样，在中央控制室就可以直观监控现场作业情况，直接掌握和调控，通过监控设备，直观了解中央控制室采取作业调控措施的结果。

3.作业控制实时化

原生产调度方式是"事先计划，人为调节"，每工班装卸作业安排按计划进行，但在码头装卸作业的各个环节和各个时间点，都有现场管理人员（调度员、单船指导员、装卸队长等）进行作业具体组织和管理，可以根据实际情况对各类资源（设备、场地、劳动力等）进行随机的调整，通常无法进行集中的控制，计划的干预是滞后的。

中央控制室指挥模式可以将作业控制实时化，实现"事先计划，实时控制"。在中央控制室指挥模式下，在作业前，调度会议按调度计划配置当班作业的各类资源（人员、机械设备、场地、泊位）；在作业过程中，中央控制室可通过无线通信设备和现场监控设备直接掌握作业情况和突发事件，进行实时控制和调整。所以在中央控制室指挥模式下，现场一线各类人员的作用在下降，现场的管理更加合理、科学。

三、工作安全分析

工作安全分析（Job Safety Analysis，JSA）是指事先或定期对某项工作任务进行风险评价，并根据评价结果制定和实施相应的控制措施，达到最大限度消除或控制风险目的的方法。

JSA 应用于下列作业活动：

(1)新的作业；

(2)非常规性(临时)的作业；

(3)承包商作业；

(4)改变现有的作业；

(5)评估现有的作业。

如以上所述,JSA 过程本身也是一个培训过程。

JSA 步骤如下。

(1)基层单位负责人指定 JSA 小组组长,组长选择熟悉 JSA 方法的管理、技术、安全、操作人员组成 JSA 小组。小组成员应了解工作任务及所在区域环境、设备和相关的操作规程。

(2)JSA 小组审查工作计划安排,分解工作任务,搜集相关信息,实地考察工作现场,核查以下内容：

①以前此项工作任务中出现的健康、安全、环境问题和事故；

②工作中是否使用新设备；

③工作环境、空间、光线、空气流动、出口和入口等；

④实施此项工作任务的关键环节；

⑤实施此项工作任务的人员是否有足够的知识技能；

⑥是否需要作业许可及作业许可的类型；

⑦是否有严重影响本工作安全的交叉作业；

(3)JSA 小组识别该工作任务关键环节的危害及影响,并填写 JSA 表。识别危害时应充分考虑人员、设备、材料、环境、方法五个方面和正常、异常、紧急三种状态。

(4)对存在潜在危害的关键活动或重要步骤进行风险评价。根据判别标准确定初始风险等级和风险是否可接受。风险评价宜选择半定量风险矩阵法或 LEC 法。

(5)JSA 小组应针对识别出的每个风险制定控制措施,将风险降低到可接受的范围。在选择风险控制措施时,应考虑控制措施的优先顺序。该过程宜参照风险控制措施优先顺序示意图,如图 3-26 所示。

(6)制定出所有风险的控制措施后,还应确定以下问题：

①是否全面有效地制定了所有的控制措施；

②对实施该项工作的人员还需要提出什么要求；

③风险是否能得到有效控制。

表 3-31   JSA 表

记录编号：   日期：

单位			JSA 组长		分析人员	

工作任务简述：

□新工作任务   □已做过工作任务   □交叉作业   □承包商作业   □相关操作规程   □
许可证   □特种作业人员资质证明

工作步骤	危害描述	后果及影响人员	风险评价				有控制措施	建议改进措施	残余风险是否可接受
			暴露频率	可能性	严重度	风险值			

（7）在控制措施实施后，如果每个风险在可接受范围之内，并得到 JSA 小组成员的一致同意，方可进行作业前准备。

作业任务完成后，作业人员应进行总结，若发现 JSA 过程中的缺陷和不足，及时向 JSA 小组反馈。如果作业过程中出现新的隐患或发生未遂事件和事故，小组应审查 JSA，重新进行 JSA。

由作业负责人填写 JSA 跟踪评价表（表 3-32），判断作业人员对作业任务的完成程度。

7.个人防护（personal protedive equipmet,PPE）适用充分的PPE，是否适合工作
任务
(1)安全带
(2)呼吸保护装备
(3)化学防护服/手套
(4)护目镜
(5)面具

6.减少员工接触时间
限制接触风险的员工数目，控制他们的接触时间
(1)在低活动阶段进行危险性工作，如晚上/周末
(2)合理设计工作场
(3)工作岗位轮换
(4)实行倒班制度

5.程序
是否可以用来规定安全工作系统，降低风险
(1)工作许可
(2)操作规程
(3)风险评价/工作安全分析
(4)工艺流程图
(5)检查单

4.隔离
能否用距离/屏障/护栏防止员工接触危险
(1)进入控制
(2)距离
(3)时间
(4)工程控制

3.降低
是否使用设施降低风险
(1)局部废气通风
(2)防护栏/罩
(3)隔离
(4)照明
(5)密闭

2.替代
是否可用其他低危险的材料、设备等替代风险较高的材料、设备

1.消除
工作任务必须做吗？用其他安全的新的技术手段取代危险的操作

管理控

工程控

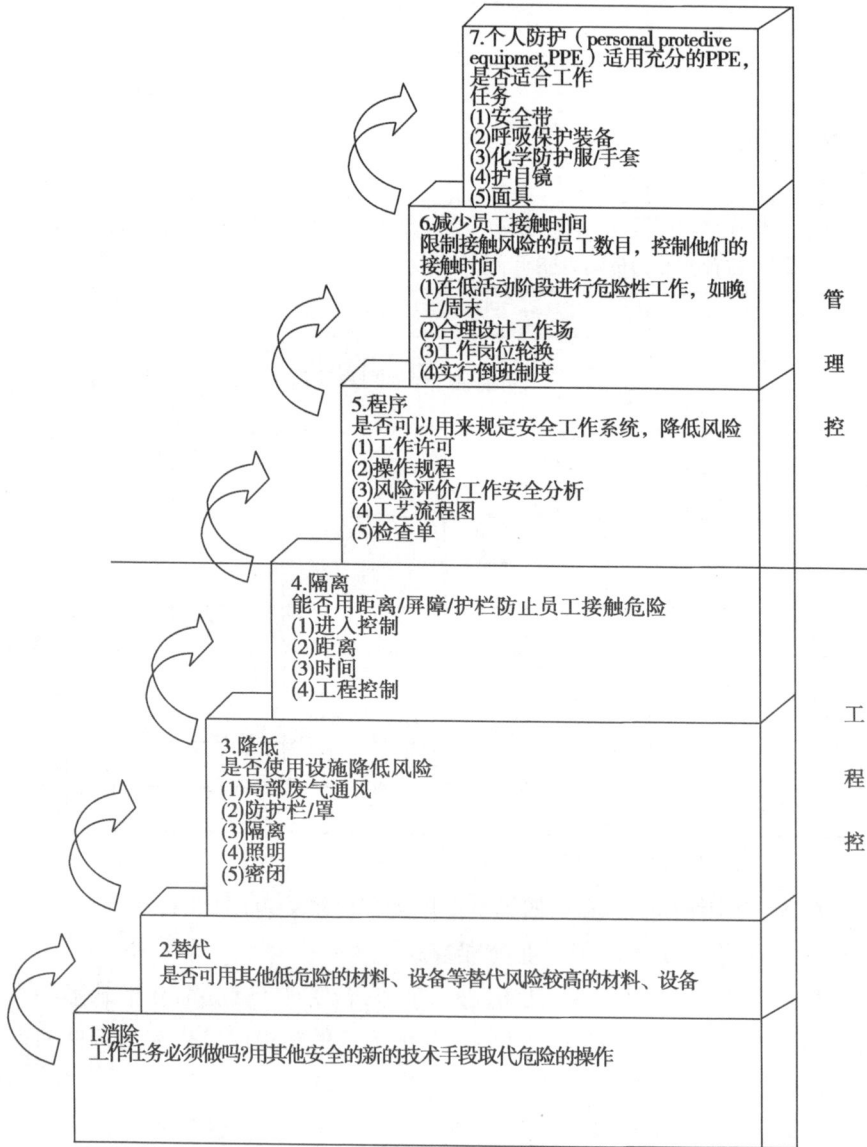

图3-26　风险控制措施优先顺序示意图

表 3-32　JSA 跟踪评价表

日期:	
问题 1:员工对工作任务的理解程度:	
1. 对工作任务不理解(1 分) 2. 对工作任务部分理解(2 分) 3. 对工作任务有一定的理解,知道能够干什么(3 分) 4. 充分理解自己在工作任务中的活动,可能对整个工作任务的理解不太充分(4 分) 5. 充分详细地理解整个工作任务(5 分)	分数
问题 2:员工认为有哪些危险:(A)对自己 (B)对他人　(C)对环境	
A	
B	
C	
1. 不了解危险(1 分) 2. 部分了解危险(2 分) 3. 对危险有一定的理解,知道能够干什么(3 分) 4. 充分理解自己在工作任务中的危险,可能对整个工作任务危险的理解不太充分(4 分) 5. 充分详细地理解全部危险(5 分)	分数
问题 3:员工对控制措施的理解程度,可以保护:(A)自己 (B)他人(C)环境。	
A	
B	
C	
1. 对控制措施不理解(1 分) 2. 对控制措施部分理解(2 分) 3. 对控制措施有一定的理解,知道能够干什么(3 分) 4. 全面理解自己在工作任务中的控制措施,可能对整个工作任务的控制措施理解不太充分(4 分) 5. 充分详细地理解所有的控制措施(5 分)	分数
改进建议:	总分

注:每项 3 分以上,则员工完成该工作的 JSA 过程。对不足 3 分的项目,要进行培训。

第四章 应急管理

第一节 应急管理概述

一、应急管理基本知识

1.应急管理的定义

应急管理是指政府及其他公共机构在突发事件的事前预防、事发应对、事中处置和善后管理过程中,通过建立必要的应对机制,采取一系列必要措施,保障公众生命财产安全,促进社会和谐健康发展的活动。

应急管理是对突发事件的全过程管理,根据突发事件的预防、预警、发生和善后4个发展阶段,应急管理可分为预防与应急准备、监测与预警、应急处置与救援、事后恢复与重建4个过程。应急管理又是一个动态管理,包括预防、预警、响应和恢复4个阶段,均体现在管理突发事件的各个阶段。应急管理还是个完整的系统工程,可以概括为"一案三制",即突发事件应急预案,应急机制、体制和法制。

二、我国应急管理的发展

我国自古以来便形成了"居安思危,思则有备,有备无患""安不忘危,预防为主"等丰富的应急文化。

自中华人民共和国成立以来,我国应急管理工作所应对的范围逐渐扩大,由以自然灾害为主逐渐扩大到自然灾害、事故灾难、公共卫生事件和社会安全事件等方面,应急管理系统从专业部门应对单一灾害逐步发展到综合协调的应急管理,其发展历程大致可分为以下4个阶段。

1.中华人民共和国成立之初到改革开放之前的单项应对模式

在"一元化"领导体制下,建立了中国地震局、中华人民共和国水利部、中华人民共和国林业部、国家气象中心、愿国家海洋局等专业性防灾减灾机构,一些机构又设置若干二级机构以及成立了救援队伍,形成了各部门独立负责各自管辖的灾害预防和抢险救灾的分散管理、单项应对模式。在该时期我国政府对洪水、地震等自然灾害的预防与应对尤为重视，但相关组织机构职能与权限划分不清晰，在应对突发事件时，实行党政双重领导，应急响应过程往往是自上而下传递计划指令被动式应对突发事件。

2. 改革开放之初到 2003 年"非典①"事件的分散协调、临时响应模式

在该时期，政府应急力量分散，表现为"单灾种"的应急多，"综合性"的应急少，处置各类突发事件的部门多，但大多"各自为政"。为了提高政府应对各种灾害和危机的能力，我国政府于 1989 年 4 月成立了愿中国"国际减灾十年"委员会，后于 2000 年 10 月更名为中国国际减灾委员会。1999 年，建立了一个统一的社会应急联动中心，将公安、交警、消防、急救、防洪、护林防火、防震、人民防空等政府部门纳入统一的指挥调度系统。2002 年 5 月广西南宁市社会应急联动系统正式建立标志着"应急资源整合"的思想落地。在此阶段，当重特大事件发生时，通常成立一个临时性协调机构以开展应急管理工作，但在跨部门协调时工作量很大，效果不好。这种分散协调、临时响应的应急管理模式一直延续到 2003 年"非典"事件暴发前。

3. 2003 年"非典"事件后至 2018 年初的综合协调应急管理模式

2003 年春，我国经历了一场由"非典"引发的从公共卫生到社会、经济、生活全方位的突发公共事件。应急管理工作受到政府和公众的高度重视，全面加强应急管理工作开始起步。2005 年 4 月，中国国际减灾委员会更名为国家减灾委员会，标志着我国探索建立综合性应急管理体制。2006 年 4 月国务院办公厅设置国务院应急管理办公室(国务院总值班室)，履行值守应急、信息汇总和综合协调职能，发挥运转枢纽作用。这是我国应急管理体制的重要转折点，是综合性应急体制形成的主要标志。同时，处理信访突出问题及群体性事件联席会议等统筹协调机制不断加强，国家防汛抗旱总指挥部、国家森林防火指挥部、国务院抗震救灾指挥部、国家减灾委员会、国务院安全生产委员会、国务院食品安全委员会等议事协调机构的职能不断完善，专项和地方应急管理机构得到充实。国务院有关部门和县级以上人民政府普遍成立了应急管理领导机构和办事机构，防汛抗旱、抗震救灾、森林防火、安全生产、公共卫生、公安、反恐怖、海上搜救和核事故应急等专项应急指挥进一步得到完善，解放军和武警部队应急管理的组织体系得到加强，形成了"国家建立统一领导、综合协调、分类管理、分

① 重症急性呼吸综合征(SARS)为一种由 SARS 冠状病毒(SARS-CoV)引起的急性呼吸道传染病，世界卫生组织(WHO)将其命名为重症急性呼吸综合征。

级负责、属地管理为主的应急管理体制"的格局。这种综合协调应急管理模式应对了 5·12 汶川地震、4·14 玉树地震、甘肃舟曲特大山洪泥石流灾害、山西王家岭煤矿透水事故、4·20 雅安地震等一系列重特大突发事件,但也暴露出应急主体错位、关系不顺、机制不畅等一系列结构性缺陷,而这需要通过顶层设计和模式重构完善新形势下的应急管理体系。

(4)2018 年初以来综合应急管理模式

2018 年 4 月我国成立应急管理部,将各部的应急管理相关职能进行整合,以防范化解重特大安全风险,健全公共安全体系,整合优化应急力量和资源,打造统一指挥、专常兼备、反应灵敏、上下联动、平战结合的中国特色应急管理体制。

纵观我国应急管理工作发展历程,从单项应对发展到综合协调,再发展到综合应急管理模式,我国应急管理工作理念发生了重大变革,从被动应对到主动应对,从专项应对到综合应对,从应急救援到风险管理。当前我国应急管理工作更加注重风险管理,坚持预防为主,更加注重综合减灾,统筹应急资源。现代社会风险无处不在,应急管理工作成为我国公共安全领域国家治理体系和治理能力的重要构成部分,明确了应急管理由应急处置向防灾减灾和应急准备为核心的重大转变。这个变革将有利于进一步推动安全风险的源头治理,从根本上保障人民群众的生命财产安全。

三、国外应急管理工作

我国应急管理体系的建设起步相对较晚,尤其是针对综合性灾害的应急管理体系更是如此。这就需要参考国外比较成熟、完善的应急管理体系。美国、日本、澳大利亚和加拿大等国,都已经建立起一套有针对性的应急管理体系和具体做法,形成了特色鲜明的应急体制与机制。其中,日本作为一个地震灾害频繁的国家,在地震应急方面就比较成熟,其理论和具体做法值得我国借鉴。

(一)美国的应急管理体系

美国是当今世界上应急管理体系建设得比较完备的国家之一,不断完善的体制、机制和法制建设使其应对突发事件的能力越来越强。美国在应急管理方面的具体做法包括以下方面。

1. 不断在灾害中完善组织结构

1979 年前,美国的应急管理也和其他国家一样,属于各个部分和地区各自为战的状态,直到 1979 年,当时的卡特总统发布 12127 号行政命令,将原来分散的紧急事态管理机构集中起来,成立了联邦应急管理局(Federal Emergency Management Agency, FEMA),专门负责突发事件应急管理过程中的机构协调工作,其局长直接对总统负责。我们认为,联邦应急管理局的成立标志着美国现代应急管理机制正式建立,同时也是世界现代应急管理的一个标志。

2001年发生在纽约的9·11事件引起了美国各界对国家公共安全体制的深刻反思,它同时诱发了多个问题,使政府饱受各方指责:多头管理带来的管理不力,情报工作失误,反恐技术和手段落后……为了有效解决这些问题,愿布什政府于2003年3月1日组建了国土安全部,将22个联邦部门并入,FEMA成为紧急事态准备与应对司下属的第三级机构。两年后,美国南部墨西哥湾沿岸遭受"卡特里娜飓风"袭击,由于组织协调不力,致使受灾最严重的新奥尔良市沦为"人间地狱",死亡数千人,直到今天在新奥尔良生活的人口还没有达到灾前的一半。在这个事件后,国土安全部吸取教训,进行了应急功能的重新设计,机构在2007年10月加利福尼亚州发生的森林大火中获得重生,高效地解决了加州50多万人的疏散问题。

美国的其他专业应急组织还有疾病预防与控制中心,在应急管理中也发挥着重要作用。他们已经拥有一支强有力的机动队伍和运行高效的规程,在突发公共事件中有权采取及时有效的措施。

从以上应急机构演变的过程可以看到,美国的应急管理组织体系在经验和教训中不断成熟,逐渐走向完善。

2. 健全应急法制体系

1976年实施的美国《紧急状态管理法》详细规定了全国紧急状态的过程、期限以及紧急状态下总统的权力,并对政府和其他公共部门(如警察、消防、气象、医疗和军方等)的职责做了具体的规范。此后,又推出了针对不同行业、不同领域的应对突发事件的专项实施细则,包括地震、洪灾、建筑物安全等。1959年的《灾害救济法》几经修改后确立了联邦政府的救援范围及减灾、预防、应急管理和恢复重建的相关问题。9·11事件后,美国对紧急状态应对的相关法规又做了更加细致而周密的修订,使该体系成为一个相对全面的突发事件应急法制体系。

如今美国已形成了以国土安全部为中心,下分联邦、州、县、市、社区5个层次的应急和响应机构,通过实行统一管理,属地为主,分级响应,标准运行的机制,有效地应对各类突发的灾害事件。

(二)日本的防灾减灾机制

日本地处欧亚板块、菲律宾板块、太平洋板块交接处,处于太平洋环火山带,台风、地震、海啸、暴雨等各种灾害极为常见,是世界易遭自然灾害破坏的国家之一。在长期与灾难的对抗中,日本形成了一套较为完善的综合性防灾减灾应对机制。

1.完善的应急管理法律体系

作为全球较早制定灾害管理基本法的国家,日本的防灾减灾法律体系相当庞大。《灾害对策基本法》中明确规定了国家、中央政府、社会团体、全体公民等不同群体的防灾责任,除了这一基本法之外,还有各类防灾减灾法 50 余部,建立了围绕灾害周期而设置的法律体系,即基本法、灾害预防和防灾规划相关法、灾害应急法、灾后重建与恢复法、灾害管理组织法 5 个部分,使日本在应对自然灾害类突发事件时有法可依。

2.良好的应急教育和防灾演练

日本政府和国民极为重视应急教育工作,从中小学教育抓起,培养公民的防灾意识;将每年的 9 月 1 日定为"灾害管理日",8 月 30 日—9 月 5 日定为"灾害管理周",通过各种方式进行防灾宣传活动;政府和相关灾害管理组织机构协同进行全国范围内的大规模灾害演练,检验决策人员和组织的应急能力,使公众能训练有素地应对各类突发事件。

3.巨灾风险管理体系

日本经济发达,频发的地震又极易造成大规模经济损失。为了有效地应对灾害,转移风险,日本建立了由政府主导和财政支持的巨灾风险管理体系,政府为地震保险提供后备金和政府再保险。巨灾保险制度在应急管理中起到了重要作用,为灾民正常的生产生活和灾后恢复重建提供了保障。

4.严密的灾害救援体系

日本已建成了由消防、警察、自卫队和医疗机构组成的较为完善的灾害救援体系。消防机构是灾害救援的主要机构,同时负责收集、整理、发布灾害信息;警察的应对体制由情报应对体系和灾区现场活动两部分组成,主要包括灾区情报收集、传递、各种救灾抢险、灾区治安维持等;日本的自卫队属于国家行政机关,根据《灾害对策基本法》和《自卫队法》的规定,灾害发生时,自卫队长官可以根据实际情况向灾区派遣灾害救援部队,参与抗险救灾。

日本其他类型的人为事故灾害也在不断增加。例如,东京地铁沙林毒气事件就造成了 10 人死亡,75 人重伤,4 700 人受到不同程度的影响。如何完善应急管理机制,提高应急管理能力,迎接新形势下的新的危机和挑战,也成为日本未来应急管理工作的一项新任务。

(三)澳大利亚的应急管理

澳大利亚位于南半球的大洋洲,地广人稀,人口主要集中在悉尼这样的中心城市和沿海地区。在过去的几十年里,由于周围都是无边无际的大海,澳大利亚在战略上一直是一个处于低威胁的国家,其突发事件主要是自然灾害,如洪水、暴雨、热带风暴、森林大火等,相应的应急管理也带有自己的鲜明特色。

1.层次分明的应急管理体系

澳大利亚设立了一套3个层面、承担不同职责的政府应急管理体系。

(1)联邦政府层面

隶属于澳大利亚国防部的应急管理局(EMA)是联邦政府主要的应急管理部门,负责管理和协调全国性的紧急事件管理。

(2)在州和地区政府层面

已经有6个州和2个地区通过立法,建立委员会机构以及提升警务、消防、救护、应急服务、健康福利机构等各方面的能力来保护生命、财产和环境安全。

(3)社区层面

澳大利亚全国范围内约有700个社区,它们虽然不直接控制灾害响应机构,但在灾难预防、缓解以及为救灾进行协调等方面承担责任。

2.森林火灾防治

澳大利亚地处热带和亚热带地区,在干旱季节,气温高、湿度小、风大,森林植被以桉树为主,桉树含油脂多,特别易燃,一旦发生火灾,极易形成狂燃大火,并产生飞火,很难扑救,森林损失十分严重。针对这些情况,澳大利亚经多年试验研制出了以火灭火的办法,采取计划火烧措施防治森林火灾,并采用气象遥感、图像信息传输和计算机处理等技术,实现了实时、快速、准确地预测预报森林火灾。此外,社会民众还成立了森林防火站、"火灾管理委员会"(AFAC)等民间组织来应对火灾。

3.志愿者为特色的广泛社会参与

在澳大利亚,应急响应志愿者是抗灾的主力军,他们来自社区,服务社区,积极参与社区的减灾和备灾活动。州应急服务中心是志愿者抗灾组织中比较普遍的一种形式,他们帮助社区处理洪灾和暴雨等灾害,而且志愿者并不是业余的,他们都参加培训且达到职业标准,并能熟练操作各种复杂的救灾设备。

(四)加拿大的应急管理

加拿大大部分地区属于寒带,冬季时间长,40%的陆地为冰封冻土地区,蒙特利尔冬季的温度可至零下 30 摄氏度,主要的自然灾害是冬季的暴风雪。所以,加拿大的应急管理是"以雪为令"。

1. 重视地方部门作用的应急管理体系

加拿大自 1948 年成立联邦民防组织,到 1966 年,其工作范围已延伸到平时的应急救灾。1974 年,加拿大将民防和应急行动的优先程序倒过来。1988 年,加拿大成立应急准备局,使之成为一个独立的公共服务部门,执行和实施应急管理法。加拿大的应急管理体制分为联邦、省和市镇三级,实行分级管理。政府要求,任何紧急事件首先应由当地官方进行处置,如果需要协助,可再向省或地区紧急事件管理组织请求,如果事件不断升级以致超出了省或地区的资源能力,可再向加拿大政府寻求帮助。

2. 应对雪灾的全国协作机制

加拿大各级政府形成了一套针对雪灾的高效和系统的应急对策。清雪部门是常设机构,及时清理积雪,保障道路畅通,责任主要在各省市政府。其中,省政府负责辖区内高速路,市政府负责市内道路。据统计,加拿大全国每年清雪费用高达 10 亿加拿大元,各级政府也都有专门的年度清雪预算。加拿大清雪基本是机械化,每个城市都配有系统的清雪设备,为把暴风雪的影响降到最低,加拿大各省市特别注重调动全社会的配合和参与。加拿大环境部网站不仅每天分时段公布各地市详细的天气预报,还提供未来一周的每日天气预报,并及时发布暴风雪等极端天气警报;各省市设有免费的实时路况信息热线;电台和电视台一般是每隔半小时播报一次当地天气和路况情况;各省市也都把清雪的预算、作业程序和标准以及投诉电话等公布在其官方网站上,供公众监督。加拿大各省市还常常通过多种方式向公众介绍防范冰雪天气的知识和技巧,提高公众应对暴风雪的能力。

四、应急管理的原则和意义

(一)应急管理的原则

1. 以人为本,安全第一

把保障公众的生命安全和身体健康以及最大限度地预防和减少突发事件造成的人员伤亡作为首要任务,切实加强应急救援人员的安全防护。

2. 统一领导,分级负责

在党中央、国务院的统一领导下,各级党委、政府负责做好本区域的应急管理工作。在政府应急管理组织的协调下,各相关单位按照各自的职责和权限,负责应急管理和应急处置工作。企业要认真履行安全生产责任主体的职责,建立与政府应急预案和应急机制相匹配的应急体系。

3.预防为主,防救结合

贯彻落实预防为主,预防与应急相结合的原则。做好预防、预测、预警和预报工作,做好常态下的风险评估、物资储备、队伍建设、完善装备、预案演练等工作。

4.快速反应,协同应对

加强应急队伍建设,加强区域合作和部门合作,建立协调联动机制,形成统一指挥、反应灵敏、功能齐全、协调有序、运转高效的应急管理快速应对机制。充分发挥专业救援力量的骨干作用和社会公众的基础作用。

5.社会动员,全民参与

发挥政府的主导作用,发挥企事业单位、社区和志愿者队伍的作用,动员企业及全社会的人力、物力和财力,依靠公众力量,形成应对突发事件的合力。同时,增强公众的公共安全和风险防范意识,提高全社会的避险救助能力。

6.依靠科学,依法规范

采用先进的救援装备和技术,充分发挥专家作用,实行科学民主决策,增强应急救援能力;依法规范应急管理工作,确保应急预案的科学性、权威性和可操作性。

7.信息公开,引导舆论

在应急管理中,要满足社会公众的知情权,做到信息透明、信息公开,但是,涉及国家机密、商业机密和个人隐私的信息除外。不仅如此,还要积极地对社会公众的舆情进行监控,了解社会公众的所思、所想、所愿,对舆情进行正确、有效引导。

(二) 应急管理的意义

加强应急管理,提高预防和处置突发事件的能力,是关系国家经济社会发展全局和人民群众生命财产安全的大事,是构建社会主义和谐社会的重要内容,是坚持以人为本、执政为民的重要体现,是全面履行政府职能,进一步提高行政能力的重要方面。通过加强应急管理,建立健全社会预警机制、突发事件应急机制和社会动员机制,可以最大限度地预防和减少突发事件及其造成的损害,保障公众的生命财产安全,维护国家安全和社会稳定,促进经济社会全面、协调、可持续发展。

五、应急管理的工作内容

应急管理工作内容概括起来是"一案三制"。

"一案"是指应急预案,是根据发生和可能发生的突发事件,事先研究制订的应对计划和方案。应急预案包括各级政府总体预案、专项预案和部门预案,以及基层单位的预案和大型活动的单项预案。

"三制"是指应急工作的管理体制、运行机制和法制。

1. 建立健全和完善应急预案体系

建立健全和完善应急预案体系就是要建立"纵向到底,横向到边"的预案体系。所谓"纵",就是按垂直管理的要求,从国家到省到市、县、乡镇各级政府和基层单位都要制订应急预案,不可断层;所谓"横",就是所有种类的突发公共事件都要有部门管,都要制订专项预案和部门预案,不可或缺。相关预案之间要做到互相衔接,逐级细化。预案的层级越低,各项规定就要越明确、越具体,避免出现"上下一般粗"现象,防止照搬照套。

2. 建立健全和完善应急管理体制

主要建立健全集中统一坚强有力的组织指挥机构,发挥我们国家的政治优势和组织优势,形成强大的社会动员体系。建立健全以事发地党委、政府为主、有关部门和相关地区协调配合的领导责任制,建立健全应急处置的专业队伍、专家队伍。必须充分发挥人民解放军、武警和预备役民兵的重要作用。

3. 建立健全和完善应急运行机制

主要是要建立健全监测预警机制、信息报告机制、应急决策和协调机制、分级负责和响应机制、公众的沟通与动员机制、资源的配置与征用机制,奖惩机制和城乡社区管理机制等等。

4. 建立健全和完善应急法制

主要是加强应急管理的法制化建设,把整个应急管理工作建设纳入法制和制度的轨道,按照有关的法律法规来建立健全预案,依法行政,依法实施应急处置工作,要把法治精神贯穿于应急管理工作的全过程。

六、应急管理的环节

应急管理包括 4 个环节:预防、准备、响应和恢复。各环节的管理要点如下。

1. 预防

首先,需要对潜在危险因素进行风险评估,并且根据评估结果设计相应措施。其次,开展能力建设,进行相关培训,做好应急预案制定并将其完善化。最后,建立信息系统,监测风险动态,及时发现可能产生的危险因素,为采取应变措施提供有力的数据支持。

在应急管理中预防有两层含义:第一层是事故的预防工作,即通过安全管理和安全技术等手段,尽可能地防止事故的发生,实现本质安全化;第二层是在假定事故必然发生的前提下,通过预先采取的预防措施,来达到降低或减缓事故的影响或后果严重程度。

任何企业都应该在生产过程中对预防工作引起高度的重视,防患于未然。预防阶段的主要工作内容为:危险源辨识、风险评价、风险控制。

2. 准备

准备阶段主要是为应对可能发生的灾害或紧急事件进行充分的准备和规划,以尽可能减少灾害或紧急事件对人民生命财产的损失和影响。主要的工作内容包括以下几个方面。

(1)制订应急预案

制订应急预案是应急准备阶段最为重要的一项工作。应急预案是为应对可能发生的灾害或紧急事件而制定的具体行动方案,包括预警、应急响应、救援和恢复等各个方面。

(2)制订应急演练计划

应急演练是测试应急预案的有效性和可行性的重要手段。应急准备阶段需要制定应急演练计划,定期组织应急演练,以检验应急预案的实用性和完整性,发现问题并加以改进。

(3)建立信息报告和通信系统

及时、准确的信息报告和通信系统是应急响应的重要基础。应急准备阶段需要建立和完善信息报告和通信系统,包括应急通信网络、应急热线和信息发布平台等,确保及时获取和传递灾害或紧急事件相关信息。

(4)确定应急资源储备和调配方案

应急响应需要充足的资源支持,应急准备阶段需要确定应急资源储备和调配方案,包括救援力量、物资和设备等,确保应急资源的及时调配和有效使用。

(5)加强应急人员培训和专业技能提升

应急响应需要具备一定的专业技能和应急处理能力的人员支持,应急准备阶段需要加强应急人员的培训和专业技能提升,提高应急处理的能力和水平。

(6)完善应急管理机制和制度

应急管理机制和制度是应急准备阶段的重要内容,需要根据实际情况建立健全应急管理机制和制度,明确责任、权利和义务,确保应急响应的有效性和高效性。

3. 响应

当事态发生时,首先应及时采取应急措施,减小损失,并迅速启动应急组织机构,立即派出救援队伍,开展紧急任务和抢救。其次,确保全面、准确、及时汇报情况,制定应急管理方案。

4. 恢复

灾后恢复阶段需要重新评估并整合现有资源,修复不能正常运作的部分,清理废物和残留物,并整体提升对灾害的标准防范等工作。同时,要加强危机预警,搜集统计资料,总结经验教训,将其转化为宝贵教训,完善和强化应急预案,从而逐渐实现恢复到正常生产运营的状态。

第二节　应急响应

一、事故报告与抢险

《安全生产法》对事故发生以后的报告程序与抢险工作做了以下规定。

第八十三条　生产经营单位发生生产安全事故后,事故现场有关人员应当立即报告本单位负责人。

单位负责人接到事故报告后,应当迅速采取有效措施,组织抢救,防止事故扩大,减少人员伤亡和财产损失,并按照国家有关规定立即如实报告当地负有安全生产监督管理职责的部门,不得隐瞒不报、谎报或者拖延不报,不得故意破坏事故现场、毁灭有关证据。

第八十四条　负有安全生产监督管理职责的部门接到事故报告后,应当立即按国家有关规定上报事故情况。负有安全生产监督管理职责的部门和有关地方人民政府对事故情况不得隐瞒不报、谎报或者拖延不报。

第八十五条　有关地方人民政府和负有安全生产监督管理职责的部门负责人接到重大生产安全事故报告后,应当按照立即赶到事故现场,组织事故抢救。

参与事故抢救的部门和单位应当服从统一指挥,加强协同联动,采取有效的应急救援措施,并根据事故的救援采取警戒、疏散等措施,防止事故扩大和次生灾害的发生,减少人员伤亡和财产损失。

事故抢救过程中应当采取必要措施,避免或者减少对环境造成的危害。任何单位和个人都应当支持、配合事故抢救,并提供一切便利条件。

(一)事故的分类

按照 2007 年 3 月 28 日国务院第 172 次常务会议通过的《生产安全事故报告和调查处理条例》,根据企业生产经营活动中发生的生产安全事故(以下简称事故)造成的人员伤亡或者直接经济损失,事故一般分为以下等级(不包括环境污染事故、核设施事故及国防科研生产事故):

(1)特别重大事故,是指造成 30 人以上死亡,或者 100 人以上重伤(包括急性工业中毒,下同),或者 1 亿元以上直接经济损失的事故;

(2)重大事故,是指造成 10 人以上 30 人以下死亡,或者 50 人以上 100 人以下重伤,或者 5 000 万元以上 1 亿元以下直接经济损失的事故;

(3)较大事故,是指造成 3 人以上 10 人以下死亡,或者 10 人以上 50 人以下重伤,或者 1 000 万元以上 5 000 万元以下直接经济损失的事故;

(4)一般事故,是指造成 3 人以下死亡,或者 10 人以下重伤,或者 1 000 万元以下直接经济损失的事故。

国务院安全生产监督管理部门可以会同国务院有关部门,制定事故等级划分的补充性规定。

以上事故分类的(1)所称的"以上"包括本数,所称的"以下"不包括本数。

(二)事故报告的原则

1. 事故报告

事故报告应当及时、准确、完整,任何单位和个人对事故不得迟报、漏报、谎报或者瞒报。

2. 事故调查

事故调查处理应当坚持实事求是、尊重科学的原则,及时、准确地查清事故经过、事故原因和事故损失,查明事故性质,认定事故责任,总结事故教训,提出整改措施,并对事故责任者依法追究责任。

(三)事故报告的程序

事故发生后,生产经营单位负责人必须立即如实地将事故情况报告有关部门这样,相关部门可以及时组织抢救,防止事故扩大,减少人员伤亡和财产损失;可以及时对事故进行调查处理,分析事故的原因并提出防范措施,处理有关责任人员,教育职工和领导干部,加强安全管理,保障安全生产。

事故发生后,事故现场有关人员应当立即向本单位负责人报告;单位负责人接到报告后,应当于1小时内向事故发生地县级以上人民政府安全生产监督管理部门和负有安全生产监督管理职责的有关部门报告。

情况紧急时,事故现场有关人员可以直接向事故发生地县级以上人民政府安全生产监督管理部门和负有安全生产监督管理职责的有关部门报告。生产安全事故报告流程如图4-1所示。

(四)事故报告的内容

当发生重大社会安全事件时,事件报告和记录应包括的内容提要。

(1)事件类别。

(2)事件发生的时间、地点。

(3)事件发生的初步原因。

(4)事件概况和处理情况。

(5)现场人员状况,人员失踪、伤亡及撤离情况。

(6)事件对周边自然环境影响情况,是否造成环境污染。

(7)事件对周边社会人员影响情况,是否波及社会人群或造成社会人员生命财的威胁和影响。

(8)现场气象、海况及主要自然天气情况。

(9)请求公司协调、支持的事。

(10)当发生重大社会安全事件时,应补充报告下列内容:

①事件影响公司生产经营活动情况;

②事件涉及社会人员范围、组织者的情况;

③事件涉及主要社会问题,造成的社会影响和社会危害程度;

④已采取的疏导、安抚和控制措施。

(五)事故的抢救

事故的抢险救灾工作直接影响是否可以减少伤亡、控制事故蔓延和降低经济损失。事故发生单位负责人接到事故报告后,应当立即启动事故相应应急预案,或者采取有效措施组织抢救,防止事故扩大,减少人员伤亡和财产损失。

事故发生后,有关单位和人员应当妥善保护事故现场以及相关证据,任何单位和个人不得破坏事故现场、毁灭相关证据。

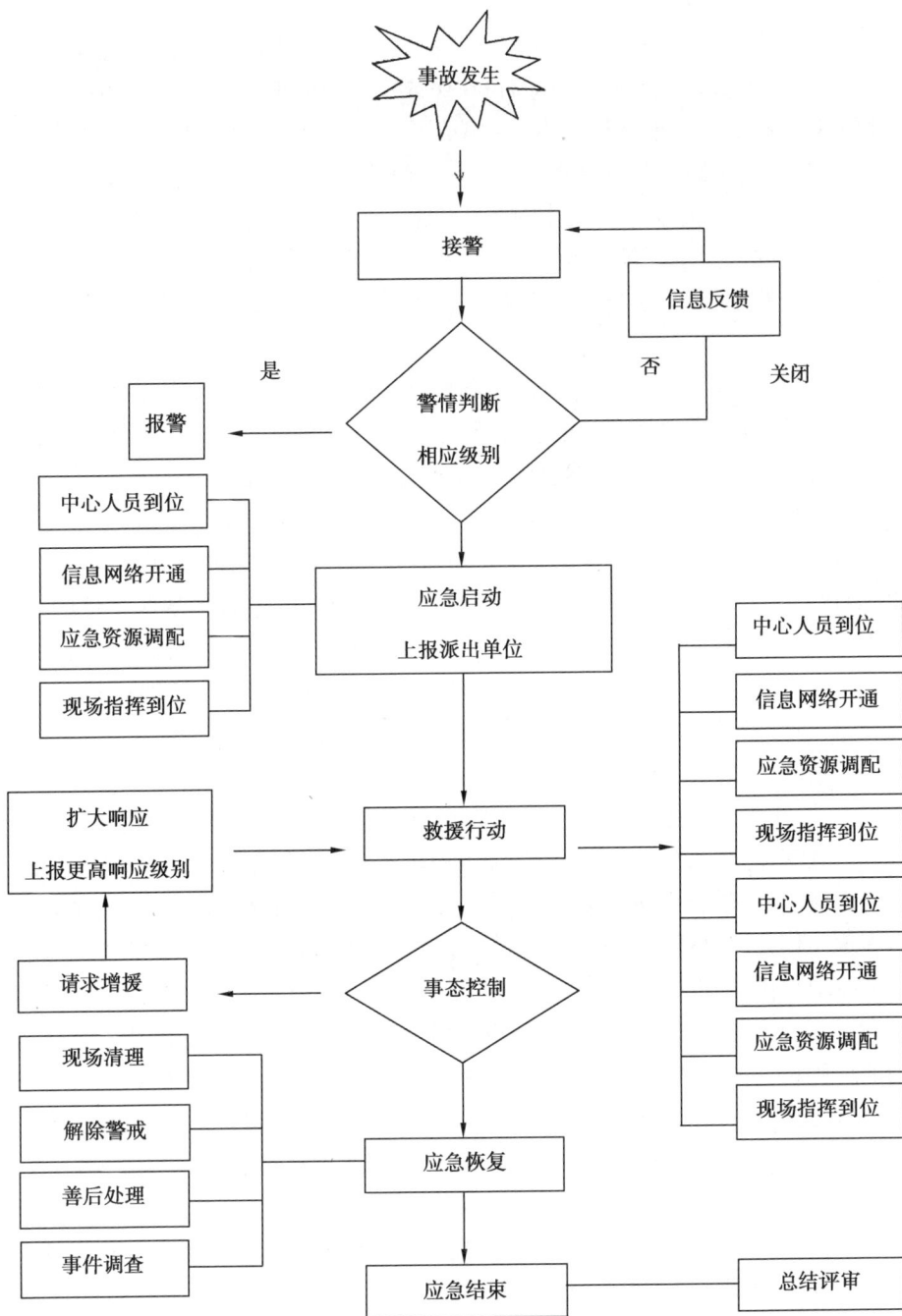

图 4-1 生产安全事故报告流程图

1. 现场人员的自救原则

企业发生事故时,在场人员应尽可能了解或判断事故的类型、地点和严重程度,并迅速报告企业负责人。同时,在保证安全的前提下,尽可能利用现有设备和工具材料及时消灭或控制事故;如不可能,应由现场负责人或有经验的人员带领,选择安全路线迅速退避。以下为一般的自救方法。

(1)当发生火灾、爆炸或毒物泄漏时,现场人员应尽可能迎着风流撤退至未被污染的空处。但也要具体情况具体分析,总之以最快方式撤到安全地点为原则。如果线路较长,火焰与毒气可能马上袭来时,应向下卧倒或俯伏于水沟中,以减少灼伤。

(2)当位于室内的人员逃生通路阻塞或有毒有害气体量大等无法退避时,应迅速紧关门窗,设法堵死门窗的缝隙,避免火焰或有毒气体进入房间,如果有电话,应即与外面取得联系,然后用湿毛巾捂住口鼻,等待营救。

2. 事故的抢救

事故发生后,事故发生地的有关单位必须严格保护事故现场并组织事故抢救,因抢救人员、防止事故扩大以及疏通交通等原因,需要移动现场物件的,应当做出标识、绘制现场简图并写出书面记录,妥善保存现场重要痕迹、物证;特大事故发生单位所在地地方人民政府可以根据实际需要,将特大事故的有关情况通报当地驻军请驻军参加事故的抢救或者给予必要的支援。

3. 消防队和救护队的抢救工作

企业、事业单位及机关等地面工作场所发生的火灾、爆炸和毒物泄漏等事故的抢救工作,应执行《中华人民共和国消防法》的有关规定。

企业、事业单位根据需要设立群众义务消防队或者义务消防员,负责防火和灭火工作;火灾危险大、距离当地公安消防队(站)较远的大、中型企业或者较大的事业单位,应根据需要建立专职消防队,负责本单位的消防工作;新建的城市和扩建、改建的市区,应按照接到报警后消防车能在5分钟内到达责任区边沿的原则设立公字消防队(站)。任何单位和个人在发现火警的时候,都应当迅速准确地报警,并积极地参加扑救,起火单位必须及时组织力量扑救火灾,邻近单位应当积极支援。消防队接到报警后,必须迅速赶赴起火现场进行扑救。

4. 抢救指挥部的设置

当发生事故时,起火单位应首先成立临时抢救指挥部。临时抢救指挥部应由生产安全、调度、物资供应、厂内消防(或救护队)、保卫等部门负责人组成,总指挥由熟悉灾区情况的厂长或总工程师担任。重大事故或特大事故由当地政府或归口管理部门的主要负责人担任总指挥,抢救指挥部还应吸收公安、检察和主要外援单位负责人。

5.抢救方案的确定

根据事故类别、灾区的范围、灾区人员的分布及预先编制的生产安全事故应急救援预案确定抢救方案。

抢救方案应包括预防事故扩大的措施、寻找遇难和负伤的人员、侦查灾区险情和范围、现场救护以及现场记录等内容。

事故抢救时,应保护好现场。确因抢救伤员和防止事故的扩大,需要移动现场物件时,必须做出标识、拍照、详细记录和绘制事故现场图。妥善保存现场重要痕迹、物证,伤亡事故现场必须经过安全生产监督管理部门或事故调查组同意才能清理,以确保现场勘查和调查工作的顺利进行。

二、应急救援行动的一般程序

一旦发生重大事故,启动企业内应急救援行动的一般程序如图4-2所示。

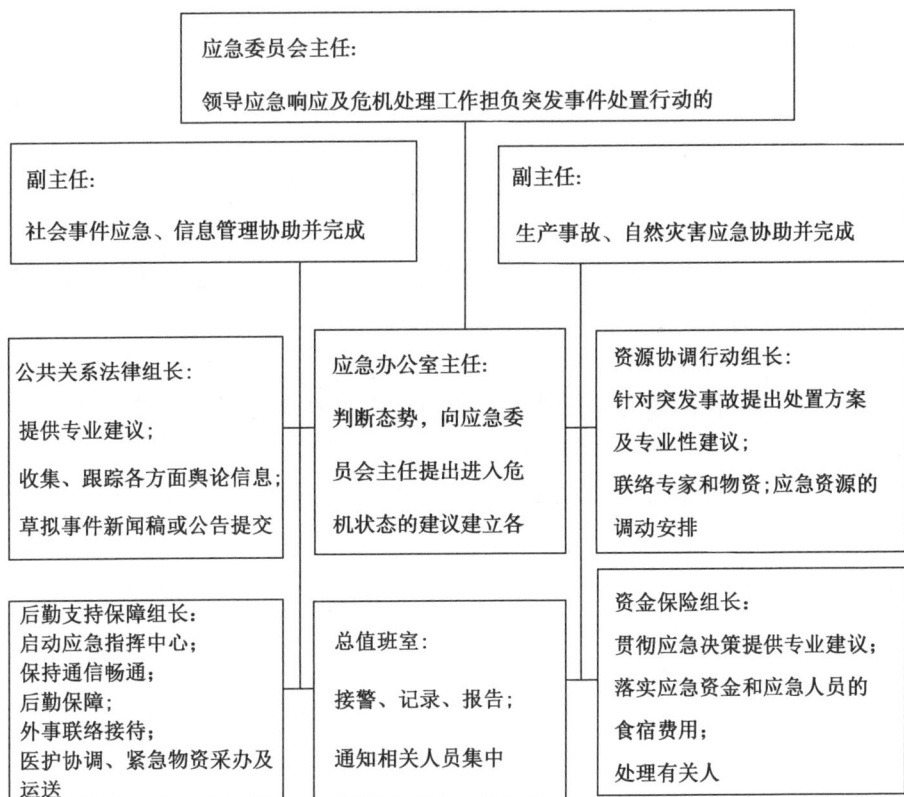

图4-2　应急机构及其职责图

(一)事故发生区

事故现场、企业或社区负责人或安全主管部门应采取以下行动。

1. 掌握事故现场情况

必须掌握的事故现场情况有：

(1)事故发生时间与地点；

(2)种类、强度；

(3)已泄漏物质数量；

(4)已知的危害方向；

(5)事故现场伤亡情况,现场人员是否已安全撤离；

(6)是否还在进行抢险活动；

(7)有无火灾与爆炸伴随,这种伴随的可能性；

(8)现场的风向、风速；

(9)泄漏(释放)危及企业外的可能性。

2. 报告与通报

在基本掌握事故情况并判明或已经发现事故危及企业外时,应立即向各有关部门进行如下报告：

(1)报告负责本厂附近应急工作的市或区的应急指挥中心；

(2)上报本系统直接领导部门；

(3)根据事故的严重程度及情况的紧急程度,按预案规定的应急级别发出警报。

3. 组织抢救与抢险

制止危害扩散的最有效措施是迅速消除事故源,制止事故扩展。同时,事故发生单位最熟悉事故设施和设备的性能,懂得抢险方法,必须组织尽早抢救与抢险事故发生单位要迅速集中抢险力量和未受伤的岗位人员,投入先期抢险,这包括：

(1)抢救受伤害人员和在危险区的人员,组织本单位医务力量抢救伤员,并将伤员平速转移至安全地点；

(2)堵漏、闭阀、停止设备运转、灭火、隔离危险区等；

(3)清点撤出现场的人员数量,必要时,组织本单位人员撤离危害区；

(4)组织力量消除堵塞,为前来应急救援的队伍创造条件。

(二)事故发生区的附近地区

首先受到危害的应该是事故发生区下风方向贴近事故区的公众。如果事故发生区与城市居民区呈交织状态,情况就会十分复杂。如果事故泄漏(释放)物质为有色有味,判断有毒有害气体的到达是有可能的。一旦发现已经受到危害,或听到事故发生区的警报后,各有关人员或部门应采取以下应急行动。

1. 交通警察

①立即向上级报告;

②根据指令或情况危急程度,封锁通往事故发生区的交通路口;

③迅速疏导车辆及行人撤离决定封锁的通道;

④维持封锁区的治安;

⑤注意自身防护。

2. 社区或街道(居民委员会)工作人员

①立即向上级报告;

②根据指令或情况及程度,指导高楼层居民进行隐蔽(关闭门窗)或撤出;

③协助民警疏导行动中的人流,有秩序地向安全方向移动;

④检查是否有进入非密闭的地下工事或地下室的公众,如有则迅速组织其撤离;

⑤组织公众自救与互助;

⑥注意自身防护。

3. 应急指挥中心

(1)值班员

①记录事故发生区报告的基本情况;

②按预案规定,通知指挥部所有人员到达集中地点,并规定到达时限;

③报告市(区)行政当局值班室;

④与参与应急救援工作的当地驻军取得联系,并向他们通报情况;

⑤根据情况的危急程度或按预案规定,通知各应急救援组织做好行动准备。

(2)指挥组

①根据事故发生区报告的情况,指示安全技术人员进行危害估算;

②会同专家咨询组判断情况,研究应急行动方案,并向总指挥提出建议(建议的主要内容是:事故危害后果及可能发展趋势的判断,应急的等级与规模,需要调动的力量及其部署,公众应采取的防护措施,现场指挥机构开设的必要性、开设的地点与时间);

③按总指挥的指令调动,并指挥各应急救援组投入行动;

④开设现场指挥机构;

⑤向当地驻军通报应急救援行动方案,并提出要求支援的具体事宜。

（3）其他有关组织

①专家咨询组进行技术判断及力量使用预估,并会同指挥组向总指挥提供建议的内容;

②安全评价(扩散估算)组根据事故发生区报告的基本情况和已知的气象参数,进行事故后果评价,扩散趋势预测,向指挥组做出技术报告;

③气象保障组收集天气资料,若有可能可在现场开设气象观测哨;

④各保障组做好后援准备;

⑤各应急救援专业组织按指挥组指令投入行动。

三、事故评估程序

在应急救援的不同阶段实施的行动要依靠决策过程,反过来则要求对事故发展过程的连续评价。无论是谁,只要发现危险的异常现象,第一反应就要开始启动应急程序。这种事故评估过程在特定时间内首先应由主管协调反应行动的人来履行,然后由企业应急总指挥和其工作人员来执行。在紧急事件初始阶段,第一个发现者会决定是否启动报警程序,同时也会启动相应的反应机制。启动应急行动的流程如图4-3所示。

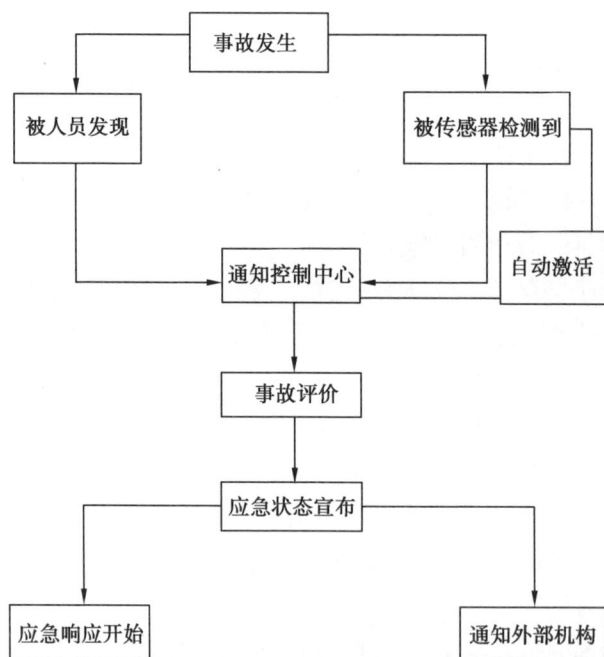

图4-3 应急行动流程图

不同的人判断相同事故会产生不同的分级,为了消除紧急情况下产生的混乱,应参考企业和政府有关部门制定的事故分级指南。

应急行动级别是事故不同程度的级别数,事故越严重,数值越高。根据此分级标准,负责人可在特定时刻把事故严重程度转化为相应的应急行动级别。应急行动级别数值与企业性质和内在危险有关。大多工业企业采用三级分类标准。

1. 一级——预警

预警是最低应急级别。根据企业不同,这种应急行动级别是可控制的异常事件或容易被控制的事件。像小型火灾或轻微毒物泄漏对企业人员的影响可以忽略,这样的事故可定为此级。根据事故类型,可向外部通报,但不需要援助。

2. 二级——现场应急

现场应急是中间应急级别,包括已经影响企业的火灾、爆炸或毒物泄漏,但还不会超出企业边界,外部人群一般不会受事故的直接影响。这种级别表明企业人员已经不能立即控制事故,这时需要外部援助。企业外人员如消防、医疗和泄漏控制人员应该立即行动。

3. 三级——全体应急

全体应急是最严重的紧急情况,通常表明事故已经超出了企业的应急能力边界。在火灾、爆炸事故中,这种级别表明要求外部消防人员控制事故。如有毒物质泄漏发生,可根据不同事故类型和外部人群受到的影响,决定要求进行安全避难或疏散。同时,也需要医疗和其他机构的人员支持,启动企业外应急预案。

四、通告和通信联络程序

通信联络对于有效地协调不同应急组织的应急行动是非常重要的。一般可采用以下程序。

(一)报警

报警是实施应急预案的第一步。通常在许多企业中,任何员工都能拉响警报或至少向报警人员报告,这个程序有利于尽早地预警可能出现的异常情况。如果有充分的事前准备,任何企业员工或操作人员都会知道在这种情况下首先该采取什么动(例如,拨打企业应急热线电话)。从这开始,应急反应会按计划实施,热线操作人员将通知最初的应急评估负责人,以确定应急级别并根据应急行动级别启动相关的应急反应预案。

(二)通知企业人员

最初应急组织有许多任务,首先是让企业内部人员知道已发生紧急情况。无论使用什么报警系统完成这个目的,最常使用的是声音报警。报警有两个目的:动员应急人员并提醒其他无关人员采取防护行动(例如,转移到更安全的地方,进入安全避难点,或撤离企业)。

就企业应急通信系统(包括人员和设备)而言,让应急人员知道应急发生的关键。组织有序和经过演习验证的预案使每个人知道做什么。

(三)通知外部机构

根据应急的类型和严重程度,企业应急总指挥或企业有关人员(业主或操作员)必须按照法律、法规和标准的规定将事故有关情况上报政府安全生产主管部门,通报应该包括以下信息:

(1)将要发生或已发生事故或泄漏的企业名称和地址;

(2)通报人的姓名和电话号码;

(3)泄漏化学物质名,以及是否为极危险物质;

(4)泄漏时间或预期持续时间;

(5)实际泄漏量或估算泄漏量,是否会产生企业外效应;

(6)泄漏发生的介质是什么;

(7)已知或预期的事故的急性或慢性健康风险和关于接触人员的医疗建议;

(8)由于泄漏应该采取预防措施,包括疏散;

(9)获取进一步信息,如联系人的姓名和电话号码;

(10)气象条件,包括风向、风速和预期企业外效应;

(11)应急行动级别。

尽管可靠的电话系统有效,但在应急过程中设置应急通知的热线也会十分有用。应急人员必须熟悉程序的操作并理解它的重要性。

应急通报是强制的,不只因为是法规要求,还在于通报企业外应急反应组织,并动员他们。此外,通知应急严重程度时,使用一套事先确定的应急行动级别非常有效。企业外的应急行动是否启动,要根据应急预案中事故类型和严重程度由现场应急总指挥的判断来决定。

(四)建立与保持企业内的通信联络

一旦企业应急总指挥决定启动应急预案,通信协调和联络部门就要负责保持各应急组织之间高效的通信能力。最重要的通信联络是应急指挥中心,它装配有固定通信设备。任何应急指挥中心与外部的通信中断(特别是应急指挥中心与现场应急组织之间),必须报告通信联络负责人,动员现有资源和人力来解决问题。

可以使用警笛和公共广播系统向企业人员通报应急情况,必要时通知他们疏散,从企业部分或全部撤离。

(五)建立和保持与外部组织的通信联络

一旦应急预案启动,企业应急总指挥和副指挥在应急指挥中心进行应急指挥与协调,保持与外部机构联络,现场操作负责人直接与应急指挥中心联系。

(六)向公众通报应急情况

在事故影响到社区居民时,可采取两种行动:疏散或在建筑物内避难。但无论采取什么行动,社区居民和公众必须首先得到应急通知。如果没有有效的通信程序,这几乎不可能实现。用警笛报警系统通知事故发生的社区效果较差,而且这种系统只有在公众明白警报的含义、知道该采取的行动时才会有效。紧急广播系统与警笛报警系统结合使用会更有效。紧急广播系统能发射无线电和电视信号,信息内容应该尽可能简明,告诉公众该如何采取行动。如果决定疏散,应该通知居民避难所位置和疏散路线。公众防护行动的决定权一般由当地政府主管部门掌握。应急组织应该做好如下一系列准备行动:

(1)准备向当地政府主管部门提供建议;

(2)(根据危险分析)制定关于何时进行公众疏散或是安全避难的指南;

(3)根据事故性质、气象条件、地形和原有逃生路线提出疏散的最佳路线;

(4)保存当地电台、电视台的电话簿;

(5)事先联系当地电台、电视台以协调信息发布;

(6)建立填单式信息向公众广播(这样可减少紧急时的混乱和避免忽略某些信息)。

企业负责人没有权力决定涉及公众的行动,可是这并不能够减少他们的事故责任。所以他们应该(特别对大众)确保建立起防护措施和有效通信机制,尽量减小事故后果。

（七）向媒体通报应急信息

在紧急情况下，媒体很可能获悉事故消息，当地报纸、电视台和电台的记者会在事故现场或企业大门前采集有关新闻消息。保卫人员应该确保人员在非允许的情况下不得入内，尤其是无关人员不能进入应急指挥中心或应急人员正在控制险情的地方，因为这会干扰应急行动。还要防止媒体错误报道事件。因此，应急组织中要有专门负责处理公众、媒体的部门。

此项功能的负责人应该定期举办新闻发布会，提供准确信息，避免错误报道。当没有进一步信息时，应该让公众知道事故正在调查，并在下次新闻发布会通知媒体。

在这种情况下，用预先制作好的填空式信息单在新闻发布会上宣读是很方便的。在任何情况下，应准备好书面证明以便在新闻发布时分发，发布前由负责人员审定。作为应急准备方案的一部分，在新闻发布会使用的其他材料，如地图、表格黑板和其他声像材料应该事先准备好。

五、现场应急对策的确定和执行

应急人员赶到事故现场后，首先要确定应急对策，即应急行动方案。正确的应急行动对策，不仅能够使行动达到所预期的目的，保证应急行动的有效性，还可以避免和减少应急人员的自身伤害。无数事实表明，在营救过程中，应急救援人员的风险很大。如果没有一个清晰、正确的行动方案，会使应急人员面临不必要的风险。应急对策实际上是正确地评估判断和决策的结果，而初始的评估来源于最初应急行动所经历的情况。

现场应急对策的确定和执行包括：初始评估；危险物质的探测；建立现场工作区域；确定重点保护区域；防护行动；应急行动的优先原则；应急行动的支援。

（一）初始评估

事故应急的第一步工作是对事故情况的初始评估。初始评估应描述最初响应人员在事故发生后几分钟里观察到的现场情况，包括事故范围与扩展的潜在可能性人员伤亡、财产损失情况，以及是否需要外界援助。初始评估是由应急指挥者和应急人员共同决策的结果，可以使用下述 LOCATE 因素分析方法进行初始评估。

例如，在火灾的前几分钟，应急人员必须做出一些决定，像放置水带的位置、人员疏散时间和地点。应急者必须根据有效的信息，快速做出决定，因为事故发生后的几分钟决定着后面的结果。

LOCATE 因素分析描述了在初始评价阶段需要考虑的问题,具体为:

①Life(生命):危险区人员以及如何保护应急者、雇员和附近居民的生命安全;

②Occupancy(影响程度):事故范围与破坏车辆、储槽、管道和其他设备的情况;

③Construction(建筑):结构尺寸、高度和类型;

④Area(附近区域):在直接区域和周边区域需要的保护;

⑤Time(时间):日期、季节、火灾燃烧泄漏持续时间,直到行动之前有多长时间;

⑥Exposure(暴露):在事故中有什么是需要保护的,如人员、建筑、附近区域、环境。

初始应急者必须在到达现场时考虑这些因素。应用 LOCATE 因素分析,应急者能够制定一个良好的应急行动对策。

(二)危险物质的探测

危险物质的探测实际上是对事故及事故起因的探测。第一种方法是由两个人组成的小组在远离(在逆风向的较高位置,并且确保他们不会接触危险物质)事故现场的地方测定发生事故的物质;第二种方法可能更危险些,要求两名应急人员组成小组,到事故区域进行状况评估,采用这种方法,应急人员要穿上防护服。需要探测和了解以下情况:

(1)所涉及物质的类型和特性,如闪点、燃烧值、蒸气密度、蒸气压力、可溶性、活性、相容性、燃烧的产物;

(2)泄漏、反应、燃烧的数量;

(3)密闭系统的状况,如当前的压力和温度(特别是在不正常的情况下)、容器损坏的数量和类型、正在进行中的反应及泄漏的后果;

(4)控制系统的控制水平和转换、处理、中和的能力。

(三)建立现场工作区域

在初始评估阶段,另一项重要的任务是建立一个现场工作区域。在这个区域中,明确应急人员可以进行工作,这样有利于应急行动和有效控制设备进出,并且能够统计进出事故现场的人员。

在初始评价阶段确定工作区域时,主要根据事故的危害、天气条件(特别是风向)和位置(工作区域和人员位置要高于事故地点)。在设立工作区域时,要确保有足够的空间。开始时所需要的区域要大,必要时可以缩小。对危险物质事故要设立的三类工作区域,即危险区域、缓冲区域、安全区域,如图 4-4 所示。

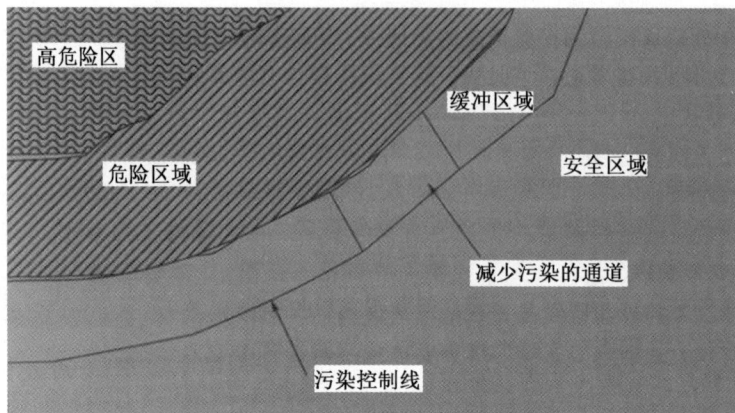

图 4-4　现场工作区域划分

1. 危险区域

危险区域是把一般人员排除在外的区域,是事故发生的地点,它的范围取决于事故级别的范围以及清除行动的执行。只有受过正规训练和有特殊装备的应急操作人员才能够在这个区域作业,所有进入这个区域的人员必须在安全人员和指挥者的控制下工作。另外,还应设定一个可以在紧急情况下得到后援人员帮助的紧急入口。

2. 缓冲区域

环绕危险区域的是缓冲区域,也是进行净化和限制通过的区域。在这里污染物会受到净化,可称之为入口通道,只有受过训练的净化人员和安全人员才可以在里工作。根据现场的实际情况,净化过程可以是简单的,例如,仅仅使用一桶水和一把刷子;也可以是非常复杂的多重步骤。净化工作非常必要,排除污染的方法必须和所污染的物质相匹配。

3. 安全区域

安全区域(也叫支持区域)是指挥和准备区域。它必须是安全的,只有应急人员和必要的专家能在这个区域。

4. 其他区域

其他的控制区域可能由现场内和现场外的防护区域组成,例如,疏散区域和掩体。应急预案应该包括决定疏散或进入掩体的原则。经过授权进行防护性行动的人员必须要对他们的任务和处理的方法有过良好的培训。特殊行动修改或扩大保护性行动必须由应急指挥者决定。如果泄漏有可能向现场外扩展,指挥者应该及时与当地政府应急主管部门联系。

限制区域的大小、地点、范围依赖于泄漏或事故的类型、污染物的特性、天气地形、地势和其他的因素。在现场实时的观察、仪器的读数、多方面的参考资料能决定受控区域的大小和程度。有关组织编制的运输应急指南、化学事故应急信息系统、应急预案指南、物质安全数据(MSDS)和其他的资料与信息也能帮助建立控区域。

(四)确定重点保护区域

通过事故后果模型和接触危险物质浓度,应急指挥者能够估计出事故影响的区域,在这个区域内,要考虑以下因素。

1. 人员接触

(1)哪些人最可能接触危险;

(2)影响程度;

(3)达到危险浓度的时间。

2. 事故现场内的重要系统

(1)任何重要的控制区域是否在危险区域内;

(2)是否有必要在危险区域内对重要设施进行有序的停车程序,以防止更大的潜在危险。

3. 环境

(1)对危险很敏感的土壤区域:

(2)对野生生物的保护;

(3)渔业;

(4)水生生物。

4. 财产

(1)现场内的财产(设备、操作系统、车辆、油罐车、原材料、产品、存货);

(2)现场外的财产。

5. 现场外的关键系统

(1)可能受到事故影响的主要运输系统;

(2)可能受到事故影响的公用水、电、气、通信服务系统等。

6. 应急人员的工作区域

(1)指挥中心;

（2）准备区域；

（3）支援的路线。

（五）防护行动

防护行动目的在于保护应急中企业人员和附近公众的生命和健康。这些行动常包括：搜寻和营救行动；人员查点和集合区；疏散；现场安全避难；企业外疏散和安全避难。

这些行动大多要求完善的准备并与各种应急组织和机构广泛合作，以便在应急中有效实施。此外，实施某些行动，例如，疏散可能要求与许多轻度危险或无危险区人员合作，这要求必须认真进行事先计划。

1. 搜寻和营救行动

搜寻和营救行动通常由消防队或救护队执行。如果人员受伤、失踪或被困在建筑单元中，就需要启动搜寻和营救行动。

2. 人员查点和集合区

重大事故应急可能要求所有企业人员实行防护行动。无论采取什么行动，重要的是不能使任何人被遗漏，这要求在应急时进行人员查点。

企业每个单元或建筑应该派有疏散监督管理员，这些人员通常是没有其他专门职责的企业员工，他们负责向其他员工报警和在疏散最初阶段负责查找人员，他们应该指挥关闭所有设备、设施、空调和通风系统。当决定放弃单元或建筑时，他们应该确保没有人被遗漏。在发生这种事故时，他们应该检查所有房屋（包括可能遗漏区域，如厕所），引导员工到集合点。这些疏散监管员应该熟悉内部报警系统（例如，不同的警笛声调）和集合地点，指挥人员按预定逃生路线疏散。所有员工都应能辨认警报，并知道集合点、熟悉逃跑路线和总体疏散程序。

非应急人员的集合点应该预先指定。如果原有集合点不稳定或不安全，应指定其他的集合点，逃生路线和替代逃生路线也应该事先确定出来。天气条件，特别是风向，将决定最合适的逃跑路线，应该使用工厂报警系统向工厂不同位置进行通报。如果可能发生有毒物质泄漏的危险，应该设置专用避难所作为指定集合点，应该制定专门程序减少人员到达避难所前的风险。

3. 疏散

在重大事故应急发生时，可能要求从事故影响区疏散企业人员到其他区域。有时全面停车时的剩余工人撤离。所有人员应该熟悉关于疏散的要求，在放弃他们的作业时，应该根据指示关闭所有设施和设备。此外，单元操作人员应该明确知道如何以安全方式进行应急停车。对于控制主要工艺设备停车的应急设备和公用工程,如果没有通知不能实施停车程序。

现场疏散的实际计划通常与企业大小、类型和位置有关。所以,应事先确定企业员工疏散的方法、主要或替换集合点、疏散路线和查点所有员工的程序,应该制定规定以警示和查找企业来访者。保卫人员应持有企业来访者的名单,并由企业陪同人员负责来访者的安全。

如果发生毒气泄漏,应该设计转移企业人员的逃生方法,特别对于泄漏影响地区。所有在影响区域的人员都应配备应急逃生呼吸器,如果有毒物质泄漏能透过皮肤进入身体,还应该提供其他防护设备。人员应该横向穿过泄漏区下风以减少在危险区的暴露时间。逃生路线、集合点和企业地图应该在整个企业内设置,并清楚标识出来。此外,晚上应保证照明充足,便于安全逃生。企业内应该设置风标和南北指示标识,让人员能辨识逃生方向。

4. 现场安全避难

当毒物泄漏时,一般有两种保护人员的方法:疏散或安全避难。选择正确的保护方案要根据泄漏类型和有关标准,表 4-1 可做参考。

表 4-1　确定最佳防护行动的标准

防护方式	现场安全避难	疏散
毒物泄漏情况	物品从容器中一次或全部泄漏 蒸气云迅速移动、扩散 天气状况促进气体快速扩散 泄漏容易控制 没有爆炸性或易燃性气体存在	大量物品长时间的泄漏 容器有进一步失效的可能 避难保护不够充分 持续火灾伴有毒烟 天气状况不利于蒸气快速扩散

当人员受到毒物泄漏的威胁,且疏散又不可行时,短期安全避难可给人员提供临时保护。

如果有毒气体渗入量在标准范围内,大多建筑都可提供一定程度保护。行政管理楼内也可设置避难所。

短期避难所通常是具有空气供给的密封室,空气可由瓶装压缩空气提供。一般控制室设计为短期避难所,使操作人员在紧急时安全使用。有些控制室如果为保证有序停车防止发生更大事故,需要设计以防止有毒气体的渗入。选择短期避难所的另一原因是人员到达可长期避难场所的距离过远,或因缺少替代疏散路线而不能安全疏散。

指挥者应根据事故区域大小、相对距离的远近和主导风向,为员工选择短

期避难所。避难所不应设置过远,使人员不能及时到达。在选定某建筑作为短期避难所前,指挥者应该考虑以下设计特点:

①结构良好,没有明显的洞、裂口或其他可能使危险气体进入内部的结构弱点;

②门窗有良好的密封;

③通风系统可控制。

短期避难所不能长期驻留。如果需要长期避难设施,在计划和设计时必须保证安全的室内空气供给和其他支持系统。

避难场所应该能提供限定人员足够呼吸的空气量和足够长时间下的有效保护。在大多数常见情况下,临时避难所是窗户和门都关闭的任何一个封闭空间。

在许多情况下(如快速、短暂的气体泄漏等),采取安全避难是一个很有效的方法,特别是与疏散相比,它具有实施时间少的优点。

5.企业外疏散和安全避难

在紧急情况尤其是发生毒物泄漏时,企业经理或应急指挥者的首要任务是向外报警并建议政府主管部门采取行动保护公众。

在接到企业通报后,地方政府主管部门应决定是否启动企业外应急行动,协调并接管应急总指挥的职责。

迅速有效地对公众通报应急是十分重要的,使用可听报警器,如警笛系统和无线电广播系统,也非常有效。通报的应急信息应该能提醒和通知公众该做什么。安全避难一般不涉及后勤问题,如前文提到对于短期毒气泄漏,如果通风系统停止,渗漏甚小,大多数房屋甚至车辆也能作为临时避难所。如果建议进行疏散,后勤问题难度会很快升级,例如,通常是在下风向1公里区域内开始疏散,在大城市地区需要疏散人群数目会很大,需要更多时间。没有组织周密的计划,结果可能是灾难性的。

为了建立有效疏散计划,企业管理层不能单独行动。企业管理层应该积极与地方政府主管部门合作,制定应急预案,以保护公众免受紧急事故危害。

(六)应急救援行动的优先原则

(1)员工和应急救援人员的安全优先;

(2)防止事故扩展优先;

(3)保护环境优先。

以火灾为例:首先,要建立疏散和营救遇险者及探测有可以进入的安全区域;其次,选择防御性的计划来防止火势蔓延。在实施防御措施中,事故指挥者一定不要忘了第一优先是人员的安全。同时,要努力保护环境使其免受燃烧流体、烟雾和危险气体的污染。例如,临时构筑防堤,防止燃烧流体与附近化学物质发生反应。应急人员进入事故区域灭火并设法减少损失。

灭火的基本对策就是抑制和扑灭火焰。尽管这听起来非常简单,但在浓烟滚滚的情况下决定如何和在哪里切断火势并不容易,可能使营救人员的操作更加复杂。

(七) 应急救援行动的支援

支援行动是当实施应急救援预案时,需要援助事故反应行动和防护行动的行动。这种活动包括对伤员的医疗救治,建立临时区,企业外部调入资源,与邻近企业应急机构和地方政府应急机构协调,提供疏散人员的社会服务,企业重新入驻以及在应急结束后的恢复等。

1. 医疗救治

许多组织可提供应急医疗救治和医疗援助,如接受过急救和心脏恢复培训的应急反应人员:企业医生或护士;当地医生、护士和其他医疗人员;来自附近企业的医疗人员和其他救援小组;当地卫生部门官员等。

为实现有效的医疗救治,应该注意:介入的迅速性和介入单位之间的协调。负责医疗救治的人员必须熟悉最基本的急救技术,保证在应急行动后立刻开始医疗救治。迅速把伤员从事故现场转移到临时区域,他们可在那里得到充分的医疗救治。

2. 临时区行动

临时区是应急救援活动后勤运作的活动区域,包括以下操作:

(1)接收、临时储存和给应急救援人员分发后勤物资;

(2)应急部署前集合企业外应急人员;

(3)停放所有运输车辆、救护车、起重机械、消防车和其他来到现场的车辆;

(4)提供直升机的降落场地;

(5)建立非污染区。

为安全考虑,临时区不应该离事故现场太远。临时区应该有充足的车位,保证应急车辆自由移动。应设置保卫,防止无关人员进入此区域,临时区选址时要考虑保证电力照明和水源充足。

临时区可位于应急指挥中心附近,临时区的位置应该让所有有关人员知道,要张贴标识以指示应急人员。

临时区的一个很重要任务是保存物资清单,包括收到什么、发放给应急人员什么。企业应急指挥必须知道现有物资、设备和需求,这样可及时提出申请。临时区常用的供应物资、设备是呼吸器、灭火剂、泡沫、水管、水枪、检测器、挖土和筑堤设备、吸收剂、照明设备、发电机、便携式无线电和其他通信设备、重型设备和车辆、特种工具、堵漏设备、食物、饮料、卫生设施、衣物、汽油、柴油等。

临时区也可以用于接收伤员、管理急救和安排伤员转入待用救护车。在发生严重事故时,临时区可以作为临时停尸所。

清除污染也是临时区任务的一部分,尽管清污场所可能处于其他位置。临时区应配有塑料盆和安装喷头,以擦洗防护设备和进行人员清洁。处理水和溢流水也应该尽可能收集,在消毒后处理。

3.互助与协调外部机构行动

附近企业经常是拥有技术、人员、物资和设备的另一个资源。其他当地外部机构只有事先介入计划才能有效合作,可以成立互助协会,成员单位事先要知道能提供什么合作和由谁提供合作。

4.值勤和社会服务

(1)值勤

应急时,事故影响区的值勤主要由保安和当地公安部门负责。他们的主要任务是防止无关人员和旁观者进入企业或事故现场,指挥交通以保证公众安全,保护应急行动。企业保安也要控制人员进入应急指挥中心、新闻发布室、有重要记录和商业秘密的敏感地区。

全体应急时,当地警方有指挥疏散和在疏散区执法(防止抢劫)的任务,这些在政府应急预案中应有详细说明。

(2)社会服务

社会服务,如对事故受害者家属的援助或对疏散者的帮助应该在政府主管部门的直接指挥下进行,编制地方政府应急预案应予以考虑。对企业员工的其他救助可由企业管理层通过人事部门和当地志愿组织提供。

(5)恢复和重新进入

从应急到恢复和重新进入现场需要编制专门程序,根据事故类型和损害严重程度,具体问题具体解决。主要考虑如下内容:

(1)组织重新进入人员;

(2)调查损坏区域;

(3)宣布紧急结束;

(4)开始对事故原因进行调查;

(5)评价企业损失；

(6)转移必要操作设备到其他位置；

(7)清理损坏区域；

(8)恢复损坏区的水、电等供应；

(9)清除废墟；

(10)抢救被事故损坏的物资和设备；

(11)恢复被事故影响的设备、设施；

(12)解决保险和损坏赔偿。

应急结束后,企业应急总指挥应该委派有关人员重新入驻,清理重大破坏地区和保证恢复操作的安全。根据危险的性质和事故大小,重新入驻人员可能不同,可包括应急人员,企业技术、工程、维修人员。重新入驻人员的安全应该保证,如果危险,人员应佩戴个人防护设备。重新入驻要直接观察现场和采取适当措施后才能进入破坏区域。

进入现场的人员应将发现的情况及时通知企业应急指挥部,以决定是否宣布应急结束。只有在所有火灾扑灭、没有点燃危险存在、所有气体泄漏物质已经被隔离和剩余气体被驱散时,才可以宣布结束应急状态。

小型应急事故,可以及时指示企业人员重新进入企业单元或建筑,并恢复正常操作。如果是重大事故,应急指挥者可能决定暂不允许大多数员工进入,人事部门负责通知员工什么时候可以开始工作。

事故调查应该尽早进行,并应严格遵守有关事故调查处理法规和标准。

如果事故涉及有毒或易燃物质,清理工作必须在进行其他恢复工作之前进行消除污染,包括建立临时净化单元和洗池,用于清除场所内所有有毒物质和使用前的处理。由于事故直接造成的或者由于进行应急操作时(例如,消防用水,如果污染水流失没有存留和回收)造成的土壤污染可能已经发生,土壤净化是一项花费时间、消耗大量资金的极为复杂的任务。

水、电供应的恢复只有在对企业彻底检查之后才能开始,以保证不会产生新危险恢复工作的最终目的是恢复到企业原有状况或更好。所需时间进程、费用和劳动力与事故的严重程度有关。极为重要的是从事故中吸取教训,包括必新安装防止类似事故发生的装置,这也是审查应急反应预案、评价应急行动有效性的一个因素。通过加入新的内容,改善原应急预案,提高事故预防水平。

第三节　各类事故的抢险组织与营救

一、火灾与爆炸事故的抢救组织与救援

在企业生产作业场所存在着多种多样的易燃易爆物质。动火、振动、电气、雷击或静电等都有可能引起火灾或爆炸。因此,对现场火灾或爆炸的发生应时刻保持警惕,火灾或爆炸发生时按照以下应急程序处理。

(一)事故类型及危险程度分析

动火作业(电焊、风焊)、压力容器(乙炔、氧气瓶)频繁使用,均属于高危作业或高危物品,违章作业导致火灾或爆炸事故影响非常大,群死群伤概率较高,须严格按照国家规定,采取各项控制措施,预防事故的发生。

火灾和爆炸事故主要危险源如下。

1. 动火作业

电焊、气割。

2. 危险化学品

天那水,油漆、硅烷,汽油、柴油等。

3. 压力容器

气瓶、空压机。

4. 用电火灾

用电短路或用电负载过大发热引起火灾。

(二)应急处置的基本原则、组织机构及职责

1. 应急处置的基本原则

(1)优先切断火源,控制火灾蔓延。

(2)利用现场资源自救、互救。

2. 组织机构及职责

组织机构及职责如图 4-2 所示。火灾和爆炸事故应急救援组织为应急救援指挥小组。

(三)火灾和爆炸事故预防措施

(1)加强对可燃物和易燃易爆物品的管理。

（2）办公室、职工宿舍、饭堂、施工现场设备、材料堆放场所配备充足有效的灭火器材。

（3）按规定设置乙炔和氧气瓶的库房，气瓶室通风要良好，在库房门口张挂醒目的防火警示标识，配备充足有效的灭火器材。

（4）乙炔和氧气的使用和存放要符合有关规定。

（5）在易燃易爆场所动火作业，必须先办理"三级"动火审批手续，领取动火作业许可证，并做足防火安全措施，方可动火作业。动火时要设专人值班，随时观察动火情况。

（6）严禁对盛装过可燃气体的容器进行焊割。

（7）焊割作业人员必须经专门培训，考试合格取得焊工证后，方可上岗，在作业时应做到"八不""四要""一清"。

（8）危险化学物品须存放在通风阴凉点，化学性质相抵触的物品不得混合存放；危险品存放点与明火的距离不得小于 10 米。

（9）火灾与爆破危险环境内须按规范配备足量消防器材，消防器材应放置在明显位置。

（10）现场设置安全通道和消防水池，消防通道不得堵塞，水池水满，消防泵可随时开机使用。

（11）定期检查消防设备设施，保证设备设施可正常使用。

（12）职工宿舍不准乱接乱拉电线，不准在电源线上晾挂衣物，不准在宿舍内使用明火、电炉、气化炉具，不准使用电热器具等，严禁躺在床上吸烟。

（四）事故报告流程与现场应急处置措施

1. 事故报告流程

事故报告流程如图 4-1 所示。

2. 现场应急处置措施

（1）发生火灾和爆炸，首先要迅速扑灭火源并报警，及时疏散有关人员，对伤者进行救治。

（2）火灾发生初期是扑救的最佳时机，发生火灾部位的人员要及时把握好这一时机，尽快把火扑灭。

（3）在扑救火灾的同时拨打"119"电话报警或及时向上级有关部门及领导报告。

（4）现场的消防安全管理人员，应立即指挥员工撤离火场附近的可燃物，避免火灾区域扩大。

（5）组织有关人员对事故区域进行保护。

（6）及时指挥、引导员工按预定的线路、方向疏散、撤离事故区域。

（7）发生员工伤亡，要马上进行施救，将伤员撤离危险区域，同时打"120"电话求救。

（8）船舶火灾须用高频呼救附近船舶协助，同时拨打海事局海上救助电话12395，寻求外部救助。

二、危险化学品事故的抢险组织与救援

（一）事故类型及危险程度分析

所谓化学事故，从广义上讲，是指一切由化学物质造成的人员、环境的伤（危）害事故。但从化学事故抢险救援的角度看，它主要是指与化学危险物品有关的单位在生产、经营活动中由于某些意外的情况，突发性地发生或人为地破坏，使有毒有害化学物质大量泄漏；或伴随火灾、爆炸产生大量有害气体，从而在较大范围内造成比较严重的环境污染，对国家和人民的生命财产安全造成严重危害的灾害性事故。

（二）应急处置的基本原则、组织机构及职责

1. 应急处置的基本原则

（1）抢救人员优先。

（2）重点控制泄漏源、泄漏物。

2. 组织机构及职责

组织机构及职责如图 4-2 所示。危险化学品应急救援组织为应急救援指挥小组。

（三）危险化学品事故的预防

1. 替代

预防、控制化学品危害最理想的方法是不使用有毒有害和易燃易爆的化学品，但由于受到技术和经济方面的影响，有时很难做到。通常选用无毒或低毒的化学品替代有毒有害的化学品，选用可燃化学品替代易燃化学品。

2. 变更工艺

通过改变生产工艺来降低危险化学品事故发生，如以往从乙炔制乙醛时采用汞作催化剂，现在发展为用乙炔为原料，通过氧化或氯化制乙醛。

3.隔离

隔离是通过封闭、设置屏障等措施。避免作业人员直接暴露于有害环境中最常用的方法就是将生产或使用的设备完全封闭起来,使工人在操作中不接触化学品。

4.通风

通风是控制作业场所中有害气体、蒸气或粉尘最有效的措施。借助于有效的通风,使作业场所空气中有害气体、蒸气或粉尘的浓度低于安全浓度,以确保工人的身体健康,防止火灾、爆炸事故的发生。

(四)事故报告流程与现场应急处置措施

1.事故报告流程

事故报告流程如图4-1所示。

2.现场应急处置措施

(1)隔离、紧急疏散

①隔离是设置带有标识的警戒区域,并有专人警戒;除消防、应急处理人员以及必要坚守岗位的人员外,其他人员禁止进入警戒区;泄漏区域严禁火种。

②紧急疏散是迅速将警戒区域及污染区内与事故应急处理无关的人员撤离,以减少不必要的人员伤亡。

(2)防护

防护是根据事故物质的毒性及划定的危险区域,确定相应的防护等级,并根据防护标准配备相应的防护器具。

各种级别的防护标准如表4-2所示。

表4-2　各种级别的防护标准

级别	形式	防化服	防护服	防护面具
一级	全身	内置式重型防化服	全面防静电内衣	正压式空气呼吸器或全防型滤毒罐
二级	全身	封闭式防化服	全面防静电内衣	正压式空气呼吸器或全防型滤毒罐
三级	呼气	简易式防化服	战斗服	简易滤毒罐、面罩或口罩、毛巾等防护器材

（3）询问情况和侦检

①询问情况：询问遇险人员情况、容器储量、泄漏量、泄漏事件、部位、形式、扩散范围、消防设施、工艺措施、到场人员处置意见。

②侦检：使用检测仪器测定泄漏物质、浓度、扩散范围。确认设施、建（构）筑物险情及可能引发爆炸燃烧的各种危险源，确认消防设施运行情况。

（4）现场急救

在现场进行急救时，不论患者还是救助人员都需要进行适当的防护。并选择有利地形，如通风、远离泄漏点等环境进行急救。

（5）泄露处理

①泄漏源控制：容器发生泄漏后，采取措施修补和堵塞裂缝，制止化学品的进一步泄漏，对整个应急处理是非常关键的。

②泄漏物处理：现场泄漏物要及时进行覆盖、收容、稀释，使泄漏物得到安全可靠的处理，防止二次事故的发生。

（6）火灾控制

危险化学品容易发生火灾、爆炸事故，但不同的化学品以及在不同的情况下发生火灾时，其扑救方法差异很大，若处置不当，不仅不能有效扑灭火灾，反而会使火灾进一步扩大。此外，由于化学品本身及其燃烧产物大多具有较强的毒害性和腐蚀性，极易造成人员中毒、灼伤，因此，扑救化学危险品火灾是一项极其重要而又非常危险的工作。

三、高处坠落事故的抢险组织与救援

（一）事故类型及危险程度分析

公司现场作业过程中存在大量的高处作业，特别是设备检修，现场高处作业在无法采取围蔽、护栏等措施时，有时作业风险比较高，极易发生高处坠落事故。

（二）应急处置的基本原则、组织机构及职责

1. 应急处置的基本原则
有效组织现场救援，抢救方式正确，及时联系外部救助。

2. 组织机构及职责
组织机构及职责如图 4-2 所示。高处坠落事故应急救援组织为应急救援指挥小组。

（三）高处坠落事故的预防

（1）对职工进行预防高处坠落的安全知识教育，使他们在操作时熟悉使用工具和正确佩戴安全防护用品。

（2）针对可能发生坠落事故的特定危险施工，在施工前制定安全防范措施，在日常安全检查中加强监督落实。

（3）凡身体不适合（如高血压、癫痫病等禁忌证）从事高处作业的人员不得参与高处作业，从事高处作业的人员要按规定进行体检。

（4）高处作业要穿工作鞋，严禁穿硬塑料底鞋、高跟鞋。

（5）作业人员严禁互相打闹，不得攀爬脚手架，以免失足坠落。

（6）进行悬空作业时，应有牢固的立足点并正确系挂安全带。

（7）基坑周边、临空周边、预留洞口等，必须有安全警示并设置临时护栏，护栏密目式（2 000 目）安全网。

（8）施工使用的临时梯子要牢固，梯脚要有防滑措施，顶端捆扎牢固，确保使用安全。

（四）事故报告流程与现场应急处置措施

1. 事故报告流程

事故报告流程如图4-1所示。

2. 现场应急处置措施

（1）当发生高处坠落事故后，应马上组织抢救伤员，首先观察伤员的受伤情况部位伤害性质，如伤员发生休克，应先处理休克。遇呼吸、心跳停止者，应立即进行人工呼吸、胸外心脏按压。处于休克状态的伤员要让其安静、保暖、平卧、少动，并将下肢抬高约20°，尽快送医院进行抢救治疗。

（2）出现颅脑损伤，必须维持呼吸道通畅。昏迷者应平卧，面部转向一侧，以防舌根下坠或分泌物、呕吐物吸入，发生喉阻塞。

（3）有骨折者，应初步固定后再搬运。如果伤员有凹陷骨折、严重的颅底骨折及严重的脑损伤症状出现，创伤处用消毒的纱布或清洁布等覆盖伤口，用绷带或布条包扎后及时送就近有条件的医院治疗。

（4）发现脊椎受伤者，创伤处用消毒的纱布或清洁布等覆盖伤口，用绷带或布条包扎，搬运时将伤平卧放在牛架或硬板上，以免受伤的脊椎移位、断裂造成截瘫招致死亡。抢救脊椎受伤者，搬运过程中严禁只抬伤员的两肩与两腿或单肩背运。

（5）移位或刺伤肌肉、神经或血管的固定方法：以固定伤员骨折处上下关节为原则，可就地取材，用木板、竹头等，在无材料的情况下，上肢可固定在身侧，下肢与健侧下肢缚在一起。

（6）遇有创伤性出血的伤员，应迅速包扎止血，使伤员保持在头低脚高的卧位并注意保暖，采取正确的现场止血处理措施。

（7）一般伤口小的止血法：先用生理盐水（0.9%NaCl液）冲洗伤员伤口，涂上红汞水然后盖上消毒纱布，用绷带较紧地包扎。

（8）加压包扎法：用纱布、棉花等做成软垫，放在伤口上再加包扎，来增强压力而达到止血。

（9）止血带止血法：选择弹性好的橡皮管、橡皮带或三角巾、毛巾、带状布条等。上肢出血结扎在上臂1/2处（靠近心脏位置），下肢出血结扎在大腿上1/3处（靠近心脏位置）。结扎时，在止血带与皮肤之间垫上消毒纱布棉垫。每隔25~40分钟放松一次，每次放松0.5~1分钟。

（10）采用最快的交通工具或其他措施，及时把伤员送往邻近的医院抢救，运送途中尽量减少颠簸。同时，密切注意伤员的呼吸、脉搏、血压及伤口的情况。

四、触电坠落事故的抢险组织与救援

（一）事故类型及危险程度分析

作业现场用电设备多，用电设备随工程进度移动频繁，实施面积广，且作业区域导电材料多、临水，触电事故发生概率高，影响范围广，安全用电是安全工作的一大重点。

（二）应急处置的基本原则、组织机构及职责

1.应急处置的基本原则
动作迅速、方法正确。
2.组织机构及职责
组织机构及职责如图4-2所示。触电事故应急救援组织为应急救援指挥小组。

（三）触电事故的预防措施

项目经理部根据安全用电"装得安全，拆得彻底，用得正确，修得及时"的基

本要求,为防止发生触电事故,在日常施工(生产用电)中要求严格执行有关用电安全管理规定,具体有以下内容。

(1)施工现场焊机等机电设备必须配备防雨罩,现场电缆不许直接铺设在有车来往碾压的地面上。

(2)一切线路敷设必须按用电安全技术规程进行,按规范保持安全距离,距离不足时,应采取有效措施进行隔离防护。

(3)非电工严禁接拆电器线路、插头、插座、电气设备、电灯等。

(4)根据不同的环境,正确选用相应额定值的安全电压作为供电电压。

(5)带电体之间、带电体与地面之间、带电体与其他设施之间、工作人员与带电体之间必须保持足够的安全距离,距离不足时,应采取有效措施进行隔离防护。

(6)在有触电危险的场所或容易产生错误判断的地方,以及存在不安全因素的现场,设置醒目的文字或图形标识,提醒人们识别、警惕危险因素。

(7)采取适当的绝缘防护措施将带电导体围护或隔离起来,使电气设备及线路能正常工作,防止人身触电。

(8)采取适当的保护接地措施,在电气装置中平时不带电,但可能因绝缘损坏而带上危险的对地电压的外露导电部分(设备的金属外壳或金属结构)与大地连接,以防触电的危险。

(9)施工现场供电必须采取 TN-S 接零保护系统(简称 TN-S)的三相五线的保护接零系统,把工作零线和保护零线区分开,通过保护接零作为防止间接触电的安全技术措施,同一施工区域不能同时存在 TN-S 两个供电系统。有以下注意事项。

①在同一台变压器供电的系统中,不得将一部分设备保护接零,而将另一部设备做保护接地。

②采用接零保护系统,总电房配电柜两侧做重复接地,配电箱(二级)及开关箱(三级)均应做重复接地,其工作接地装置必须可靠,接地电阻值<4 欧姆。

③所有电动设备的重复接地必须有两个接地点。

④电动设备和机具实行"一机一闸一漏一箱",严禁一闸多机,闸刀开关选用合格的熔丝,严禁用铜丝或铁丝代替保险熔丝。按规定选用合格的漏电保护装置并定期进行检查。

⑤电源线必须通过漏电开关,开关箱漏电开关控制电源线长度不大于30 米。

(四)事故报告流程与现场应急处置

1.事故报告流程

事故报告流程如图4-1所示。

2.触电事故应急处置措施

触电急救的要点是动作迅速,救护得法,切不可惊慌失措,束手无策。要贯彻"迅速、就地、正确、坚持"的触电急救八字方针。如果发现有人触电,首先要尽快使触电者脱离电源,然后根据触电者的具体症状进行对症施救。脱离电源的基本方法有以下内容。

(1)将事故发生附近电源开关刀拉掉或将电源插头拔掉,以切断电源。

(2)用干燥的绝缘木棒、竹竿、布带等物将电源线从触电者身上剥离或者将触电者拖离电源,必要时可用绝缘工具(如带有绝缘柄的电工钳、木柄斧头以及锄头)切断电源线。

(3)救护人员可戴上手套或在手上包缠干燥的衣服、围巾、帽子等绝缘物品拖拽触电者,使之脱离电源。

(4)如果触电者由于痉挛手指紧握导线缠绕在身上,救护人员可先用干燥的木板塞进触电者身下,使其与地绝缘来隔断人的电流,然后再采取其他办法将电源切断。

(5)如果触电者触及断落在地上的带电高压导线,且尚未确证线路无电之前,救护人员不可进入断线落地点8~10米的范围内,防止跨步电压触电。进入该范围救护人员应穿上绝缘靴或临时双脚并拢跳跃地接近触电者。触电者脱离带电导线后应迅速将其带至8~10米以外立即开始触电急救。只有在确认线路已经无电,可在触电者离开触电导线后就地急救。

3.使触电者脱离电源时应注意的事项

(1)在未采取绝缘措施前,救护人员不得直接触及触电者的皮肤和潮湿的衣服。

(2)严禁救护人员直接用手推、拉和触摸触电者。

(3)救护人员不得采用金属或其他绝缘性能差的物体(如潮湿木、布带等)作为救护工具。

(4)在拉拽触电者脱离电源的过程中,救护人员宜用单手操作,这样对救护人员比较安全。

(5)当触电者位于高位时,应采取措施预防触电者在脱离电源后坠地摔伤或摔死(电击二次伤害)。

（6）夜间发生触电事故时，应考虑切断电源后的临时照明问题，以利救护。

（7）触电者未失去知觉的救护措施：应让触电者在比较干燥、通风暖和的地方静卧休息，并派人严密观察，同时请医生前来或送往医院诊治。

（8）触电者已失去知觉但尚有心跳和呼吸的抢救措施：应使其舒适地平卧着，解开衣服以利呼吸，四周不要围人，以保持空气流通，天冷应注意保暖，同时立即请医生前来或送往医院诊治。若发现触电者呼吸困难或心跳失常，应立即实行人工呼吸及胸外心脏按压。

（9）对"假死"者的急救措施：当判定触电者呼吸和心跳停止时，应立即按心肺复苏法就地抢救。心肺复苏法步骤如下。

①通畅气道。第一，清除口中异物。使触电者仰面躺在平硬的地方，迅速解开其领扣、围巾、紧身衣和裤带。如发现触电者口内有食物、假牙、血块等异物，可将其身体及头部同时侧转，迅速用一只手指或两只手指交叉从口角处插入，从口中取出异物，操作中要注意防止将异物推到咽喉深入。第二，采用仰头抬颏法畅通气道。操作时，救护人员用一只手放在触电者前额，另一只手的手指将其须颔骨向上抬起，两手协同将头部推向后仰，舌根自然随之抬起，气道即可畅通。为使触电者头部后仰，可于其颈部下方垫适量厚度的物品，但严禁用枕头或其他物品垫在触电者头下。

②口对口（鼻）人工呼吸。使触电者仰卧，松解衣扣和腰带，清除触电者腔内痰液、呕吐物、血块、泥土等，保持呼吸道通畅。救护人员一手将触电者下颌托起，使其头尽量后仰，另一只手捏住触电者的鼻孔，深吸一口气，对住触电者的口用力吹气，然后立即离开触电者口，同时松开捏鼻孔的手。吹气力量要适中，次数以每分钟 16~18 次为宜。

③胸外心脏按压。将触电者仰卧在地上或硬板床上，救护人员跪或站于触电者一侧，面对触电者，将右手掌置于触电者胸骨下段及剑突部，左手置于右手之上，以上身的重量用力把胸骨下段向后压向脊柱，随后将手腕放松，每分钟按压 60~80 次。在进行胸外心脏按压时，宜将触电者头放低以利静脉血回流。若触电者同时伴有呼吸停止，在进行胸外心脏按压时，还应进行人工呼吸。一般做 4 次胸外心脏按压，做 1 次人工呼吸。

五、超重伤害事故的抢险组织与救援

（一）事故类型及危险程度分析

工作现场需要大型起重设备，现场作业人员密集，存在频繁的交叉作业，如发生意外,极易造成群死群伤,影响较大,起重作业安全是工程施工安全工作的重中之重。

（二）应急处置的基本原则、组织机构及职责

1. 应急处置的基本原则

（1）抢救人员优先。

（2）控制事故扩大优先。

2. 组织机构及职责

组织机构及职责如图 4-2 所示。起重事故应急救援组织为应急救援指挥小组。

3. 超重伤害事故的预防

（1）起重机应有省、市技术监督部门检测证书,起重司机、起重指挥工应持有特种作业操作证书。

（2）起吊作业钢丝绳,卡环和绳套等配套设施须有质量合格证。

（3）起重作业"十不吊"须严格执行,"十不吊"内容有:

① 被吊物重量超过机械性能允许范围;

② 信号不清楚;

③ 吊物下方有人;

④ 吊物上站人;

⑤ 埋在地下物;

⑥ 斜拉斜牵物;

⑦ 散物捆绑不牢;

⑧ 立式构件、大模板等不用卡环吊装;

⑨ 零碎物无容器;

⑩ 吊装物重量不明。

（4）选用的绳具、卡环须与被吊物重量相匹配,不得起吊气瓶、压力容器、爆破险品等高危物品,禁止使用施工现场的起重机械吊运人(施工作业人员)。

（5）起重机械安全装置(限位装置、行程开关、超载保护、超力矩保护、信号、喇叭等)完好,作业过程中须开启。

（6）起重作业区地面结实、平整,非斜坡,汽车、轮胎起重机作业时须将支撑完撑开。

（7）起重作业区域应设显眼的警示标识,无关人员不得进入起重作业影响范围起重指挥工应佩戴醒目的标识。

（8）大型构件的起吊安装制定专项吊装方案，现场多台吊机配合起吊时须设名起重总指挥，其他多名起重工服从起重总指挥的统一手势，步调一致。

（9）夜间、风力5级以上不得进行起重作业。

（四）事故报告流程与现场应急处置措施

1. 事故报告流程

事故报告流程如图4-1所示。

2. 现场应急处置措施

（1）吊物、吊臂打击事故

①发生物体打击事故，应马上组织抢救伤者，首先观察伤者的受伤情况、部位伤害性质，如伤员发生休克，应先处理休克。遇呼吸、心跳停止者，应立即进行人呼吸、胸外心脏按压。处于休克状态的伤员要让其安静、保暖、平卧、少动，并将下肢抬高约50厘米，尽快送就近医院进行抢救治疗。

②出现颅脑损伤，必须维持呼吸道通畅。昏迷者应平卧，面部转向一侧，以防舌根下坠或分泌物、呕吐物吸入，发生喉阻塞。有骨折者，应初步固定后再搬运。伤员如有四陷骨折、严重的颅底骨折及严重的脑损伤症状出现，创伤处应用消毒的纱布或清洁布等覆盖伤口，用绷带或布条包扎后，及时送就近有条件的医院治疗。

（2）吊机超负荷起吊、吊机支撑不稳，导致倾覆

①发生机体倾覆，应马上组织抢救司机，司机受伤，则按本项规定进行救援。

②确保人员安全情况下，救援工作组长组织清理损坏设备，如发生火灾和爆炸事故须按照"火灾与爆炸事故的抢险组织与救援"实施现场救助。

六、机械伤害事故的抢险组织与救援

（一）事故类型及危险程度分析

机械伤害指机械设备运动（静止）部件、工具直接与人体接触引起的夹击、碰撞、剪切、卷入、绞、碾、割、刺等伤害。企业在生产过程中，使用大量的工器具和机械设备进行作业，容易发生机械伤害事故。

1. 各主要工器具及设备产生机械伤害的情况分析

（1）刀具造成的伤害

钻床上的钻头、卧式金属带锯床上的锯片、磨床及砂轮机上的砂轮片和车

床、刨床、镗床上的切削工具等都是加工零件用的刀具,这些刀具在加工零件时会对人员造成刺伤、割伤等机械伤害。

(2)机械设备零、部件做旋转运动时造成的伤害

当人员身体部位、衣物角或头发被卷入齿轮、滑轮、卡盘、轴、光杠、丝杠、供轴节等做旋转运动的机械设备零、部件中,将会对人员造成绞、碾等伤害,如设备无紧急停车装置或处于高速运转状态,身体很可能被快速卷入设备,造成人员伤亡。

(3)机械设备的零、部件做直线运动时造成的伤害

该项目冲床、压力机等设备存在做直线运动的零部件,做直线运动时会造成压伤、砸伤、挤伤等机械伤害。

(4)易滚动物件堆放无防滚动措施

可能造成对人员的碾压。

2.产生以上机械伤害的原因

(1)无防护

如无防护罩、安全保护装置、报警装置、安全警示牌、护栏等安全防护措施或防护措施失。

(2)防护不当

如防护罩未在适当位置,防护装置调整不当,安全距离不够等。

(3)机械设备设施存在缺陷

如设计不合理,结构不符合安全要求,制动装置存在缺陷,安全距离不够,工件上有锋利毛刺、毛边,设备上有锋利倒棱等。

(4)人员违规违章作业

造成机械伤害。

(5)机械强度不够

如起吊重物的绳索断丝或载荷不够等。

(6)设备带"病"运转

超负荷运转等。

(7)无意或为排除故障而接近危险部位

如在无防护罩的两个相对运动零部件之间清理卡住物时,可能造成挤伤、夹断、切断、压碎或人员的肢体被卷进的伤害。

(二)应急处置的基本原则、组织机构及职责

1.应急处置的基本原则

(1)抢救人员优先。

（2）控制事故扩大优先。

2. 组织机构及职责

组织机构及职责如图 4-2 所示。机械伤害事故应急救援组织为应急救援指挥小组

（三）机械伤害事故的预防

（1）必须正确穿戴个人防护用品。该穿戴的必须穿戴,不该穿戴的就一定不要穿戴。例如,机械加工时要求女工戴防护帽,如果不戴就可能将头发绞进去。同时要求不得戴手套,如果戴了,机械的旋转部分就可能将手套绞进去,将手绞伤。

（2）操作前要对机械设备进行安全检查,而且要空车运转一下,确认正常后,方可投入运行。

（3）机械设备在运行中也要按规定进行安全检查。特别是检查紧固的物件是否由于振动而松动,以便重新紧固。

（4）机械设备严禁带故障运行,以防出事故。

（5）机械设备的安全装置必须按规定正确使用,不准将其拆掉不使用。

（6）机械设备使用的刀具、工夹具以及加工的零件等一定要装卡牢固,不得松动。

（7）机械设备在运转时,严禁用手调整,也不得用手测量零件或进行润滑、清扫杂物等。如必须进行时,则应首先关停机械设备。

（8）机械设备运转时,操作人员不得离开工作岗位,以防发生问题时,无人处置。

（9）工作结束后,应关闭开关,把刀具和工件从工作位置退出,并清理好工作场地,将零件、工夹具等摆放整齐,搞好机械设备的卫生。

（四）事故报告流程与现场应急处置措施

1. 事故报告流程

事故报告流程如图 4-1 所示。

2. 现场应急处置措施

（1）当事故发生后现场有关人员应立即报告现场负责人及事故应急救援组组长,由救援组长指挥对事故现场实施警戒,采取有效措施防止事故扩大和保护现场,同时迅速采取切实可行的措施对被困人员或伤员组织抢救。按照有关规定,立即报告企业安全管理部门和本企业安全生产负责人,并酌情决定是否

请示上级救援。救援的要点是动作迅速、救护得当。

(2)当发生机械伤害事故时,应立即切断动力电源,首先抢救伤员,根据伤员的伤害情况,采取相应的急救办法。

①如遇有创伤性出血的伤员,应迅速包扎止血,使伤员保持在头低脚高的卧位,并注意保暖。当手前臂、小腿以下位置出血,应选用橡胶带或布带或止血纱布等进行绑扎止血。

②伤员遇呼吸、心跳停止者,应立即进行人工呼吸,胸外心脏按压。处于休克状态的伤员可用拇指压人中、内关、足三里等,以提升血压稳定病情,让其安静、保暖、平卧、少动,并将下肢抬高约20度,尽快送医院进行抢救治疗。

③出现颅脑损伤,必须保持呼吸道畅通。昏迷者应平卧,面部转向一侧,以防舌根下坠或分泌物瘀血、呕吐物吸入,发生喉阻塞。如有异物可用手指从口角一边插入摸至另一边将异物勾出。伤员如有凹陷骨折及严重的脑损伤症状出现,创伤处应用消毒的纱布或清洁布等覆盖伤口,用绷带或布条包扎后,及时送邻近的医院治疗。

④发现脊椎受伤者,创伤处用消毒的纱布或清洁布等覆盖伤口,用绷带或布条包扎。移动时,将伤员平卧放在帆布担架或硬板上,以免受伤的脊椎移位、断裂造成截瘫,导致死亡。抢救脊椎受伤者,移动过程中,严禁只抬伤员的两肩与两腿或单肩背运。

⑤发现伤者手足骨折,不要盲目搬动伤员,应在骨折部位用夹板把受伤位置临时固定,使断端不再移位或刺伤肌肉,神经或血管。固定方法:以固定骨折处上下关节为原则,可就地取材,用木板、竹片等,在无材料的情况下,上肢可固定在身侧,下肢与健侧下肢缚在一起。

⑥如机械对人体的切割伤害,当手指被切离身体时,一定要保护好断端和伤员一起送到医院进行截肢治疗。

⑦动用最快的交通工具或其他措施,及时把伤员送往邻近医院抢救,运送途中应尽量减少颠簸。同时密切注意伤员的呼吸、脉搏、血压及伤口的情况。

⑧当发生有人触电,首先要尽快使触电者脱离电源,按"触电坠落事故的抢险组织与救援"实施现场救助。

七、硫化氢事故的抢险组织与救援

(一)硫化氢(H₂S)的特性

硫化氢是一种剧烈急性的窒息性毒物,为无色带有腐蛋臭气的有毒气体,由含硫化物腐败生成,相对密度为 1.192,凝点为 -82.9℃,沸点为 -61.8℃,燃点为 29.2℃,能溶于水和醇,如通风不良,可使空气中硫化氢浓度提高,在无防护措施的情况下进入这种环境,可能发生中毒。空气中浓度达 43%~45.5% 容量,会发生爆炸,吸入空气中含量超过 30~40 mg/m,会引起中毒。

(二)硫化氢中毒类型划分

1. 刺激反应

接触硫化氢后出现流泪、眼刺痛、流涕、咽喉部位有灼热感等刺激症状,在短时间内恢复者。

2. 轻度中毒

有眼胀痛、畏光、咽干、咳嗽,以及轻度头痛、头晕、乏力、恶心等症状。

3. 中度中毒

有明显的头痛、头晕等症状,出现轻度意识障碍;有明显的黏膜刺激症状,出现咳嗽、胸闷、视力模糊、眼结膜水肿及角膜溃疡等。

4. 重度中毒

出现昏迷、呼吸循环衰竭、休克等症状。

(三)硫化氢危害程度及现象

硫化氢浓度及其危害程度及现象如表4-3所示,硫化氢浓度及其生理影响与危害如表4-4所示。

表4-3 硫化氢浓度及其危害程度及现象

硫化氢浓度(ppm)	危害程度及现象
0.13~4.6	可嗅到臭鸡蛋味,一般对人体不产生危害
4.6~10	刚接触有刺热感,但会迅速消失
50	允许直接接触 10 分钟
100	刺激咽喉,引起咳嗽,3~10 分钟会损伤嗅觉、眼睛;头痛、恶心、脉搏加快,接触 4 小时以上会死亡
200	立即破坏嗅觉系统,眼睛、咽喉有灼烧感;时间稍长,眼、喉将灼伤,甚至导致死亡
500	失去理智和平衡知觉,呼吸困难,2~15 分钟呼吸停止,如抢救不及时,将导致死亡

表 4-3(续)

硫化氢浓度(ppm)	危害程度及现象
525~600	1~4 小时有生命危险
700	很快失去知觉,停止呼吸,若不立即抢救,将死亡
900	暴露 30 分钟会引起致命性中毒
1 000	立即失去知觉,造成死亡,或造成永久性脑损伤,智力损残
1 500	引起呼吸道麻痹,有生命危险
2 000	吸上一口,将立即死亡,难以抢救
1 500~2 500	在数分钟内死亡

表 4-4 空气中硫化氢浓度及其生理影响与危害

空气中硫化氢浓度(mg/m^3)	生理影响与危害
0.04	闻到臭味
0.5	闻到明显臭味
5	有强烈臭味
7.5	有不快感
15	刺激眼睛
35~45	强烈刺激黏膜
75~150	刺激呼吸道
150~300	嗅觉在 15 分钟内麻痹
300	暴露时间长则有中毒症状
300~450	暴露 1 小时引起亚急性中毒
375~525	4~8 小时有生命危险

(四)应急准备

1.应急物资准备

(1)各作业区域必须有联络的通信工具,并必须保持畅通。

(2)装置内设观测风向的简单装置。

(3)生产装置区域配备至少 10 套防毒面具和配套供氧呼吸设备。

(4)汽提塔、酸性水罐应有硫化氢声响报警系统。

(5)应配备足够的医用氧气和吸氧设备或呼吸器。

(6)生产装置区域应配备可使硫化氢中毒者饮用后产生兴奋的饮料(浓茶或咖啡)、干净清洁的水和毛巾。

2. 紧急服务信息

(1)医疗急救电话"120"或就近的医疗机构的医疗技术备件。

(2)指挥组织负责人应清楚生产装置详细位置。

(3)操作人员应清楚生产装置地形、硫化氢监测仪器放置情况、报警声响特点风向标位置及安全撤离路线等。

3. 一般护理常识

(1)当中毒者呼吸和心跳恢复后,可给中毒者喝些产生兴奋的饮料(浓茶或咖啡)并专人护理。

(2)如中毒者眼睛轻度损害,可用清洁水清洗或冷敷。

(3)遭受硫化氢中毒者,需要休息几天,不得再度受硫化氢的伤害,因为被硫化氢伤害过的人,对硫化氢的抵抗力变得更低。

(4)安全地带是指通风良好且空气新鲜的上风地区。

(五)应急反应和处理行动

1. 现场人员发生硫化氢中毒时

(1)巡检中发现装置中硫化氢泄漏,应立即逐级向上汇报,紧急情况可以越级汇报,在确保人身安全和流程上下游装置安全的情况下,根据泄漏部位和泄漏量的大小,果断采取应急措施。若泄漏量不大,通知检修人员尽快处理;若泄漏量很大,则立即通知受到威胁的其他岗位人员做好个人防护或撤离,汇报调度,装置紧急停车并尽快隔离泄压,调度在得知现场发生大的泄漏事故时,应立即通知消防参与现场应急处理,并将情况报告应急救援指挥部。

(2)岗位操作人员应立即采取相应的措施,处理完毕后,及时将处理结果汇报当班值负责人并做好记录。当班值负责人应对岗位人员采取有效性的措施及对处理结果进行检查认可,如有问题,应立即与岗位人员一起采取措施处理,并立即将情况汇报车间主任(或主管技术员)。

2. 现场作业人员遭遇硫化氢中毒时

(1)应急小组根据情况初步判断中毒级别,若属轻、中度,应立即接受吸氧30分钟后,再将伤员送至救助的医疗机构。

(2)同时应急小组组长通知相关人员佩戴防毒面具或迅速撤离至安全地带。

（3）若确需在有硫化氢气体存在的场所继续作业,必须两人以上组成一个小组佩戴防毒面具工作,并且至少每隔10分钟撤离至安全地带休息5分钟方能继续工作。

3. 现场作业人员发生硫化氢重度中毒时

（1）应迅速报告应急指挥小组组长,组长应立即组织人员穿戴好防毒面具或求助相关方将伤员迅速撤离现场,放置在安全地带。

（2）若中毒者能自行进行呼吸,应立刻吸氧,并应保持中毒者处于放松状态、保持中毒者的体温,不能乱抬乱背,应将中毒者放于平坦干燥的地方就地抢救,然后将伤员送至救治的医疗机构或求助当地120急救中心。

（3）如果重度中毒者撤离至安全地带时,已出现休克、心脏或呼吸停止的现象应立即采取人工呼吸、呼吸器、人工胸外心脏按压法等方法进行抢救。

4. 现场抢救方法

（1）人工呼吸法

人工呼吸法是家庭急救中经常应用的一项急救措施,是在伤员因各种原因所致的呼吸突然停止或极度呼吸衰竭时,利用人工方法帮助呼吸,使其恢复自然的一种方法。常用的人工呼吸法有以下三种。

①口对口吹气法。病人仰卧,托起下颌,张开口,捏住病人鼻孔,头部尽量后仰舌头不要堵塞咽喉。急救人员自己先深吸一口气,对准病人的嘴（两嘴对紧,不要用气)用力吹气,病人胸部扩张起来后,停止吹气,并放松鼻孔,使其胸部自然缩回去如此反复进行,每分钟16~20次,直到伤员呼吸恢复为止。

②俯卧压背法。伤员俯卧,头偏向一侧,一侧臂向前伸直,使其头枕在另一只弯着的手臂上,腹部用枕头垫高。急救人员跪伏在伤员大腿两侧,面向病人头部,两臂伸直,两手掌平放于伤员下胸背部两侧,均匀地用力按压后背下部,使气体由肺脏排出。然后两手放松,身体后仰,除去压力,使胸部自然扩张,空气进入肺内。如此反复进行,每分钟16~20次。此法对触电及溺水者更为适宜。

③仰卧压胸法。伤员仰卧,头侧向一边,尽可能将舌头拉出,背部垫上枕头或衣被,使胸部抬高。急救人员跪于伤员大腿两侧,以手掌贴于伤员两侧肋弓部,拇指向内,其余四指向外,借上半身的体重用力向胸部上后方压迫,挤出胸内空气,然后松手,胸部自行弹回,使空气吸入。如此有节奏地进行,每分钟18~20次。

在实施人工呼吸时,应注意以下几点。

①将伤员安放在空气流通的地方,解开衣服,但不要使伤员受凉。

②用纱布或手帕清除伤员口中的痰液、血块、泥土或假牙等物。

③口对口呼吸时,嘴与嘴间可放上手帕或几层纱布,但不要太厚,以免影响空气吸入。

④人工呼吸的同时,可肌肉或皮下注射呼吸兴奋剂。

⑤伤员有微弱的自然呼吸时,人工呼吸应和病人的自然呼吸节律相一致,不可相反。

⑥伤员呼吸恢复正常后,方可停止,如果伤员呼吸再度停止,则应再次施行,不可中断,只有确定伤员已经死亡,方可放弃抢救。

⑦用力要适当,以防肋骨骨折,也不要挤压胃部,防止将胃内容物压出,阻滞呼吸。

⑧抢救开始时.首次吹气两口,每次吹气量不要大于 1 200 毫升,以免造成胃扩张,儿童吹气量约在 800 毫升,以胸廓上抬为准。

⑨吹气时不要按压胸部。

(2)胸外心脏按压法

胸外心脏按压法,是在伤员因某种原因心脏突然停止跳动、血液循环也停止时采取的一种心肺复苏术。具体方法如下。

①伤员仰卧在床上或地上,头低10°,背部垫上木板,解开衣服,在胸廓正中间有一块狭长的骨头,即胸骨,胸骨下正是心脏。

②急救人员跪在伤员的一侧,两手上下重叠,手掌贴于心前区(胸骨下 1/3 交界处),以冲击动作将胸骨向下压迫,使其陷 3~4 厘米,随即放松(按压时要慢,放松时要快),让胸部自行弹起,如此反复,有节奏地按压,每分钟 60~80 次,到心跳回为止。

胸外按压法有以下注意事项。

①按压时,不宜用力过大、过猛,部位要准确,不可过高或过低。否则,易致胸骨、肋骨骨折、内脏损伤,或者将食物从胃中挤出,逆流入气管,引起呼吸道梗阻。

②胸外心脏按压常常与口对口呼吸法同时进行,吹气与按压之比:1 人时,吹口气,按压 8~10 次;2 人时,吹 1 口气,按压 4~5 次。

③在施行胸外心脏按压的同时,要配合心率注射急救药物,如肾上腺素、异丙基肾上腺素等。

④如果伤员体弱或是小孩,则用力要小些,甚至可用单手按压。

⑤按压有效时,可触到颈动脉搏动,自发性呼吸恢复,脸色转红,已散大的瞳孔缩小等。

（3）氧气吸入法

氧气吸入法是在伤员呼吸困难的情况下采用的一种给氧方法。此法适用于以下伤员。

①头部外伤,使呼吸中枢的功能受到抑制,甚至发生麻痹,急需要吸入氧气。

②胸部外伤,一般指开放性外伤,如肋骨骨折刺破了肺脏,使肺活量显著减退呼吸困难,急需用氧。

③一切肺脏的急性感染,最常见的如小儿麻疹后合并肺炎,引起呼吸困难,吸氧可减轻其症状。患支气管哮喘、肺气肿、大叶性肺炎等呼吸困难的伤员,也可吸入氧气。

八、车辆交通事故的抢险组织与救援

（一）事故类型及危险程度分析

公司作业场所的各类车辆多,有时路况差、道路狭窄、临海,行驶路线更换频繁有的车况不良,超载严重,行驶路线与码头作业区域频繁交叉,交通事故概率高,衍生事故损失大,因此,车辆交通安全是施工现场安全工作的重点,应从司机的准入教育和考核出发,加强车辆和道路监管,避免交通事故的发生。

（二）应急处置的基本原则、组织机构及职责

1.应急处置的基本原则

（1）抢救人员优先。

（2）控制事故扩大优先。

2.组织机构及职责

组织机构及职责如图 4-2 所示。车辆交通事故应急救援组织为应急救援指挥小组。

（三）车辆交通事故的预防

（1）严把司机进场准入关,司机须持有与其驾驶车型相符的合格驾驶证。

（2）行驶车辆车牌、行驶证和年度检验合格证齐全、有效。

（3）每日出车前检查车辆的转向装置、刹车装置、信号灯具、喇叭和轮胎等,保持车况良好,严禁带"病"车辆上路。

（4）施工路段设置限速牌,限制施工路段车速,临海路段、急转弯或作业人员密集区域设减速标志和警示标识。

(5)严格遵守交通规则,严禁违规驾驶。

(6)严格控制车辆的载重,禁止车辆超载行驶

(7)施工道路须平整、通畅,减少急转弯,道路须由专人维护,及时清理车辆漏卸的物料,路面经常洒水,减少扬尘。

(8)超长、超宽的物件运输,应设置明显的警示标识,制定专项运输方案。

(四)事故报告流程与现场应急处置措施

1.事故报告流程

事故报告流程如图4-1所示。

2.现场应急处置措施

(1)发生事故,应立即采取措施,调用现场设备将人员拖离危险区域,拨打急救电话"120"寻求医疗救助。

(2)现场受伤人员抢救:首先观察伤者的受伤情况、部位、伤害性质,如伤员发生休克,应先处理休克。遇呼吸、心跳停止者,应立即进行人工呼吸,胸外心脏按压。处于休克状态的伤员要让其安静、保暖、平卧、少动,并将下肢抬高约20°,尽快送就近医院进行抢救治疗。

(3)出现颅脑损伤,必须维持呼吸道通畅。昏迷者应平卧,面部转向一侧,以防舌根下坠或分泌物、呕吐物吸入,发生喉阻塞。有骨折者,应初步固定后再搬运。如伤员有凹陷骨折、严重的颅底骨折及严重的脑损伤症状出现,创伤处用消毒的纱布或清洁布等覆盖伤口,用绷带或布条包扎后,及时送就近有条件的医院治疗

(4)拨打"122"报告交警大队,协助事故现场的清理。

九、淹溺事故的抢险组织与救援

(一)事故类型及危险程度分析

工作过程中可能涉及临水、水上作业和船舶作业。作业区域夏季长、温度较高,海区夏季台风频发、秋冬季节季候风盛行,自然环境比较恶劣,作业过程中发生人员坠海淹溺事故可能性较大。

(二)应急处置的基本原则、组织机构及职责

1.应急处置的基本原则

(1)充分利用现场救助资源,迅速、果断、自救、互救。

(2)溺水时间长、体质弱的先营救。

2.组织机构及职责

组织机构及职责如图 4-2 所示。淹溺事故应急救援组织为应急救援指挥小组。

(三)淹溺事故的预防措施

(1)水上作业、甲板上临边操作的人员必须正确穿救生衣,外作业系救生绳(安全带)。

(2)临水作业时的风力等级不得超过 6 级,超过 6 级停止作业。

(3)临边、临水作业区及海上作业平台(码头)空洞处设置安全网(平网、立网)围蔽,孔洞用木板盖上,无围蔽措施处须设立明显的警示标志。

(4)在小艇、排筏水上作业时必须 2 人以上,严禁单独水上作业。

(5)乘坐及驾驶交通船的安全措施:

①交通船持有有效适航证书,配置符合载员要求的救生设备;

②交通船上限定载量和最高载客人数,不许超载;

③乘坐交通船的人员上船后,要坐下或蹲下,手扶船上固定物(栏杆),不准嬉闹,遇到风浪大时,人员不能走到同一侧,船未停稳不得上岸。

(6)船舶靠泊、移船、定位带缆作业时,人员要站在安全位置和站稳,防止船舶碰撞瞬间站立失稳掉海;

(7)水上作业人员须正确穿救生衣,临水作业点放置一定数量的救生圈;

(8)定期检查船体状况及安全设施齐备情况,保证船安全适航。

(四)事故报告流程与应急处置

1.事故报告流程

事故报告流程如图 4-1 所示。

2.现场应急处置

(1)施救人员救护措施

①第一个发现有人落水的人员应及时进行施救,立即向落水者下游、下风或附近抛下救生圈,系有救生绳的救生圈应把绳头留在手上,同时大声通知附近人员或船只协助救援。可能时,直接救落水者脱险。

②现场带班负责人听到有人落水的消息,应立即组织抢救并通知工地负责人。

③值班救护船接通知后,应立即前往出事地点,从下风、下游接近落水者,

如风浪大要保持一定距离,防止船碰撞落水者。

④救护船接近落水者后,放下边挂梯,伸出竹竿或抛下带救生绳的救生圈,使落水者拉住扶物,自行上船或拖近船旁上船。

⑤如落水者落水后晕迷或受伤,施救人员下水施救时,应穿好救生衣,系上救生绳,接近伤者后,仰面托起受伤者头部,将伤者救离水面后,立即根据伤情给予现场抢救。

⑥如落水者受伤情况严重或无法现场抢救,救护船在现场抢救的同时,需要通知项目部负责人做好送伤者到医院就医准备。

(2)落水者自救措施

①人员一旦落水,浮升到水面后,应大声呼救,可能情况下,尽量抓住固定物,避免漂远或被海浪打向岸边。但要注意身体不要碰撞固定物。

②落水者如被压船底,应手托船底板,设法顺流游离船底。

③落水者在待救时,要背向风浪,防止呛水。

十、中暑事故的抢险组织与救援

(一)事故类型及危险程度分析

企业所在的区域夏季高温、天气炎热,露天作业体力劳动频繁,作业区域临水,作业人员在高温下施工容易出现中暑。

(二)应急处置的基本原则、组织机构及职责

1.应急处置的基本原则

(1)有效组织现场资源,早发现、早处理。

(2)团结合作、相互照顾,及时抢救。

2.组织机构及职责

组织机构及职责如图4-2所示。中暑事故应急救援组织为应急救援指挥小组。

(三)中暑事故预防措施

(1)采取综合的措施,切实预防中暑事故的发生,从技术、保健、组织等方面做好防暑降温工作。

(2)加强防暑降温工作的领导,在入暑前,制订防暑降温计划和落实具体中暑措施。

（3）要加强对职工防暑降温知识的教育，增强自防中暑的能力，注意保持充足的睡眠时间。

（4）根据本地气温情况，适当调整作息时间，利用早晨、傍晚气温较低时工作，延长休息时间等办法，避开中午时间，减少阳光辐射热，以防中暑。

（5）贯彻《劳动法》，控制加班加点；切实做到劳逸结合，保证工人吃好、睡好、休息好。

（6）在职工较集中的露天作业施工现场设置休息室，室内通风良好，室温不宜超过 30 ℃；工地露天作业较为固定时，也可采用搭建活动凉棚、遮阳伞等措施，减少阳光辐射。

（7）对露天和高温作业者，应供给足够的符合卫生标准的饮料，供给含盐浓度 0.1%~0.3% 的清凉饮料，暑期还可供给绿豆汤、茶水等。

（8）加强个人防护。一般宜选用浅蓝色或灰色的工作服，颜色越浅热阻率越大；对辐射强度大的工种应供给白色工作服，并根据作业需要佩戴好各防护用具；露天作业应藏白色安全帽，防止阳光暴晒。

（四）事故报告流程与应急处置

1. 事故报告流程

事故报告流程如图 4-1 所示。

2. 中暑事故的表现与现场应急处置措施

（1）中暑症状的表现

①先兆中暑。在高温环境中劳动一段时间后，出现大量流汗、口渴、身感无力、注意力不集中、动作不能协调等症状。

②轻度中暑。其症状为除有先兆中暑症状外，还可能出现头晕乏力、面色潮红胸闷气短、皮肤灼热而干燥，还有可能出现呼吸循环系统衰竭的早期症状，如面色苍白、恶心、呕吐、血压下降、脉搏细弱而快、体温上升到 38.5 ℃以上。此时，如不及时救护，就会发生热晕厥或热虚脱。

③重症中暑。一般是因未及时和适当处理出现的轻症中暑（病人），导致病情加重，随着出现昏迷、痉挛或手脚抽搐。此时中暑病人皮肤往往干燥无汗，体温升至 40 ℃以上，若不赶紧急救，很可能危及生命安全。

（2）现场应急处置措施出现有头痛、头晕、耳鸣、眼花等症状继之出现恶心、呕吐、全身皮肤发红、剧烈口渴、小便增多、脉搏快速而微弱等症状者为中暑，应该迅速将病人移至阴凉通风的地方，解开其衣服，让病人平卧，头部不要垫高，用冷水毛巾敷头部，用风扇吹病人（不能太大风）或用较凉的水（刚一开始不要用很凉的水,而要将水温逐渐变凉)擦其身体(头部、腋下、股窝等处)再用风扇吹,一般中暑病人就能逐渐好转,并可服入丹.十滴水等药物,并送就近医院抢救。

十二、各类自然灾害事故的抢险组织与救援

确切地说,凡危害人类生命财产和生存条件的各类事件通称之为灾害。纵观人类的历史可以看出,灾害的发生原因主要有两个:一是自然变异,二是人为影响。因此,通常把以自然变异为主因的灾害称之为自然灾害,如地震、风暴潮;将以人为影响为主因的灾害则称之为人为灾害,如人为引起的火灾。

自然灾害形成的过程有长有短,有缓有急。有些自然灾害,当致灾因子的变化超过一定强度时,就会在几天、几小时甚至几分、几秒钟内表现为灾害行为,像地震洪水、飓风、风暴潮、冰雹等,这类灾害称为突发性自然灾害。旱灾、农作物和森林的病、虫、草害等,虽然一般要在几个月的时间内成灾,但灾害的形成和结束仍然比较快速、明显,所以也将它们列入突发性自然灾害。另外,还有一些自然灾害是在致灾因素长期发展的情况下,逐渐显现成灾的,如土地沙漠化、水土流失、环境恶化等,这类灾害通常要几年或更长时间的发展,则称为缓发性自然灾害。

(一)事故类型及危险程度分析

1. 自然灾害的事故类型

(1)地质灾害:地质作用所产生的灾害,如火山爆发、地震、泥石流、山体滑坡山崩。

(2)气象灾害:短时间的大气物理过程产生的灾害,如雨灾(暴雨、热带暴风雨),风灾(台风、飓风、龙卷风),水灾(洪水)、雪灾(暴风雪、雪崩)。

(3)气候灾害:气候异常所产生的灾害,如全球大气变暖、旱灾等。

(4)水文灾害:如水灾等。

(5)生态灾害:恶性传染病(SARS、埃博拉病毒等)、沙尘暴、火灾(森林大火)等。

(6)天文灾害:流星体或小行星撞击地球,太阳活动引发的灾害。

2. 危险程度分析我国自然灾害种类繁多。地震、台风、暴雨、洪水、内涝、高温、雷电、大雾、灰霾泥石流、山体滑坡、海啸、道路结冰、龙卷风、冰雹、暴风雪、崩塌、地面塌陷、沙尘等,每年都要在全国和局部地区发生,造成大范围的损害或局部地区的毁灭性打击自然灾害是人与自然矛盾的一种表现形式,具有自然

和社会两重属性,是人类过去、现在和未来所面对的最严峻的挑战之一;自然灾害是地理环境演化过程中的异常事件,却成为阻碍人类社会发展最重要的自然因素之一。

自然灾害通常是剧烈的,其破坏力极大,持续时间有长有短。自然灾害有许多重要的特征,具有普遍性、区域性、不可避免性和对财产的损害性。

(二)应急处置的基本原则、组织机构及职责

1. 应急处置的基本原则

(1)以人为本。在实施自然灾害救援中,始终把保障人民群众的生命财产安全作为出发点和落脚点。

(2)预防为主。在监测中坚持常规监测与专项监测相结合,在预报中坚持科学分析与准确预报相结合,在预警中坚持提前预警与扩大预警覆盖面相结合,加大日常宣传教育力度,做好各项防范准备。

(3)统筹兼顾。自然灾害发生后,各相关部门和受灾地区要按照各自的工作职责开展恢复生产、生活工作。

2. 组织机构及职责

组织机构及职责如图 4-2 所示。自然灾害事故应急救援组织为应急救援指挥小组。

(三)自然灾害事故预防措施

(1)预防和减轻台风灾害,应根据台风预警级别,及时疏散沿海地区居民,人员应尽可能待在防风安全的地方,加固港口设施,防止船只走错、搁浅和碰撞,拆除高层建筑广告牌,预防强暴雨引发的山洪、泥石流灾害。

(2)对暴雨洪涝灾害,根据雨情发展,及时转移滞洪区、泄洪区人员、财产,及时转移城市低洼危险地带以及危房内的居民,切断低洼地带有危险的室外电源。

(3)浓雾发生时,大气能见度与空气质量明显下降,机场、高速公路、航运采取停运、封闭措施,交通驾驶人员控制速度,确保安全,居民减少外出,外出时戴口罩。

(4)雪灾发生时,相关部门做好交通疏导,必要时关闭道路交通,做好道路清扫和积雪融化工作,驾驶人员小心驾驶,防范道路结冰影响。

(四)事故报告流程与现场应急处置措施

1. 事故报告流程

事故报告流程如图 4-1 所示。

2.现场应急处置措施

（1）灾情监测、收集、报告与评估。必要时可组织专家组深入灾区，对灾害损失及其社会影响进行评估，为救灾工作提供决策依据。

（2）紧急救援和转移灾民，最大限度地减少人员伤亡和财产损失。

（3）应急保障。保障救灾应急所需资金；为灾民提供临时住所、应急食品、饮用水、衣被等生活必需品；保障灾区交通、通信畅通和电力供应以及紧急救援所需的车、船等交通运输工具；为参加抢险的人民解放军、武警部队、预备役部队和民兵等准备必要的专用物资、器材，并提供必要的生活保障；紧急救治伤病员，控制疫情发生和蔓延；维护灾区社会治安和交通秩序。

（4）预防次生、衍生灾害。

（5）向上级有关部门申请应急资金，必要时向上级人民政府请求紧急支援。

（6）视灾情组织救灾捐赠。

（7）恢复重建因灾毁损的居民住房、学校校舍，修复因灾毁损的交通、通信、水利、电力、供水等基础设施。

（8）向社会发布灾情及救灾工作等有关信息。

附录一
生产安全事故应急条例

中华人民共和国国务院令第 708 号

《生产安全事故应急条例》已于 2018 年 12 月 5 日国务院第 33 次常务会议通过,现予公布,自 2019 年 4 月 1 日起施行。

第一章 总　　则

第一条　为了规范生产安全事故应急工作,保障人民群众生命和财产安全,根据《中华人民共和国安全生产法》和《中华人民共和国突发事件应对法》,制定本条例。

第二条　本条例适用于生产安全事故应急工作;法律、行政法规另有规定的,适用其规定。

第三条　国务院统一领导全国的生产安全事故应急工作,县级以上地方人民政府统一领导本行政区域内的生产安全事故应急工作。生产安全事故应急工作涉及两个以上行政区域的,由有关行政区域共同的上一级人民政府负责,或者由各有关行政区域的上一级人民政府共同负责。

县级以上人民政府应急管理部门和其他对有关行业、领域的安全生产工作实施监督管理的部门(以下统称负有安全生产监督管理职责的部门)在各自职责范围内,做好有关行业、领域的生产安全事故应急工作。

县级以上人民政府应急管理部门指导、协调本级人民政府其他负有安全生产监督管理职责的部门和下级人民政府的生产安全事故应急工作。

乡、镇人民政府以及街道办事处等地方人民政府派出机关应当协助上级人民政府有关部门依法履行生产安全事故应急工作职责。

第四条　生产经营单位应当加强生产安全事故应急工作,建立、健全生产安全事故应急工作责任制,其主要负责人对本单位的生产安全事故应急工作全面负责。

第二章 应 急 准 备

第五条 县级以上人民政府及其负有安全生产监督管理职责的部门和乡、镇人民政府以及街道办事处等地方人民政府派出机关,应当针对可能发生的生产安全事故的特点和危害,进行风险辨识和评估,制定相应的生产安全事故应急救援预案,并依法向社会公布。

生产经营单位应当针对本单位可能发生的生产安全事故的特点和危害,进行风险辨识和评估,制定相应的生产安全事故应急救援预案,并向本单位从业人员公布。

第六条 生产安全事故应急救援预案应当符合有关法律、法规、规章和标准的规定,具有科学性、针对性和可操作性,明确规定应急组织体系、职责分工以及应急救援程序和措施。

有下列情形之一的,生产安全事故应急救援预案制定单位应当及时修订相关预案:

(一)制定预案所依据的法律、法规、规章、标准发生重大变化;

(二)应急指挥机构及其职责发生调整;

(三)安全生产面临的风险发生重大变化;

(四)重要应急资源发生重大变化;

(五)在预案演练或者应急救援中发现需要修订预案的重大问题;

(六)其他应当修订的情形。

第七条 县级以上人民政府负有安全生产监督管理职责的部门应当将其制定的生产安全事故应急救援预案报送本级人民政府备案;易燃易爆物品、危险化学品等危险物品的生产、经营、储存、运输单位,矿山、金属冶炼、城市轨道交通运营、建筑施工单位,以及宾馆、商场、娱乐场所、旅游景区等人员密集场所经营单位,应当将其制定的生产安全事故应急救援预案按照国家有关规定报送县级以上人民政府负有安全生产监督管理职责的部门备案,并依法向社会公布。

第八条 县级以上地方人民政府以及县级以上人民政府负有安全生产监督管理职责的部门,乡、镇人民政府以及街道办事处等地方人民政府派出机关,应当至少每2年组织1次生产安全事故应急救援预案演练。

易燃易爆物品、危险化学品等危险物品的生产、经营、储存、运输单位,矿山、金属冶炼、城市轨道交通运营、建筑施工单位,以及宾馆、商场、娱乐场所、旅游景区等人员密集场所经营单位,应当至少每半年组织1次生产安全事故应急救援预案演练,并将演练情况报送所在地县级以上地方人民政府负有安全生产监督管理职责的部门。

县级以上地方人民政府负有安全生产监督管理职责的部门应当对本行政区域内前款规定的重点生产经营单位的生产安全事故应急救援预案演练进行抽查;发现演练不符合要求的,应当责令限期改正。

第九条　县级以上人民政府应当加强对生产安全事故应急救援队伍建设的统一规划、组织和指导。

县级以上人民政府负有安全生产监督管理职责的部门根据生产安全事故应急工作的实际需要,在重点行业、领域单独建立或者依托有条件的生产经营单位、社会组织共同建立应急救援队伍。

国家鼓励和支持生产经营单位和其他社会力量建立提供社会化应急救援服务的应急救援队伍。

第十条　易燃易爆物品、危险化学品等危险物品的生产、经营、储存、运输单位,矿山、金属冶炼、城市轨道交通运营、建筑施工单位,以及宾馆、商场、娱乐场所、旅游景区等人员密集场所经营单位,应当建立应急救援队伍;其中,小型企业或者微型企业等规模较小的生产经营单位,可以不建立应急救援队伍,但应当指定兼职的应急救援人员,并且可以与邻近的应急救援队伍签订应急救援协议。

工业园区、开发区等产业聚集区域内的生产经营单位,可以联合建立应急救援队伍。

第十一条　应急救援队伍的应急救援人员应当具备必要的专业知识、技能、身体素质和心理素质。

应急救援队伍建立单位或者兼职应急救援人员所在单位应当按照国家有关规定对应急救援人员进行培训;应急救援人员经培训合格后,方可参加应急救援工作。

应急救援队伍应当配备必要的应急救援装备和物资,并定期组织训练。

第十二条　生产经营单位应当及时将本单位应急救援队伍建立情况按照国家有关规定报送县级以上人民政府负有安全生产监督管理职责的部门,并依法向社会公布。

县级以上人民政府负有安全生产监督管理职责的部门应当定期将本行业、本领域的应急救援队伍建立情况报送本级人民政府,并依法向社会公布。

第十三条　县级以上地方人民政府应当根据本行政区域内可能发生的生产安全事故的特点和危害,储备必要的应急救援装备和物资,并及时更新和补充。

易燃易爆物品、危险化学品等危险物品的生产、经营、储存、运输单位,矿山、金属冶炼、城市轨道交通运营、建筑施工单位,以及宾馆、商场、娱乐场所、旅游景区等人员密集场所经营单位,应当根据本单位可能发生的生产安全事故的特点和危害,配备必要的灭火、排水、通风以及危险物品稀释、掩埋、收集等应急救援器材、设备和物资,并进行经常性维护、保养,保证正常运转。

第十四条　下列单位应当建立应急值班制度,配备应急值班人员:

(一)县级以上人民政府及其负有安全生产监督管理职责的部门;

(二)危险物品的生产、经营、储存、运输单位以及矿山、金属冶炼、城市轨道交通运营、建筑施工单位;

(三)应急救援队伍。

规模较大、危险性较高的易燃易爆物品、危险化学品等危险物品的生产、经营、储存、运输单位应当成立应急处置技术组,实行 24 小时应急值班。

第十五条　生产经营单位应当对从业人员进行应急教育和培训,保证从业人员具备必要的应急知识,掌握风险防范技能和事故应急措施。

第十六条　国务院负有安全生产监督管理职责的部门应当按照国家有关规定建立生产安全事故应急救援信息系统,并采取有效措施,实现数据互联互通、信息共享。

生产经营单位可以通过生产安全事故应急救援信息系统办理生产安全事故应急救援预案备案手续,报送应急救援预案演练情况和应急救援队伍建设情况;但依法需要保密的除外。

第三章　应　急　救　援

第十七条　发生生产安全事故后,生产经营单位应当立即启动生产安全事故应急救援预案,采取下列一项或者多项应急救援措施,并按照国家有关规定报告事故情况:

(一)迅速控制危险源,组织抢救遇险人员;

(二)根据事故危害程度,组织现场人员撤离或者采取可能的应急措施后撤离;

(三)及时通知可能受到事故影响的单位和人员;

(四)采取必要措施,防止事故危害扩大和次生、衍生灾害发生;

(五)根据需要请求邻近的应急救援队伍参加救援,并向参加救援的应急救援队伍提供相关技术资料、信息和处置方法;

（六）维护事故现场秩序，保护事故现场和相关证据；

（七）法律、法规规定的其他应急救援措施。

第十八条　有关地方人民政府及其部门接到生产安全事故报告后，应当按照国家有关规定上报事故情况，启动相应的生产安全事故应急救援预案，并按照应急救援预案的规定采取下列一项或者多项应急救援措施：

（一）组织抢救遇险人员，救治受伤人员，研判事故发展趋势以及可能造成的危害；

（二）通知可能受到事故影响的单位和人员，隔离事故现场，划定警戒区域，疏散受到威胁的人员，实施交通管制；

（三）采取必要措施，防止事故危害扩大和次生、衍生灾害发生，避免或者减少事故对环境造成的危害；

（四）依法发布调用和征用应急资源的决定；

（五）依法向应急救援队伍下达救援命令；

（六）维护事故现场秩序，组织安抚遇险人员和遇险遇难人员亲属；

（七）依法发布有关事故情况和应急救援工作的信息；

（八）法律、法规规定的其他应急救援措施。

有关地方人民政府不能有效控制生产安全事故的，应当及时向上级人民政府报告。上级人民政府应当及时采取措施，统一指挥应急救援。

第十九条　应急救援队伍接到有关人民政府及其部门的救援命令或者签有应急救援协议的生产经营单位的救援请求后，应当立即参加生产安全事故应急救援。

应急救援队伍根据救援命令参加生产安全事故应急救援所耗费用，由事故责任单位承担；事故责任单位无力承担的，由有关人民政府协调解决。

第二十条　发生生产安全事故后，有关人民政府认为有必要的，可以设立由本级人民政府及其有关部门负责人、应急救援专家、应急救援队伍负责人、事故发生单位负责人等人员组成的应急救援现场指挥部，被指定现场指挥部总指挥。

第二十一条　现场指挥部实行总指挥负责制，按照本级人民政府的授权组织制定并实施生产安全事故现场应急救援方案，协调、指挥有关单位和个人参加现场应急救援。

参加生产安全事故现场应急救援的单位和个人应当服从现场指挥部的统一指挥。

第二十二条　在生产安全事故应急救援过程中，发现可能直接危及应急救援人员生命安全的紧急情况时,现场指挥部或者统一指挥应急救援的人民政府应当立即采取相应措施消除隐患,降低或者化解风险,必要时可以暂时撤离应急救援人员。

第二十三条 生产安全事故发生地人民政府应当为应急救援人员提供必需的后勤保障,并组织通信、交通运输、医疗卫生、气象、水文、地质、电力、供水等单位协助应急救援。

第二十四条 现场指挥部或者统一指挥生产安全事故应急救援的人民政府及其有关部门应当完整、准确地记录应急救援的重要事项,妥善保存相关原始资料和证据。

第二十五条 生产安全事故的威胁和危害得到控制或者消除后,有关人民政府应当决定停止执行依照本条例和有关法律、法规采取的全部或者部分应急救援措施。

第二十六条 有关人民政府及其部门根据生产安全事故应急救援需要依法调用和征用的财产,在使用完毕或者应急救援结束后,应当及时归还。财产被调用、征用或者调用、征用后毁损、灭失的,有关人民政府及其部门应当按照国家有关规定给予补偿。

第二十七条 按照国家有关规定成立的生产安全事故调查组应当对应急救援工作进行评估,并在事故调查报告中做出评估结论。

第二十八条 县级以上地方人民政府应当按照国家有关规定,对在生产安全事故应急救援中伤亡的人员及时给予救治和抚恤;符合烈士评定条件的,按照国家有关规定评定为烈士。

第四章 法 律 责 任

第二十九条 地方各级人民政府和街道办事处等地方人民政府派出机关以及县级以上人民政府有关部门违反本条例规定的,由其上级行政机关责令改正;情节严重的,对直接负责的主管人员和其他直接责任人员依法给予处分。

第三十条 生产经营单位未制定生产安全事故应急救援预案、未定期组织应急救援预案演练、未对从业人员进行应急教育和培训,生产经营单位的主要负责人在本单位发生生产安全事故时不立即组织抢救的,由县级以上人民政府负有安全生产监督管理职责的部门依照《中华人民共和国安全生产法》有关规定追究法律责任。

第三十一条 生产经营单位未对应急救援器材、设备和物资进行经常性维护、保养,导致发生严重生产安全事故或者生产安全事故危害扩大,或者在本单位发生生产安全事故后未立即采取相应的应急救援措施,造成严重后果的,由县级以上人民政府负有安全生产监督管理职责的部门依照《中华人民共和国突发事件应对法》有关规定追究法律责任。

第三十二条　生产经营单位未将生产安全事故应急救援预案报送备案、未建立应急值班制度或者配备应急值班人员的,由县级以上人民政府负有安全生产监督管理职责的部门责令限期改正;逾期未改正的,处3万元以上5万元以下的罚款,对直接负责的主管人员和其他直接责任人员处1万元以上2万元以下的罚款。

第三十三条　违反本条例规定,构成违反治安管理行为的,由公安机关依法给予处罚;构成犯罪的,依法追究刑事责任。

<h3 style="text-align:center">第五章　附　　则</h3>

第三十四条　储存、使用易燃易爆物品、危险化学品等危险物品的科研机构、学校、医院等单位的安全事故应急工作,参照本条例有关规定执行。

第三十五条　本条例自2019年4月1日起施行。

附录二
生产安全事故应急预案管理办法

（2016 年 6 月 3 日国家安全生产监督管理总局令第 88 号公布，自 2016 年 7 月 1 日起施行；根据 2019 年 7 月 11 日应急管理部令第 2 号修正）

第一章 总 则

第一条 为规范生产安全事故应急预案管理工作，迅速有效处置生产安全事故，依据《中华人民共和国突发事件应对法》《中华人民共和国安全生产法》《生产安全事故应急条例》等法律、行政法规和《突发事件应急预案管理办法》（国办发〔2013〕101 号），制定本办法。

第二条 生产安全事故应急预案（以下简称应急预案）的编制、评审、公布、备案、实施及监督管理工作，适用本办法。

第三条 应急预案的管理实行属地为主、分级负责、分类指导、综合协调、动态管理的原则。

第四条 应急管理部负责全国应急预案的综合协调管理工作。国务院其他负有安全生产监督管理职责的部门在各自职责范围内，负责相关行业、领域应急预案的管理工作。

县级以上地方各级人民政府应急管理部门负责本行政区域内应急预案的综合协调管理工作。县级以上地方各级人民政府其他负有安全生产监督管理职责的部门按照各自的职责负责有关行业、领域应急预案的管理工作。

第五条 生产经营单位主要负责人负责组织编制和实施本单位的应急预案，并对应急预案的真实性和实用性负责；各分管负责人应当按照职责分工落实应急预案规定的职责。

第六条 生产经营单位应急预案分为综合应急预案、专项应急预案和现场处置方案。

综合应急预案，是指生产经营单位为应对各种生产安全事故而制定的综合性工作方案，是本单位应对生产安全事故的总体工作程序、措施和应急预案体系的总纲。

专项应急预案,是指生产经营单位为应对某一种或者多种类型生产安全事故,或者针对重要生产设施、重大危险源、重大活动防止生产安全事故而制定的专项性工作方案。

现场处置方案,是指生产经营单位根据不同生产安全事故类型,针对具体场所、装置或者设施所制定的应急处置措施。

第二章　应急预案的编制

第七条　应急预案的编制应当遵循以人为本、依法依规、符合实际、注重实效的原则,以应急处置为核心,明确应急职责、规范应急程序、细化保障措施。

第八条　应急预案的编制应当符合下列基本要求:

(一)有关法律、法规、规章和标准的规定;

(二)本地区、本部门、本单位的安全生产实际情况;

(三)本地区、本部门、本单位的危险性分析情况;

(四)应急组织和人员的职责分工明确,并有具体的落实措施;

(五)有明确、具体的应急程序和处置措施,并与其应急能力相适应;

(六)有明确的应急保障措施,满足本地区、本部门、本单位的应急工作需要;

(七)应急预案基本要素齐全、完整,应急预案附件提供的信息准确;

(八)应急预案内容与相关应急预案相互衔接。

第九条　编制应急预案应当成立编制工作小组,由本单位有关负责人任组长,吸收与应急预案有关的职能部门和单位的人员,以及有现场处置经验的人员参加。

第十条　编制应急预案前,编制单位应当进行事故风险辨识、评估和应急资源调查。

事故风险辨识、评估,是指针对不同事故种类及特点,识别存在的危险危害因素,分析事故可能产生的直接后果以及次生、衍生后果,评估各种后果的危害程度和影响范围,提出防范和控制事故风险措施的过程。

应急资源调查,是指全面调查本地区、本单位第一时间可以调用的应急资源状况和合作区域内可以请求援助的应急资源状况,并结合事故风险辨识评估结论制定应急措施的过程。

第十一条　地方各级人民政府应急管理部门和其他负有安全生产监督管理职责的部门应当根据法律、法规、规章和同级人民政府以及上一级人民政府应急管理部门和其他负有安全生产监督管理职责的部门的应急预案,结合工作实际,组织编制相应的部门应急预案。

部门应急预案应当根据本地区、本部门的实际情况,明确信息报告、响应分级、指挥权移交、警戒疏散等内容。

第十二条　生产经营单位应当根据有关法律、法规、规章和相关标准,结合本单位组织管理体系、生产规模和可能发生的事故特点,与相关预案保持衔接,确立本单位的应急预案体系,编制相应的应急预案,并体现自救互救和先期处置等特点。

第十三条　生产经营单位风险种类多、可能发生多种类型事故的,应当组织编制综合应急预案。

综合应急预案应当规定应急组织机构及其职责、应急预案体系、事故风险描述、预警及信息报告、应急响应、保障措施、应急预案管理等内容。

第十四条　对于某一种或者多种类型的事故风险,生产经营单位可以编制相应的专项应急预案,或将专项应急预案并入综合应急预案。

专项应急预案应当规定应急指挥机构与职责、处置程序和措施等内容。

第十五条　对于危险性较大的场所、装置或者设施,生产经营单位应当编制现场处置方案。

现场处置方案应当规定应急工作职责、应急处置措施和注意事项等内容。

事故风险单一危险性小的生产经营单位,可以只编制现场处置方案。

第十六条　生产经营单位应急预案应当包括向上级应急管理机构报告的内容、应急组织机构和人员的联系方式、应急物资储备清单等附件信息。附件信息发生变化时,应当及时更新,确保准确有效。

第十七条　生产经营单位组织应急预案编制过程中,应当根据法律、法规、规章的规定或者实际需要,征求相关应急救援队伍、公民、法人或其他组织的意见。

第十八条　生产经营单位编制的各类应急预案之间应当相互衔接,并与相关人民政府及其部门、应急救援队伍和涉及的其他单位的应急预案相衔接。

第十九条　生产经营单位应当在编制应急预案的基础上,针对工作场所、岗位的特点,编制简明、实用、有效的应急处置卡。

应急处置卡应当规定重点岗位、人员的应急处置程序和措施,以及相关联络人员和联系方式,便于从业人员携带。

第三章　应急预案的评审、公布和备案

第二十条　地方各级人民政府应急管理部门应当组织有关专家对本部门

编制的部门应急预案进行审定;必要时,可以召开听证会,听取社会有关方面的意见。

第二十一条　矿山、金属冶炼企业和易燃易爆物品、危险化学品的生产、经营(带储存设施的,下同)、储存、运输企业,以及使用危险化学品达到国家规定数量的化工企业、烟花爆竹生产、批发经营企业和中型规模以上的其他生产经营单位,应当对本单位编制的应急预案进行评审,并形成书面评审纪要。

前款规定以外的其他生产经营单位可以根据自身需要,对本单位编制的应急预案进行论证。

第二十二条　参加应急预案评审的人员应当包括有关安全生产及应急管理方面的专家。

评审人员与所评审应急预案的生产经营单位有利害关系的,应当回避。

第二十三条　应急预案的评审或者论证应当注重基本要素的完整性、组织体系的合理性、应急处置程序和措施的针对性、应急保障措施的可行性、应急预案的衔接性等内容。

第二十四条　生产经营单位的应急预案经评审或者论证后,由本单位主要负责人签署,向本单位从业人员公布,并及时发放到本单位有关部门、岗位和相关应急救援队伍。

事故风险可能影响周边其他单位、人员的,生产经营单位应当将有关事故风险的性质、影响范围和应急防范措施告知周边的其他单位和人员。

第二十五条　地方各级人民政府应急管理部门的应急预案,应当报同级人民政府备案,同时抄送上一级人民政府应急管理部门,并依法向社会公布。

地方各级人民政府其他负有安全生产监督管理职责的部门的应急预案,应当抄送同级人民政府应急管理部门。

第二十六条　易燃易爆物品、危险化学品等危险物品的生产、经营、储存、运输单位,矿山、金属冶炼、城市轨道交通运营、建筑施工单位,以及宾馆、商场、娱乐场所、旅游景区等人员密集场所经营单位,应当在应急预案公布之日起20个工作日内,按照分级属地原则,向县级以上人民政府应急管理部门和其他负有安全生产监督管理职责的部门进行备案,并依法向社会公布。

前款所列单位属于中央企业的,其总部(上市公司)的应急预案,报国务院主管的负有安全生产监督管理职责的部门备案,并抄送应急管理部;其所属单位的应急预案报所在地的省、自治区、直辖市或者设区的市级人民政府主管的负有安全生产监督管理职责的部门备案,并抄送同级人民政府应急管理部门。

本条第一款所列单位不属于中央企业的,其中非煤矿山、金属冶炼和危险化学品生产、经营、储存、运输企业,以及使用危险化学品达到国家规定数量的化工企业、烟花爆竹生产、批发经营企业的应急预案,按照隶属关系报所在地县级以上地方人民政府应急管理部门备案;本款前述单位以外的其他生产经营单位应急预案的备案,由省、自治区、直辖市人民政府负有安全生产监督管理职责的部门确定。

油气输送管道运营单位的应急预案,除按照本条第一款、第二款的规定备案外,还应当抄送所经行政区域的县级人民政府应急管理部门。

海洋石油开采企业的应急预案,除按照本条第一款、第二款的规定备案外,还应当抄送所经行政区域的县级人民政府应急管理部门和海洋石油安全监管机构。

煤矿企业的应急预案除按照本条第一款、第二款的规定备案外,还应当抄送所在地的煤矿安全监察机构。

第二十七条 生产经营单位申报应急预案备案,应当提交下列材料:

(一)应急预案备案申报表;

(二)本办法第二十一条所列单位,应当提供应急预案评审意见;

(三)应急预案电子文档;

(四)风险评估结果和应急资源调查清单。

第二十八条 受理备案登记的负有安全生产监督管理职责的部门应当在5个工作日内对应急预案材料进行核对,材料齐全的,应当予以备案并出具应急预案备案登记表;材料不齐全的,不予备案并一次性告知需要补齐的材料。逾期不予备案又不说明理由的,视为已经备案。

对于实行安全生产许可的生产经营单位,已经进行应急预案备案的,在申请安全生产许可证时,可以不提供相应的应急预案,仅提供应急预案备案登记表。

第二十九条 各级人民政府负有安全生产监督管理职责的部门应当建立应急预案备案登记建档制度,指导、督促生产经营单位做好应急预案的备案登记工作。

第四章 应急预案的实施

第三十条 各级人民政府应急管理部门、各类生产经营单位应当采取多种形式开展应急预案的宣传教育,普及生产安全事故避险、自救和互救知识,提高从业人员和社会公众的安全意识与应急处置技能。

第三十一条 各级人民政府应急管理部门应当将本部门应急预案的培训

纳入安全生产培训工作计划,并组织实施本行政区域内重点生产经营单位的应急预案培训工作。

生产经营单位应当组织开展本单位的应急预案、应急知识、自救互救和避险逃生技能的培训活动,使有关人员了解应急预案内容,熟悉应急职责、应急处置程序和措施。

应急培训的时间、地点、内容、师资、参加人员和考核结果等情况应当如实记入本单位的安全生产教育和培训档案。

第三十二条　各级人民政府应急管理部门应当至少每两年组织一次应急预案演练,提高本部门、本地区生产安全事故应急处置能力。

第三十三条　生产经营单位应当制定本单位的应急预案演练计划,根据本单位的事故风险特点,每年至少组织一次综合应急预案演练或者专项应急预案演练,每半年至少组织一次现场处置方案演练。

易燃易爆物品、危险化学品等危险物品的生产、经营、储存、运输单位,矿山、金属冶炼、城市轨道交通运营、建筑施工单位,以及宾馆、商场、娱乐场所、旅游景区等人员密集场所经营单位,应当至少每半年组织一次生产安全事故应急预案演练,并将演练情况报送所在地县级以上地方人民政府负有安全生产监督管理职责的部门。

县级以上地方人民政府负有安全生产监督管理职责的部门应当对本行政区域内前款规定的重点生产经营单位的生产安全事故应急救援预案演练进行抽查;发现演练不符合要求的,应当责令限期改正。

第三十四条　应急预案演练结束后,应急预案演练组织单位应当对应急预案演练效果进行评估,撰写应急预案演练评估报告,分析存在的问题,并对应急预案提出修订意见。

第三十五条　应急预案编制单位应当建立应急预案定期评估制度,对预案内容的针对性和实用性进行分析,并对应急预案是否需要修订做出结论。

矿山、金属冶炼、建筑施工企业和易燃易爆物品、危险化学品等危险物品的生产、经营、储存、运输企业、使用危险化学品达到国家规定数量的化工企业、烟花爆竹生产、批发经营企业和中型规模以上的其他生产经营单位,应当每三年进行一次应急预案评估。

应急预案评估可以邀请相关专业机构或者有关专家、有实际应急救援工作经验的人员参加,必要时可以委托安全生产技术服务机构实施。

第三十六条　有下列情形之一的,应急预案应当及时修订并归档:

(一)依据的法律、法规、规章、标准及上位预案中的有关规定发生重大变

化的;

　　(二)应急指挥机构及其职责发生调整的;

　　(三)安全生产面临的风险发生重大变化的;

　　(四)重要应急资源发生重大变化的;

　　(五)在应急演练和事故应急救援中发现需要修订预案的重大问题的;

　　(六)编制单位认为应当修订的其他情况。

　　第三十七条　应急预案修订涉及组织指挥体系与职责、应急处置程序、主要处置措施、应急响应分级等内容变更的,修订工作应当参照本办法规定的应急预案编制程序进行,并按照有关应急预案报备程序重新备案。

　　第三十八条　生产经营单位应当按照应急预案的规定,落实应急指挥体系、应急救援队伍、应急物资及装备,建立应急物资、装备配备及其使用档案,并对应急物资、装备进行定期检测和维护,使其处于适用状态。

　　第三十九条　生产经营单位发生事故时,应当第一时间启动应急响应,组织有关力量进行救援,并按照规定将事故信息及应急响应启动情况报告事故发生地县级以上人民政府应急管理部门和其他负有安全生产监督管理职责的部门。

　　第四十条　生产安全事故应急处置和应急救援结束后,事故发生单位应当对应急预案实施情况进行总结评估。

第五章　监督管理

　　第四十一条　各级人民政府应急管理部门和煤矿安全监察机构应当将生产经营单位应急预案工作纳入年度监督检查计划,明确检查的重点内容和标准,并严格按照计划开展执法检查。

　　第四十二条　地方各级人民政府应急管理部门应当每年对应急预案的监督管理工作情况进行总结,并报上一级人民政府应急管理部门。

　　第四十三条　对于在应急预案管理工作中做出显著成绩的单位和人员,各级人民政府应急管理部门、生产经营单位可以给予表彰和奖励。

第六章　法律责任

　　第四十四条　生产经营单位有下列情形之一的,由县级以上人民政府应急管理等部门依照《中华人民共和国安全生产法》第九十四条的规定,责令限期改正,可以处 5 万元以下罚款;逾期未改正的,责令停产停业整顿,并处 5 万元以上 10 万元以下的罚款,对直接负责的主管人员和其他直接责任人员处 1 万元以上 2 万元以下的罚款：

（一）未按照规定编制应急预案的；

（二）未按照规定定期组织应急预案演练的。

第四十五条　生产经营单位有下列情形之一的，由县级以上人民政府应急管理部门责令限期改正，可以处 1 万元以上 3 万元以下罚款：

（一）在应急预案编制前未按照规定开展风险辨识、评估和应急资源调查的；

（二）未按照规定开展应急预案评审的；

（三）事故风险可能影响周边单位、人员的，未将事故风险的性质、影响范围和应急防范措施告知周边单位和人员的；

（四）未按照规定开展应急预案评估的；

（五）未按照规定进行应急预案修订的；

（六）未落实应急预案规定的应急物资及装备的。

生产经营单位未按照规定进行应急预案备案的，由县级以上人民政府应急管理等部门依照职责责令限期改正；逾期未改正的，处 3 万元以上 5 万元以下的罚款，对直接负责的主管人员和其他直接责任人员处 1 万元以上 2 万元以下的罚款。

第七章　附　　则

第四十六条　《生产经营单位生产安全事故应急预案备案申报表》和《生产经营单位生产安全事故应急预案备案登记表》由应急管理部统一制定。

第四十七条　各省、自治区、直辖市应急管理部门可以依据本办法的规定，结合本地区实际制定实施细则。

第四十八条　对储存、使用易燃易爆物品、危险化学品等危险物品的科研机构、学校、医院等单位的安全事故应急预案的管理，参照本办法的有关规定执行。

第四十九条　本办法自 2016 年 7 月 1 日起施行。

附录三
生产经营单位生产安全事故
应急预案编制导则

(GB/T 29639—2020)

前　言

本标准按照 GB/T 1.1—2009 给出的规则起草。

本标准代替 GB/T 29639—2013《生产经营单位生产安全事故应急预案编制导则》。与 GB/T 29639—2013 相比,除编辑性修改外主要技术变化如下:

——修改了应急预案编制程序(见第 4 章,2013 年版的第 4 章);

——应急预案编制中将应急能力评估修改为应急资源调查(见 4.5,2013 年版的 4.5);

——细化了应急预案评审内容(见 4.8,2013 年版的 4.7);

——修改了综合应急预案的要素内容,去掉编制目的,将风险评估结果放入附件(见 6.1 和第 9 章,2013 年版的 6.1);

——修改了专项应急预案的要素内容,增加了适用范围,去掉事故风险分析(见 7.1,2013 年版的 7.1);

——补充了应急预案附件组成,增加了 9.1 生产经营单位概况、9.2 风险评估的结果和 9.3 预案体 系与衔接(见 9.1、9.2、9.3);

——增加了附录 A "生产安全事故风险评估报告编制大纲"、附录 B "生产安全事故应急资源调查报告编制大纲"(见附录 A、B)。

本标准由中华人民共和国应急管理部提出。

本标准由全国安全生产标准化技术委员会(SAC/TC288)归口。

本标准起草单位:中国安全生产科学研究院、国家安全生产应急救援中心、南方电网调峰调频发电有限公司。

本标准主要起草人:张兴凯、雷长群、高双喜、孔亮、时训先、闫立、石国领、张明、李定林、王文靖、陈兵、李永兴、李晖、蔡镇坤、徐斌、周劲松。

本标准所代替标准的历次版本发布情况为

——GB/T 29639—2013。

生产经营单位生产安全事故应急预案编制导则

1.范围

本标准给出了生产经营单位生产安全事故应急预案的编制程序、体系构成和综合应急预案、专项应急预案、现场处置方案的主要内容以及附件信息。

本标准适用于生产经营单位生产安全事故应急预案(以下简称应急预案)编制工作,核电厂及其他社会组织和单位的应急预案编制可参照本标准执行。

2.规范性引用文件

下列文件对于本文件的应用是必不可少的。凡是注日期的引用文件,仅注日期的版本适用于本文件。凡是不注日期的引用文件,其最新版本(包括所有的修改单)适用于本文件。

AQ/T 9007 生产安全事故应急演练基本规范

3.术语和定义

下列术语和定义适用于本文件。

3.1 应急预案   emergency response plan

针对可能发生的事故,为最大程度减少事故损害而预先制定的应急准备工作方案。

3.2 应急响应   emergency response

针对事故险情或事故,依据应急预案采取的应急行动。

3.3 应急演练   emergency exercise

针对可能发生的事故情景,依据应急预案而模拟开展的应急活动。

3.4 应急预案评审 emergency responce plan reciew

对新编制或修订的应急预案内容的适用性所开展的分析评估及审定过程。

4.应急预案编制程序

4.1 概述

生产经营单位应急预案编制程序包括成立应急预案编制工作组、资料收集、风险评估、应急资源调查、应急预案编制、桌面推演、应急预案评审和批准实施8个步骤。

4.2 成立应急预案编制工作组

结合本单位部门职能和分工,成立以单位有关负责人为组长,单位相关部门人员(如生产、技术、设备、安全、行政、人事、财务人员)参加的应急预案编制工作组,明确工作职责和任务分工,制订工组计划,组织开展应急预案编制工作,预案编制工作组中应邀请相关救援队伍以及周边相关企业、单位或社区代表参加。

4.3 资料收集

应急预案编制工作组应收集下列相关资料：

a) 适用的法律法规、部门规章、地方性法规和政府规章、技术标准及规范性文件；

b) 企业周边地质、地形、环境情况及气象、水文、交通资料；

c) 企业现场功能区划分、建(构)筑物平面布置及安全距离资料：

d) 企业工艺流程、工艺参数、作业条件、设备装置及风险评估资料；

e) 本企业历史事故与隐患、国内外同行业事故资料；

f) 属地政府及周边企业、单位应急预案。

4.4 风险评估

开展生产安全事故风险评估，撰写评估报告(编制大纲参见附录 A)，其内容包括但不限于：

a) 辨识生产经营单位存在的危险有害因素，确定可能发生的生产安全事故类别；

b) 分析各种事故类别发生的可能性、危害后果和影响范围；

c) 评估确定相应事故类别的风险等级。

4.5 应急资源调查

全面调查和客观分析本单位以及周边单位和政府部门可请求援助的应急资源状况，撰写应急资源调查报告(编制大纲参见附录 B)，其内容包括但不限于：

a) 本单位可调用的应急队伍、装备、物资、场所；

b) 针对生产过程及存在的风险可采取的监测、监控、报警手段；

c) 上级单位、当地政府及周边企业可提供的应急。

4.6 应急预案编制

4.6.1 应急预案编制应当遵循以人为本、依法依规、符合实际、注重实效的原则，以应急处置为核心，体现自救互救和先期处置的特点，做到职责明确、程序规范、措施科学，尽可能简明化、图表化、流程化。应急预案编制格式和要求参见附录 C。

4.6.2 应急预案编制工作包括但不限下列：

a) 依据事故风险评估及应急资源调查结果，结合本单位组织管理体系、生产规模及处置特点，合理确立本单位应急预案体系；

b) 结合组织管理体系及部门业务职能划分，科学设定本单位应急组织机构及职责分工；

c)依据事故可能的危害程度和区域范围,结合应急处置权限及能力,清晰界定本单位的响应分级标准,制定相应层级的应急处置措施；

d)按照有关规定和要求,确定事故信息报告、响应分级与启动、指挥权移交、警戒疏散方面的内容,落实与相关部门和单位应急预案的衔接。

4.7 桌面推演

按照应急预案明确的职责分工和应急响应程序,结合有关经验教训,相关部门及其人员可采取桌面演练的形式,模拟生产安全事故应对过程,逐步分析讨论并形成记录,检验应急预案的可行性,并进一步完善应急预案。桌面演练的相关要求参见 AQ/T9007。

4.8 应急预案评审

4.8.1 评审形式

应急预案编制完成后,生产经营单位应按法律法规有关规定组织评审或论证。参加应急预案评审的人员可包括有关安全生产及应急管理方面的、有现场处置经验的专家。应急预案论证可通过推演的方式开展。

4.8.2 评审内容

应急预案评审内容主要包括:风险评估和应急资源调查的全面性、应急预案体系设计的针对性、应急组织体系的合理性、应急响应程序和措施的科学性、应急保障措施的可行性、应急预案的衔接性。

4.8.3 评审程序

应急预案评审程序包括以下步骤。

a)评审准备。成立应急预案评审工作组,落实参加评审的专家,将应急预案、编制说明、风险评估、应急资源调查报告及其他有关资料在评审前送达参加评审的单位或人员。

b)组织评审。评审采取会议审查形式,企业主要负责人参加会议,会议由参加评审的专家共同推选出的组长主持,按照议程组织评审；表决时,应有不少于出席会议专家人数的2/3同意方为通过；评审会议应形成评审意见(经评审组组长签字),附参加评审会议的专家签字表。表决的投票情况应当以书面材料记录在案,并作为评审意见的附件。

c)修改完善。生产经营单位应认真分析研究,按照评审意见对应急预案进行修订和完善。评审表决不通过的,生产经营单位应修改完善后按评审程序重新组织专家评审,生产经营单位应写出根据专家评审意见的修改情况说明,并经专家组组长签字确认。

4.9 批准实施

通过评审的应急预案,由生产经营单位主要负责人签发实施。

5. 应急预案体系

5.1 概述

生产经营单位应急预案分为综合应急预案、专项应急预案和现场处置方案。生产经营单位应当根据有关法律、法规和相关标准,结合本单位组织管理体系、生产规模和可能发生的事故特点,科学合理确立本单位的应急预案体系,并注意与其他类别应急预案相衔接。

5.2 综合应急预案

综合应急预案是指生产经营单位为应对各种生产安全事故而制定的综合性工作方案,是本单位应对生产安全事故的总体工作程序、措施和应急预案体系的总纲。

5.3 专项应急预案

专项应急预案是指生产经营单位为应对某一种或者多种类型生产安全事故,或者针对重要生产设施、重大危险源、重大活动防止生产安全事故而制定的专项工作方案。

专项应急预案与综合应急预案中的应急组织机构、应急响应程序相近时,可不编写专项应急预案,相应的应急处置措施并入综合应急预案。

5.4 现场处置方案

现场处置方案是指生产经营单位根据不同生产安全事故类型,针对具体场所、装置或者设施所制定的应急处置措施。现场处置方案重点规范事故风险描述、应急工作职责、应急处置措施和注意事项,应体现自救互救、信息报告和先期处置的特点。

事故风险单一危险性小的生产经营单位,可只编制现场处置方案。

6. 综合应急预案内容

6.1 总则

6.1.1 适用范围

说明应急预案适用的范围。

6.1.2 响应分级

依据事故危害程度、影响范围和生产经营单位控制事态的能力,对事故应急响应进行分级,明确分级响应的基本原则。响应分级不可照搬事故分级。

6.2 应急组织机构及职责

明确应急组织形式(可用图示)及构成单位(部门)的应急处置职责。应急组织机构可设置相应的工作小组,各小组具体构成、职责分工及行动任务以工作方案的形式作为附件。

6.3 应急响应

6.3.1 信息报告

6.3.1.1 信息接报

明确应急值守电话、事故信息接收、内部通报程序、方式和责任人,向上级主管部门、上级单位报告事故信息的流程、内容、时限和责任人,以及向本单位以外的有关部门或单位通报事故信息的方法、程序和责任人。

6.3.1.2 信息处置与研判

6.3.1.2.1 明确响应启动的程序和方式。根据事故性质、严重程度、影响范围和可控性,结合响应分级明确的条件,可由应急领导小组做出响应启动的决策并宣布,或者依据事故信息是否达到响应启动的条件自动启动。

6.3.1.2.2 若未达到响应启动条件,应急领导小组可做出预警启动的决策,做好响应准备,实时跟踪事态发展。

6.3.1.2.3 响应启动后,应注意跟踪事态发展,科学分析处置需求,及时调整响应级别,避免响应不足或过度响应。

6.3.2 预警

6.3.2.1 预警启动

明确预警信息发布渠道、方式和内容。

6.3.2.2 响应准备

明确做出预警启动后应开展的响应准备工作,包括队伍、物资、装备、后勤及通信。

6.3.2.3 预警解除

明确预警解除的基本条件、要求及责任人。

6.3.3 响应启动

确定响应级别,明确响应启动后的程序性工作,包括应急会议召开、信息上报、资源协调、信息公开、后勤及财力保障工作。

6.3.4 应急处置

明确事故现场的警戒疏散、人员搜救、医疗救治、现场监测、技术支持、工程抢险及环境保护方面的应急处置措施,并明确人员防护的要求。

6.3.5 应急支援

明确当事态无法控制情况下,向外部(救援)力量请求支援的程序及要求、联动程序及要求,以及外部(救援)力量到达后的指挥关系。

6.3.6 响应终止

明确响应终止的基本条件、要求和责任人。

6.4 后期处置

明确污染物处理、生产秩序恢复、人员安置方面的内容。

6.5 应急保障

6.5.1 通信与信息保障

明确应急保障的相关单位及人员通信联系方式和方法,以及备用方案和保障责任人。

6.5.2 应急队伍保障

明确相关的应急人力资源,包括专家、专兼职应急救援队伍及协议应急救援队伍。

6.5.3 物资装备保障

明确本单位的应急物资和装备的类型、数量、性能、存放位置、运输及使用条件、更新及补充时限、管理责任人及其联系方式,并建立台账。

6.5.4 其他保障

根据应急工作需求而确定的其他相关保障措施(如能源保障、经费保障、交通运输保障、治安保障、技术保障、医疗保障及后勤保障)。

注:6.5.1~6.5.4 的相关内容,尽可能在应急预案的附件中体现。

7. 专项应急预案内容

7.1 适用范围

说明专项应急预案适用的范围,以及与综合应急预案的关系。

7.2 应急组织机构及职责

明确应急组织形式(可用图示)及构成单位(部门)的应急处置职责。应急组织机构以及各成员单位或人员的具体职责。应急组织机构可以设置相应的应急工作小组,各小组具体构成、职责分工及行动任务建议以工作方案的形式作为附件。

7.3 响应启动

明确响应启动后的程序性工作,包括应急会议召开、信息上报、资源协调、信息公开、后勤及财力保障工作。

7.4 处置措施

针对可能发生的事故风险、危害程度和影响范围,明确应急处置指导原则,制定相应的应急处置措施。

7.5 应急保障

根据应急工作需求明确保障的内容。

注:专项应急预案包括但不限于上述 7.1~7.4 内容。

8. 现场处置方案主要内容

8.1 事故风险描述

简述事故风险评估的结果(可用列表的形式附在附件中)。

8.2 应急工作职责

明确应急组织分工和职责。

8.3 应急处置

主要包括以下内容。

a)应急处置程序。根据可能发生的事故及现场情况,明确事故报警、各项应急措施启动、应急救 护人员的引导、事故扩大及同生产经营单位应急预案的衔接程序。

b)现场应急处置措施。针对可能发生的事故从人员救护、工艺操作、事故控制、消防、现场恢复等方面制定明确的应急处置措施。

c)明确报警负责人以及报警电话及上级管理部门、相关应急救援单位联络方式和联系人员,事故报告基本要求和内容。

8.4 注意事项

包括人员防护和自救互救、装备使用、现场安全方面的内容。

9. 附件

9.1 生产经营单位概况

简要描述本单位地址、从业人数、隶属关系、主要原材料、主要产品、产量,以及重点岗位、重点区域、周边重大危险源、重要设施、目标、场所和周边布局情况。

9.2 风险评估的结果

简述本单位风险评估的结果。

9.3 预案体系与衔接

简述本单位应急预案体系构成和分级情况,明确与地方政府及其有关部门、其他相关单位应急预案的衔接关系(可用图示)。

9.4 应急物资装备的名录或清单

列出应急预案涉及的主要物资和装备名称、型号、性能、数量、存放地点、运输和使用条件、管理责任人和联系电话等。

9.5 有关应急部门、机构或人员的联系方式

列出应急工作中需要联系的部门、机构或人员及其多种联系方式。

9.6 格式化文本

列出信息接报、预案启动、信息发布等格式化文本。

9.7 关键的路线、标识和图纸

包括但不限于：

a) 警报系统分布及覆盖范围；

b) 重要防护目标、风险清单及分布图；

c) 应急指挥部（现场指挥部）位置及救援队伍行动路线；

d) 疏散路线、集结点、警戒范围、重要地点的标识；

e) 相关平面布置、应急资源分布的图纸；

f) 生产经营单位的地理位置图、周边关系图、附近交通图；

g) 事故风险可能导致的影响范围图；

h) 附近医院地理位置图及路线图。

9.8 有关协议或者备忘录

列出与相关应急救援部门签订的应急救援协议或备忘录。

附　录　A

（资料性附录）

生产安全事故风险评估报告编制大纲

A.1 危险有害因素辨识

描述生产经营单位危险有害因素辨识的情况（可用列表形式表述）。

A.2 事故风险分析

描述生产经营单位事故风险的类型、事故发生的可能性、危害后果和影响范围（可用列表形式表述）。

A.3 事故风险评价

描述生产经营单位事故风险的类别及风险等级（可用列表形式表述）。

A.4 结论建议

得出生产经营单位应急预案体系建设的计划建议。

附 录 B

（资料性附录）

生产安全事故应急资源调查报告编制大纲

B.1 单位内部应急资源

按照应急资源的分类，分别描述相关应急资源的基本现状、功能完善程度、受可能发生的事故的影响程度（可用列表形式表述）。

B.2 单位外部应急资源

描述本单位能够调查或掌握可用于参与事故处置的外部应急资源情况（可用列表形式表述）。

B.3 应急资源差距分析

依据风险评估结果得出本单位的应急资源需求，与本单位现有内外部应急资源对比，提出本单位内外部应急资源补充建议。

附 录 C

（资料性附录）

应急预案编制格式和要求

C.1 封面

应急预案封面主要包括应急预案编号、应急预案版本号、生产经营单位名称、应急预案名称及颁布日期。

C.2 批准页

应急预案应经生产经营单位主要负责人批准方可发布。

C.3 目次

应急预案应设置目次，目次中所列的内容及次序如下：

a）批准页；

b）应急预案执行部门签署页；

c）章的编号、标题；

d）带有标题的条的编号、标题（需要时列出）；

e）附件，用序号表明其顺序。

参 考 文 献

[1]　GB/T 24353—2009 风险管理 原则与实施指南

［2］　GB/T 27921—2011 风险管理 风险评估技术

［3］　国办发〔2013〕101 号国务院办公厅关于印发突发事件应急预案管理办法的通知

［4］　应急管理部关于修改《生产安全事故应急预案管理办法》的决定（应急管理部令第 2 号）

［5］　NFPA 1600 Standard on Disaster/Emergency Management and Business Continuity Programs 2013 Edition

附录四
特种设备事故应急预案编制导则

（GB/T 33942—2017）

1. 范围

本标准规定了特种设备事故应急预案（以下简称"应急预案"）的编制程序、主要内容、格式和要求本标准适用于特种设备安装、修理、制造、充装、经营、使用、检测单位（以下简称"单位"）的特种设备事故应急预案编制工作。

2. 规范性引用文件

下列文件对于本文件的应用是必不可少的。凡量注日期的引用文件，仅注日期的版本适用于本文件，凡是不注日期的引用文件，其最新版本（包括所有的修改单）适用于本义件。

TSG　03　特种设备事故报告和调查处理导则

3. 术语和定义

下列术语和定义适用于本文件。

3.1 特种设备　special equipment risk assessment

对人身和财产安全有较大危险性的锅炉、压力容器（含气瓶）、压力管道、电梯、起重机械、客运索道。大型游乐设施、场（厂）内专用机动车辆，以及法律、行政法规规定的其他特种设备

3.2 特种设备风险评估　special equpment

以诱发特种设备事故的各种因素为依据，以影响因素发展成各类事故的可能性为条件，以事故后果造成的综合损失为评估指标、对各类特种设备的安全程度做出风险识别、分析和评价。

3.3 特种设备事故应急预案　special equipment emergency plan

为有效预防和控制特种设备可能发生的事故，最大程度减少特种设备事故发生的可能性及其可能造成损害而预先制定的工作方案。

3.4 特种设备事故应急演练 special equipment emerzeney exercise

针对特种设备可能发生的事故场景，依据特种设备事故应急预案而模拟开

展的应急活动。

4.编制程序

4.1 成立应急预案编制工作组

4.1.1 领导及机构

成立以单位主要负责人为领导。相关部门或人员组成的应急预案编制工作组。

4.2 基本情况调查

4.2.1 单位概况

对单位基本情况进行调查,包括但不限于以下内容:

a)单位名称、法人代表、负责人、详细地址、邮政编码;

b)单位经济性质、隶属关系、生产规模、人员数量;

c)单位的组织架构。

4.2.2 特种设备情况

对单位特种设备基本情况进行汇总,包括但不限于以下内容:

a)特种设备的种类、数量、介质、用途及其分布;

b)涉及特种设备配置的平面布置图、应急设施(备)平面布置图等。

4.2.3 周边环境

对单位特种设备所处周边环境状况进行调查,包括但不限于以下内容:

a)单位特种设备所处地区的地理、气象、水文、灾害等自然环境情况;

b)单位特种设备所处周边区域人口密度与数量、主要建筑物性质(相邻社区、学校、重要基础设施等)、单位与周边建筑物的距离情况、周边可利用的安全、消防、救护设备设施分布情况;

c)道路情况及距离,应附平面图进行说明。

4.2.3 资料收集

收集与预案编制工作相关的法律法规、技术标准、应急预案、国内外同类型单位事故资料、特种设备技术资料等有关资料。

4.3 风险和应急能力评估

4.3.1 风险评估工作要求

运用风险评估的方法,识别单位特种设备存在的风险因素,确定各类特种设备可能发生的事故类型和后果,进行风险分析和评价,作为应急预案编制的依据。

4.3.2 风险评估结果

本单位特种设备风险评估的结果应明确以下内容:

　　a)各类特种设备可能产生的事故类型、原因、后果与影响范围;

　　b)自然灾害可能造成特种设备事故的说明。

4.3.3 应急能力评估

依据风险评估的结果,对单位特种设备现有的事故预防措施、应急人员、应急设施、装备与物资等应急能力进行评估,明确应急救援的需求和不足,提出资源补充、合理利用和资源集成整合的建议方案,完善应急救援资源。应急能力评估不限于以下内容:

　　a)特种设备运行监控系统;

　　b)应急设施(备)设置情况,包括监测设备、营救设备、通信设备、消防设备、医疗设备、个人防护设备等;

　　c)应急救援物资配备情况;

　　d)应急队伍建设情况,各种专业人员分布与分工情况;

　　e)各种保障制度,包括应急设施管理制度、应急人员队伍建设与管理制度(包括应急人员安全防护、群众安全防护措施等)、仪器设备检查与日常维护制度、经费保障制度、培训制度、演习制度等;

　　f)外部资源及能力,包括单位所在地政府部门应急指挥系统状况、周边可以借助的社会资源分布情况、联系方式等。

4.4 应急预案编制、评审

4.4.1 在风险评估和应急能力评估的基础上,按照本单位实际情况及应急预案体系要求编制相应的特种设备事故应急预案,对应急预案主要内容要素的采纳,应根据单位应急预案体系要求进行编写;并与所在地政府的相关应急预案及单位的综合应急预案衔接。特种设备事故应急预案编制格式参见附录 A。

4.4.2 应急预案编制完成后,应进行评审。评审通过后,应由单位主要负责人签发实施。

4.5 应急预案实施与改进

应急预案印发后,应按照有关规定组织培训和演练,并适时对预案进行更新和修订,实现应急预案持续改进。

5.应急预案主要内容

5.1 总则

5.1.1 编制目的

简述应急预案编制的目的和作用。

5.1.2 编制依据

简述应急预案编制所依据的有关法律、法规、规章、安全技术规范、标准等。

5.1.3 适用范围

说明应急预案适用的范围,包括特种设备事故的类型、级别。

5.1.4 工作原则

阐述特种设备事故应急救援(以下简称"应急救援")工作的原则和要求。

5.2 基本情况

阐述单位的基本情况、特种设备基本情况、周边环境状况和可利用的安全、消防、救护设备设施分布情况及重要防护目标调查结果。可配合图表进行表述。

5.3 风险描述

阐述存在的特种设备风险因素与风险评估结果,可能发生事故的后果和波及范围。可配合图表进行表述。

5.4 应急组织

5.4.1 应急组织体系

明确应急指挥机构组织形式、构成部门(单位)或人员及日常工作机构和专家技术组组成。可用结构图形式表示。

5.4.2 人员及职责

明确应急救援指挥机构的指挥人员、相关部门或人员的相应职责及安全要求。根据事故类型和应急工作需要,可设置事故现场应急救援指挥机构和相应的指挥人员、抢险救灾、警戒保卫、后勤保障、医学救护、通信联络、事故处置、善后工作等应急救援工作小组,并明确各小组的工作任务和安全职责。

5.5 预防与预警

5.5.1 预防机制

根据风险评估和应急能力评估的结果,明确预防和控制特种设备事故发生的技术和管理措施。

5.5.2 预警行动

根据国家有关法律法规,将特种设备事故分为不同等级,按级别明确特种设备事故预警的条件、方式和方法。特种设备事故分级和预警级别划分标准参见附录B。

5.6 事故报告和信息发布

5.6.1 内部报告

明确特种设备事故发生后,单位内部报告事故信息的方法、程序、内容和时限。

5.6.2 外部报告

明确特种设备事故发生后,向所在地人民政府、负责特种设备安全监督管理的部门和负有安全生产监管职责的其他政府部门报告事故信息的方式、流程内容和时限。

5.6.3 信息发布

明确对媒体和公众发布信息的程序和原则,统一组织信息发布和舆论引导工作。

5.7 应急响应与处置

5.7.1 分级响应

应急响应级别按照分级负责的原则,明确不同响应级别的负责部门和人员。

5.7.2 响应程序

根据特种设备事故的级别和发展态势,明确现场应急指挥、应急措施、资源调配、应急避险、扩大应急等响应处置程序。

5.7.3 监测与监控

明确事故现场监测设备、器材和现场监测人员及其安全防护措施,监控和分析事故所造成的危害程度、事故是否得到有效控制、是否有扩大危险趋势,及时提供准确信息。

5.7.4 人员疏散与撤离安置

依据对可能发生特种设备事故场所、设施及周情况的分析结果,确定以下内容:

a)事故现场人员清点、撤离的路线、方式与方法、注意事项;

b)可能受影响区域人员流散的方式、方法、路线、地点、基本防护措施;

c)临时安置场所。

5.7.5 隔离和警戒

依据可能发生的特种设备事故类别、危害程度级别,确定以下内容:

a)危险区、安全区的认定;

b)警察区域的划定和设置;

c)警察开始和撤销步骤;

d)事故现场周边区域的单位内部道路交通管制或疏导办法。

5.7.6 现场救护与医院救治

依据特种设备事故特点、医疗救治机构的设置和处理能力,制定具有可操作性的处置方案,应包括以下内容:

a)明确人员的救护方式、方法及安全保护措施;

b)伤员转运及转运中的救治方案和措施;

c)明确不同类型伤员的医院救治机构。

5.7.7 事态控制

5.7.7.1 现场应急处置方案应明确以下内容：

a）应急时紧急停机停产的基本程序；

b）应急过程中处理缺陷、故障和事故所采用应急方案及操作程序，可在附件中单列说明；

c）各岗位人员应急工作职责和安全防护措施。

d）应急过程中采用的工程技术说明。

5.7.7.2 根据特种设备的性质及事故类型、事故可控性、严重程度和影响范围，明确事故处理过程中可能产生的次生、衍生危害和事故的消除措施。

5.7.7.3 当事态的发展超出单位的应急能力或控制范围时，应及时采取扩大应急救援响应处置程序。

5.8 应急结束和使用恢复

应明确以下内容：

a）应急终止的条件和程序；

b）现场清理和设施复要求；

c）后续监测、监控和评估。

5.9 事故调查

明确事故现场和有关证据的保护措施、按照 TSG 03《特种设备事故报告和调查处理导则》等有关规定配合协助相关部门查找事故原因，进行事故调查处理，提出防范性措施。

5.10 保障措施

5.10.1 通信与信息保障

明确与应急工作相关的单位或人员的通信联系方式，并提供备用方案。

5.10.2 应急队伍保障

明确单位各专业应急队伍及负责人的通信联络方式，应附人员联络表。

5.10.3 应急物资装备保障

明确应急救援和使用的应急物资和装备的类型、数量、性能、存放位置、管理责任人等内容。特种设备应急救援技术装备清单内容参见附件 C。

5.10.4 经费保障

明确应急专项经费来源、使用范围、数量和监督管理措施、鼓励投保特种设备安全责任险、建立特种设备保险事故补偿机制。

5.10.5 其他保障

根据单位特种设备应急工作需求而确定的技术保障、交通运输保障、治安保障、需要请求援助的外部机构、组织的名单和联络方式等其他相关保障措施。

5.11 应急预案管理

5.11.1 应急预案培训

依据对单位有关员工能力的评估结果,制定应急预案培训教育计划(包括应急培训方式、考核、记录表效果评价等)培训教育应明确以下内容:

a)特种设备安全常识录教育;

b)特种设备应急知识教育,包括特种设备应急救援操作规范、应急救援安全防护知识、应急处置工作制度和程序等知识;

c)特种设备应急相关法律法规教育。

5.11.2 应急预案演练

5.11.2.1 应制定应急演练方案。选定应急演练的主题、时间、地点和设备,设计应急演练场景和程序。选择参与应急演练人员、装备与器材和应急救援的方法,做好应急演练各项准备工作,组织实施应急演练,演练完成后进行总结、评价、整改和改进等工作。

5.11.2.2 特种设备事故应急演练宜每年应不少于1次,演练单位应做好记录备查。特种设备事故应急演练记录表格式参见附件D。

5.11.3 应急预案修订

明确应急预案修订的基本要求,定期进行评审,实现可持续改进。

5.11.4 应急预案实施

明确应急预案实施和生效的具体时间。

5.11.5 制定与解释

明确应急预案负责制定与解释的部门。

5.12 附件

应包括但不限于以下内容:

a)单位区位图、涉及特种设备配置的平面布置图、周边重要防护目标分布图;

b)各类特种设备一览表;

c)应急设施设备、物资清单及布置图;

d)疏散线路图、安置场所位置图;

e)应指挥机构组织图、应急救援流程图;

f)单位内部应急机构、人员联系表;

g)单位外部相关机构(政府有关部门、协议救援单位、就近医疗机构)的联系方式;

h)现场应急处置方案及操作程序(附操作流程图);

i)信息接收、处理、上报等规范化格式文本;

j)有关制度、程序、方案等。

附　录　A
(资料性附录)
特种设备事故应急预案编制格式和要求

A.1 封面

主要包括应急预案编号、应急预案版本号、单位名称、应急预案名称、编制单位名称、颁布日期、实施日期等内容。

A.2 批准页

应急预案应经发布单位主要负责人批准方可发布。批准页应包括应急预案编制人审核人、签发人的签字及公章等相关信息。

A.3 目次

应急预案应设置目次,目次中所列的内容及次序如下:

——批准页;

——章的编号、标题;

——带有标题的条的编号、标题;

——附件,用序号表明其顺序;

——附加说明。

A.4 印刷与装订

A.4.1 采用 A4 版面印刷,活页装订。

A.4.2 正文宜采用仿宋四号字,标题采用宋体三号字。

附　录　B
(资料性附录)
特种设备事故分级和预警级别划分标准

B.1 事故分级标准

B.1.1 特别重大事故

有下列情形之一的,为特别重大事故:

a)特种设备事故造成 30 人以上死亡,或者 100 人以上重伤(包括急性工业

中毒,下同),或者 1 亿元以上直接经济损失的;

b)600 MW 以上锅炉爆炸的;

c)压力容器、压力管道有毒介质泄漏,造成 15 万人以上转移的;

d)客运索道,大型游乐设施高空滞留 100 人以上并且时间在 48 h 以上的。

B.1.2 重大事故

有下列情形之一的,为重大事故:

a)特种设备事故造成 10 人以上 30 人以下死亡,或者 50 人以上 100 人以下重伤,或者 5 000 万元以上 1 亿元以下直接经济损失的;

b)600 MW 以上锅炉因安全故障中断运行 240 h 以上的;

c)压力容器、压力管道有毒介质泄漏,造成 5 万人以上 15 万人以下转移的;

d)客运索道、大型游乐设施高空滞留 100 人以上并且时间在 24 h 以上 48 h 以下的。

B.1.3 较大事故

有下列情形之一的,为较大事故:

a)特种设备事故造成 3 人以上 10 人以下死亡,或者 10 人以上 50 人以下重伤,或者 1 000 万元以上 5 000 万元以下直接经济损失的;

b)锅炉、压力容器、压力管道爆炸的;

C)压力容器、压力管道有毒介质泄漏,造成 1 万人以上 5 万人以下转移的;

d)起重机械整体倾覆的;

e)客运索道、大型游乐设施高空滞留人员 12 h 以上的。

B.1.4 一般事故

有下列情形之一的,为一般事故:

a)特种设备事故造成 3 人以下死亡,或者 10 人以下重伤,或者 1 万元以上 1 000 万元以下直接经济损失的;

b)压力容器、压力管道有毒介质泄漏,造成 500 人以上 1 万人以下转移的;

c)电梯轿厢滞留人员 2 h 以上的;

d)起重机械主要受力结构件折断或者起升机构坠落的;

e)客运索道高空滞留人员 3.5 h 以上 12 h 以下的;

f)大型游乐设施高空滞留人员 1 h 以上 12 h 以下的;

g)国务院特种设备安全监督管理部门对一般事故的其他情形做出补充规定的。

B.2 预警级别划分标准

附表 1 给出了特种设备事故预警级别划分标准。

附表1　特种设备事故预警级别划分标准

事件严重性(级别)	特别重大(Ⅰ级)	重大(Ⅱ级)	较大(Ⅲ级)	一般(Ⅳ级)
预警级别	Ⅰ级	Ⅱ级	Ⅲ级	Ⅳ级
预警级别标识	红色	橙色	黄色	蓝色

附　录　C

(资料性附录)

特种设备事故应急救援技术装备清单

C.1 应急处置通用技术装备

照明装备、监测装备、破拆装备、输运设备、通信设备、影像设备。

C.2 应急处置特殊技术装备

C.2.1 消防设备：灭火器、消防车、消防云梯等。

C.2.2 医疗救护设备：救护车、担架、夹板、医用氧气瓶等。

C.2.3 工装设备：备用发电机、千斤顶、高空作业车、液压扩张器、电动砂轮切割机、手动葫芦、高空作业车等。

C.2.4 专用工具：特制扳手、盘车手轮、带压密封装置、多功能抽吸泵、高压清洗机等。

C.2.5 大型设备：可与医疗、消防、供电等专业部门建立联系，便于应急救援时临时调用或租用。

C.3 应急处置高新技术装备

应急处置服务平台、无人机、机器人等。

C.4 应急处置安全防护用品

防护服、劳保鞋、安全带、防毒面具等。

附　录　D

(资料性附录)

特种设备事故应急演练记录表

特种设备事故应急演练记录表见附表2。

附表 2　特种设备事故应急演练记录表

演练单位	
演练内容	
演练时间	
演练地点	
指挥机构	
指挥人员	
参加人员	
演练步骤演练效果	
完善措施	

填写人：　　　　　　　　　　　　　　　　　　　填写日期：

参 考 文 献

［1］　GB/T 24353 风险管理原则与实施指南

［2］　GB/T 29639 生产经营单位生产安全事故应急预案编制导则

附录五
生产安全事故应急演练基本规范

（AQ/T 9007—2019）

前　言

本标准按照 GB/T 1.1—2009 给出的规则起草。

本标准代替 AQ/T 9007—2011《生产安全事故应急演练指南》，与 AQ/T 9007—2011 相比，主要技术变化：

——增加了应急演练不同分类方式（参见 4.2）；

——细化了演练的基本流程（参见 4.4）；

——对计划、准备、实施、评估总结和持续改进五个流程进行详细的阐述（参见 5、6、7、8、9）；

——删除了原标准中的应急演练内容章节。

本标准由中华人民共和国应急管理部提出。

本标准由全国安全生产标准化技术委员会（SAC/TC 288）归口 。

本标准起草单位：中国安全生产科学研究院、国家安全生产应急救援中心、南方电网调峰调频发电有限公司、神华集团有限责任公司。

本标准主要起草人：张兴凯、雷长群、高双喜、孔亮、时训先、吴志岭、石国领、李永兴、李晖、蔡镇坤、王文靖、陈兵、赵开功、周劲松。

本标准代替了 AQ/T 9007—2011。

1. 范围

本标准规定了生产安全事故应急演练（以下简称应急演练）的计划、准备、实施、评估总结和持续改进规范性要求。

本标准适用于针对生产安全事故所开展的应急演练活动。

2. 规范性引用文件

下列文件对于本文件的应用是必不可少的。凡是注日期的引用文件，仅注日期的版本适用于本文件。凡是不注日期的引用文件，其最新版本（包括所有的修改单)适用于本文件 AQ/T 9009—2015 生产安全事故应急演练评估规范。

3. 术语和定义

下列术语和定义适用于本文件 。

3.1 事故情景　accident scenario

针对生产经营过程中存在的事故风险而预先设定的事故状况(包括事故发生的时间、地点、特征、波及范围以及变化趋势)。

3.2 应急演练　emergency exerxising

针对可能发生的事故情景,依据应急预案而模拟开展的应急活动。

3.3 综合演练　complex exercise

针对应急预案中多项或全部应急响应功能开展的演练活动。

3.4 单项演练　individual exercise

针对应急预案中某一项应急响应功能开展的演练活动 。

3.5 桌面演练　tabletop exercise

针对事故情景,利用图纸、沙盘、流程图、计算机模拟、视频会议等辅助手段,进行交互式讨论和推演的应急演练活动。

3.6 实战演练　practical exercise

针对事故情景,选择(或模拟)生产经营活动中的设备、设施、装置或场所,利用各类应急器材、装备、物资,通过决策行动、实际操作,完成真实应急响应的过程。

3.7 检验性演练　inspectability exercise

为检验应急预案的可行性、应急准备的充分性、应急机制的协调性及相关人员的应急处置能力而组织的演练。

3.8 示范性演练　demonstration exercise

为检验和展示综合应急救援能力,按照应急预案开展的具有较强指导宣教意义的规范性演练。

3.9 研究性演练　research exercise

为探讨和解决事故应急处置的重点、难点问题,试验新方案、新技术、新装备而组织的演练。

4. 总则

4.1 应急演练目的

应急演练目的:

a)检验预案:发现应急预案中存在的问题,提高应急预案的针对性、实用性和可操作性;

b)完善准备:完善应急管理标准制度,改进应急处置技术,补充应急装备和物资,提高应急能力;

c)磨合机制:完善应急管理部门、相关单位和人员的工作职责,提高协调配合能力;

d)宣传教育:普及应急管理知识,提高参演和观摩人员风险防范意识和自救互救能力;

e)锻炼队伍:熟悉应急预案,提高应急人员在紧急情况下妥善处置事故的能力。

4.2 应急演练分类

应急演练按照演练内容分为综合演练和单项演练,按照演练形式分为实战演练和桌面演练,按目的与作用分为检验性演练、示范性演练和研究性演练,不同类型的演练可相互组合。

4.3 应急演练工作原则

应急演练应遵循以下原则:

a)符合相关规定:按照国家相关法律法规、标准及有关规定组织开展演练;

b)依据预案演练:结合生产面临的风险及事故特点,依据应急预案组织开展演练;

c)注重能力提高:突出以提高指挥协调能力、应急处置能力和应急准备能力组织开展演练;

d)确保安全有序:在保证参演人员、设备设施及演练场所安全的条件下组织开展演练。

4.4 应急演练基本流程

应急演练实施基本流程包括计划、准备、实施、评估总结、持续改进五个阶段。

5.计划

5.1 需求分析

全面分析和评估应急预案、应急职责、应急处置工作流程和指挥调度程序、应急技能和应急装备、物资的实际情况,提出需通过应急演练解决的内容,有针对性地确定应急演练目标,提出应急演练的初步内容和主要科目。

5.2 明确任务

确定应急演练的事故情景类型、等级、发生地域,演练方式,参演单位,应急演练各阶段主要任务,应急演练实施的拟定日期。

5.3 制订计划

根据需求分析及任务安排,组织人员编制演练计划文本。

6. 准备

6.1 成立演练组织机构

综合演练通常应成立演练领导小组,负责演练活动筹备和实施过程中的组织领导工作,审定演练工作方案、演练工作经费、演练评估总结以及其他需要决定的重要事项。演练领导小组下设策划与导调组、宣传组、保障组、评估组。根据演练规模大小,其组织机构可进行调整。

a)策划与导调组:负责编制演练工作方案、演练脚本、演练安全保障方案,负责演练活动筹备、事故场景布置、演练进程控制和参演人员调度以及与相关单位、工作组的联络和协调;

b)宣传组:负责编制演练宣传方案,整理演练信息、组织新闻媒体和开展新闻发布;

c)保障组:负责演练的物资装备、场地、经费、安全保卫及后勤保障;

d)评估组:负责对演练准备、组织与实施进行全过程、全方位的跟踪评估;演练结束后,及时向演练单位或演练领导小组及其他相关专业组提出评估意见、建议,并撰写演练评估报告。

6.2 编制文件

6.2.1 工作方案

演练工作方案内容:

a)目的及要求;

b)事故情景;

c)参与人员及范围;

d)时间与地点;

e)主要任务及职责;

f)筹备工作内容;

g)主要工作步骤;

h)技术支撑及保障条件;

i)评估与总结。

6.2.2 脚本

演练一般按照应急预案进行,按照应急预案进行时,根据工作方案中设定的事故情景和应急预案中规定的程序开展演练工作。演练单位根据需要确定是否编制脚本,如编制脚本,一般采用表格形式,主要内容:

a)模拟事故情景;

b)处置行动与执行人员;

c)指令与对白、步骤及时间安排;

d)视频背景与字幕;

e)演练解说词;

f)其他。

6.2.3 评估方案

演练评估方案内容:

a)演练信息:目的和目标、情景描述,应急行动与应对措施简介;

b)评估内容:各种准备、组织与实施、效果;

c)评估标准:各环节应达到的目标评判标准;

d)评估程序:主要步骤及任务分工;

e)附件:所需要用到的相关表格。

6.2.4 保障方案

演练保障方案应包括应急演练可能发生的意外情况、应急处置措施及责任部门、应急演练意外情况中止条件与程序。

6.2.5 观摩手册

根据演练规模和观摩需要,可编制演练观摩手册。演练观摩手册通常包括应急演练时间、地点、情景描述、主要环节及演练内容、安全注意事项。

6.2.6 宣传方案

编制演练宣传方案,明确宣传目标、宣传方式、传播途径、主要任务及分工、技术支持。

6.3 工作保障

根据演练工作需要,做好演练的组织与实施需要相关保障条件。保障条件主要内容:

a)人员保障:按照演练方案和有关要求,确定演练总指挥、策划导调、宣传、保障、评估、参演人员参加演练活动,必要时设置替补人员;

b)经费保障:明确演练工作经费及承担单位;

c)物资和器材保障:明确各参演单位所准备的演练物资和器材;

d)场地保障:根据演练方式和内容,选择合适的演练场地;演练场地应满足演练活动需要,应尽量避免影响企业和公众正常生产、生活;

e)安全保障:采取必要安全防护措施,确保参演、观摩人员以及生产运行系统安全;

f)通信保障:采用多种公用或专用通信系统,保证演练通信信息通畅;

g)其他保障:提供其他保障措施。

7. 实施

7.1 现场检查

确认演练所需的工具、设备、设施、技术资料以及参演人员到位。对应急演练安全设备、设施进行检查确认,确保安全保障方案可行,所有设备、设施完好,电力、通信系统正常。

7.2 演练简介

应急演练正式开始前,应对参演人员进行情况说明,使其了解应急演练规则、场景及主要内容、岗位职责和注意事项。

7.3 启动

应急演练总指挥宣布开始应急演练,参演单位及人员按照设定的事故情景,参与应急响应行动,直至完成全部演练工作。演练总指挥可根据演练现场情况,决定是否继续或中止演练活动。

7.4 执行

7.4.1 桌面演练执行

在桌面演练过程中,演练执行人员按照应急预案或应急演练方案发出信息指令后,参演单位和人员依据接收到的信息,回答问题或模拟推演的形式,完成应急处置活动。通常按照四个环节循环往复进行:

a)注入信息:执行人员通过多媒体文件、沙盘、消息单等多种形式向参演单位和人员展示应急演练场景,展现生产安全事故发生发展情况;

b)提出问题:在每个演练场景中,由执行人员在场景展现完毕后根据应急演练方案提出一个或多个问题,或者在场景展现过程中自动呈现应急处置任务,供应急演练参与人员根据各自角色和职责分工展开讨论;

c)分析决策:根据执行人员提出的问题或所展现的应急决策处置任务及场景信息,参演单位和人员分组开展思考讨论,形成处置决策意见;

d)表达结果:在组内讨论结束后,各组代表按要求提交或口头阐述本组的分析决策结果,或者通过模拟操作与动作展示应急处置活动。

各组决策结果表达结束后,导调人员可对演练情况进行简要讲解,接着注入新的信息。

7.4.2 实战演练执行

按照应急演练工作方案,开始应急演练,有序推进各个场景,开展现场点评,完成各项应急演练活动,妥善处理各类突发情况,宣布结束于意外终止应急演练。实战演练执行主要按照以下步骤进行：

a）演练策划与导调组对应急演练实施全过程的指挥控制；

b）演练策划与导调组按照应急演练工作方案（脚本）向参演单位和人员发出信息指令，传递相关信息，控制演练进程；信息指令可由人工传递，也可以用对讲机、电话、手机、传真机、网络方式传送，或者通过特定声音、标志与视频呈现；

c）演练策划与导调组按照应急演练工作方案规定程序，熟练发布控制信息，调度参演单位和人员完成各项应急演练任务；应急演练过程中，执行人员应随时掌握应急演练进展情况，并向领导小组组长报告应急演练中出现的各种问题；

d）各参演单位和人员，根据导调信息和指令，依据应急演练工作方案规定流程，按照发生真实事件时的应急处置程序，采取相应的应急处置行动；

e）参演人员按照应急演练方案要求，做出信息反馈；

f）演练评估组跟踪参演单位和人员的响应情况，进行成绩评定并做好记录。

7.5 演练记录

演练实施过程中，安排专门人员采用文字、照片和音像手段记录演练过程。

7.6 中断

在应急演练实施过程中，出现特殊或意外情况，短时间内不能妥善处理或解决时，应急演练总指挥按照事先规定的程序和指令中断应急演练。

7.7 结束

完成各项演练内容后，参演人员进行人数清点和讲评，演练总指挥宣布演练结束。

8. 评估总结

8.1 评估

按照 AQ/T 9009—2015 中 7.1、7.2、7.3、7.4 要求执行。

8.2 总结

8.2.1 撰写演练总结报告

应急演练结束后，演练组织单位应根据演练记录、演练评估报告、应急预案、现场总结材料，对演练进行全面总结，并形成演练书面总结报告。报告可对应急演练准备、策划工作进行简要总结分析。参与单位也可对本单位的演练情况进行总结。演练总结报告的主要内容：

a) 演练基本概要;

b) 演练发现的问题,取得的经验和教训;

c) 应急管理工作建议。

8.2.2 演练资料归档

应急演练活动结束后,演练组织单位应将应急演练工作方案、应急演练书面评估报告、应急演练总结报告文学资料,以及记录演练实施过程的相关图片、视频、音频资料归档保存。

9. 持续改进

9.1 应急预案修订完善

根据演练评估报告中对应急预案的改进建议,按程序对预案进行修订完善。

9.2 应急管理工作改进

9.2.1 应急演练结束后,演练组织单位应根据应急演练评估报告、总结报告提出的问题和建议,对应急管理工作(包括应急演练工作)进行持续改进。

9.2.2 演练组织单位应督促相关部门和人员,制订整改计划,明确整改目标,制定整改措施,落实整改资金,并跟踪督查整改情况。

附录六
生产安全事故应急演练评估规范

（AQ/T 9009—2015）

1.范围

本标准规定了生产安全事故应急演练评估(以下简称演练评估)的目的、内容、方法与工作程序。

本标准适用于针对生产安全事故应急演练所开展的评估活动。演练评估工作的组织及实施可根据演练内容、演练形式、演练规模和复杂程度参照本标准进行。

2.规范性引用文件

下列文件对于本标准的应用是必不可少的。凡是注日期的引用文件,仅注日期的版本适用于本文件。凡是不注日期的引用文件,其最新版本(包括所有的修改单)适用于本文件。

GB/T 29639—2013　　生产经营单位生产安全事故应急预案编制导则

AQ/T 9007　　生产安全事故应急演练指南

3.术语和定义

下列术语和定义适用于本文件。

3.1 应急演练　emergency exercise

针对可能发生的事故情景,依据应急预案而模拟开展的应急活动。

(GB/T 29639—2013,定义3.5)

3.2 应急演练评估　emergency exercise evaluation

围绕演练目标和要求,对参演人员表现、演练活动准备及其组织实施过程做出客观评价,并编写演练评估报告的过程。

3.3 演练情景　exercise scenario

根据应急演练的目标要求,按照事故发生与演变的规律,事先假设的事故发生发展过程,描述事故发生的时间、地点、状态特征、波及范围、周边环境、可能的后果以及随时间的演变进程等内容。

3.4 相关方　interested party

与应急演练单位应急救援工作成效有关或受其事故影响的个人或团体。

4. 总则

4.1 评估目的

通过评估发现应急预案、应急组织、应急人员、应急机制、应急保障等方面存在的问题或不足,提出改进意见或建议,并总结演练中好的做法和主要优点等。

4.2 评估依据

主要依据以下内容:

a) 有关法律、法规、标准及有关规定和要求;

b) 演练活动所涉及的相关应急预案和演练文件;

c) 演练单位的相关技术标准、操作规程或管理制度;

d) 相关事故应急救援典型案例资料;

e) 其他相关材料。

4.3 评估原则

实事求是、科学考评、依法依规、以评促改。

4.4 评估程序

评估准备、评估实施和评估总结。

4.5 评估组

4.5.1 构成

评估组由应急管理方面专家和相关领域专业技术人员或相关方代表组成,规模较大、演练情景和参演人员较多或实施程序复杂的演练,可设多级评估,并确定总体负责人及各小组负责人。

4.5.2 职责

负责对演练准备、组织与实施等进行全过程、全方位的跟踪评估。演练结束后,及时向演练单位或演练领导小组及其他相关专业工作组提出评估意见、建议,并撰写演练评估报告。

5. 演练评估准备

5.1 成立评估机构和确定评估人员

按照4.5的要求,成立演练评估组和确定评估人员,评估人员应有明显标识。

5.2 演练评估需求分析

制定演练评估方案之前,应确定评估工作目的、内容和程序。

5.3 演练评估资料的收集

依据4.2的要求,收集演练评估所需要的相关资料和文件。

5.4 选择评估方式和方法

演练评估主要是通过对演练活动或参演人员的表现进行的观察、提问、听对方陈述、检查、比对、验证、实测而获取客观证据,比较演练实际效果与目标之间的差异,总结演练中好的做法,查找存在的问题。

演练评估应以演练目标为基础,每项演练目标都要设计合理的评估项目方法、标准。根据演练目标的不同,可以用选择项(例如:是/否判断,多项选择)、评分(例如:0-缺项、1-较差、3-一般、5-优秀)、定量测量(例如:响应时间、被困人数、获救人数)等方法进行评估。

5.5 编写评估方案和评估标准

5.5.1 编写评估方案

内容通常包括:

——概述:演练模拟的事故名称、发生的时间和地点、事故过程的情景描述、主要应急行动等;

——目的:阐述演练评估的主要目的;

——内容:演练准备和实施情况的评估内容;

——信息获取:主要说明如何获取演练评估所需的各种信息;

——工作组织实施:演练评估工作的组织实施过程和具体工作安排;

——附件:演练评估所需相关表格等。

注:该部分内容引自 AQ/T 9007。

5.5.2 制定评估标准

演练评估组召集有关方面和人员,根据演练总体目标和各参演机构的目标,以及具体演练情景事件、演练流程和保障方案,明确演练评估内容及要求。演练评估参照本标准附录 A、附录 B 事先制定好演练评估表格,包括演练目标、评估方法、评估标准和相关记录项等。

5.6 培训评估人员

演练评估人员应听取演练组织或策划人员介绍演练方案以及组织和实施流程,并可进行交互式讨论,进一步明晰演练流程和内容。同时,评估组内部应围绕以下内容纳个开展内部专题培训:

a) 演练组织和实施的相关文件;

b) 演练评估方案;

c) 演练单位的应急预案和相关受理文件;

d) 熟悉演练场地,了解有关参演部门和人员的基本情况、相关演练设施,掌握相关技术处置标准和方法;

e）其他有关内容。

5.7 准备评估材料、器材

根据演练需要,准备评估工作所需的相关材料、器材,主要包括演练评估方案文本、评估表格、记录表、文具、通信设备、计时设备、摄像或录音设备、计算机或相关评估软件等。

6. 演练评估实施

6.1 评估人员就位

根据演练评估方案安排,评估人员提前就位,做好演练评估准备工作。

6.2 观察记录和收集数据、信息和资料

演练开始后,演练评估人员通过观察、记录和收集演练信息和相关数据、信息和资料,观察演练实施及进展、参演人员表现等情况,及时记录演练过程中出现的问题。在不影响演练进程的情况下,评估人员可进行现场提问并做好记录。

6.3 演练评估

根据演练现场观察和记录,依据制定的评估表,逐项对演练内容进行评估,及时记录评估结果。

7. 演练评估总结

7.1 演练点评

演练结束后,可选派有关代表(演练组织人员、参演人员、评估人员或相关方人员)对演练中发现的问题及取得的成效进行现场点评。

7.2 参演人员自评

演练结束后,演练单位应组织各参演小组或参演人员进行自评,总结演练中的优点和不足,介绍演练收获及体会。演练评估人员应参加参演人员自评会并做好记录。

7.3 评估组评估

参演人员自评结束后,演练评估组负责人应组织召开专题评估工作会议,综合评估意见。评估人员应根据演练情况和演练评估记录发表建议并交换意见,分析相关信息资料,明确存在问题并提出整改要求和措施等。

7.4 编制演练评估报告

7.4.1 报告编写要求

演练现场评估工作结束后,评估组针对收集的各种信息资料,依据评估标准和相关文件资料对演练活动全过程进行科学分析和客观评价,并撰写演练评估报告,评估报告应向所有参演人员公示。

7.4.2 报告主要内容

内容通常包括：

——演练基本情况：演练的组织及承办单位、演练形式、演练模拟的事故名称、发生的时间和地点、事故过程的情景描述、主要应急行动等。

——演练评估过程：演练评估工作的组织实施过程和主要工作安排。

——演练情况分析：依据演练评估表格的评估结果，从演练的准备及组织实施情况、参演人员表现等方面具体分析好的做法和存在的问题以及演练目标的实现、演练成本效益分析等。

——改进的意见和建议：对演练评估中发现的问题提出整改的意见和建议。

——评估结论：对演练组织实施情况的综合评价，并给出优（无差错地完成了所有应急演练内容）、良（达到了预期的演练目标，差错较少）、中（存在明显缺陷，但没有影响实现预期的演练目标）、差（出现了重大错误，演练预期目标受到严重影响，演练被迫中止，造成应急行动延误或资源浪费）等评估结论。

7.5 整改落实

演练组织单位应根据评估报告中提出的问题和不足，制定整改计划，明确整改目标，制定整改措施，并跟踪督促整改落实，直到问题解决为止。同时，总结分析存在问题和不足的原因。

附　录　A
（资料性附录）
实战演练评估

A.1 准备情况评估

实战演练准备情况的评估可从演练策划与设计、演练文件编制、演练保障3个方面进行，具体评估内容参见附表3。

附表3　实战演练准备情况评估表

评估项目	评估内容
1.演练策划与设计	1.1 目标明确且具有针对性，符合本单位实际
	1.2 演练目标简明、合理、具体、可量化和可实现
	1.3 演练目标应明确"由谁在什么条件下完成什么任务，依据什么标准，取得什么效果"
	1.4 演练目标设置是从提高参演人员的应急能力角度考虑

附表3(续)

评估项目	评估内容
1. 演练策划 与设计	1.5 设计的演练情景符合演练单位实际情况,且有利于促进实现演练目标和提高参演人员应急能力
	1.6 考虑到演练现场及可能对周边社会秩序造成的影响
	1.7 演练情景内容包括了情景概要、事件后果、背景信息、演化过程等要素,要素较为全面
	1.8 演练情景中的各事件之间的演化衔接关系科学、合理,各事件有确定的发生与持续时间
	1.9 确定了各参演单位和角色在各场景中的期望行动以及期望行动之间的衔接关系
	1.10 确定所需注入的信息及其注入形式
2. 演练文件 编制	2.1 制定了演练工作方案、安全及各类保障方案、宣传方案
	2.2 根据演练需要编制了演练脚本或演练观摩手册
	2.3 各单项文件中要素齐全、内容合理,符合演练规范要求
	2.4 文字通顺、语言精练、通俗易懂
	2.5 内容格式规范,各项附件项目齐全、编排顺序合理
	2.6 演练工作方案经过评审或报批
	2.7 演练保障方案印发到演练的各保障部门
	2.8 演练宣传方案考虑到演练前、中、后各环节宣传需要
	2.9 编制的观摩手册中各项要素齐全、并有安全告知
3. 演练保障	3.1 人员的分工明确,职责清晰,数量满足演练要求
	3.2 演练经费充足,保障充分
	3.3 器材使用管理科学、规范,满足演练需要
	3.4 场地选择符合演练策划情景设置要求,现场条件满足演练要求
	3.5 演练活动安全保障条件准备到位并满足要求
	3.6 充分考虑演练实施中可能面临的各种风险,制定必要的应急预案或采取有效控制措施
	3.7 参演人员能够确保自身安全
	3.8 采用多种通信保障措施,有备份通信手段
	3.9 对各项演练保障条件进行了检查确认

A.2 实施情况评估

实战演练准备情况的评估可从预警与信息报告、紧急动员、事故监测与研判、指挥和协调、事故处置、应急资源管理、应急通信、信息公开、人员保护、警戒与管制、医疗救护、现场控制及恢复和其他 13 个方面进行,具体评估内容参见附表 4。

附表 4　实战演练实施情况评估表

评估项目	评估内容
1. 预警与信息报告	1.1 演练单位能够根据监测监控系统数据变化状况、事故险情紧急程度和发展势态或有关部门提供的预警信息进行预警
	1.2 演练单位有明确的预警条件、方式和方法
	1.3 对有关部门提供的信息、现场人员发现险情或隐患进行及时预警
	1.4 预警方式、方法和预警结果在演练中表现有效
	1.5 演练单位内部信息通报系统能够及时投入使用,能够及时向有关部门和人员报告事故信息
	1.6 演练中事故信息报告程序规范,符合应急预案要求
	1.7 在规定时间内能够完成向上级主管部门和地方人民政府报告事故信息程序,并持续更新
	1.8 能够快速向本单位以外的有关部门或单位、周边群众通报事故信息
2. 紧急动员	2.1 演练单位能够依据应急预案快速确定事故的严重程度及等级
	2.2 演练单位能够根据事故级别,启动相应的应急响应,采用有效的工作程序,警告、通知和动员相应范围内人员
	2.3 演练单位能够通过总指挥或总指挥授权人员及时启动应急响应
	2.4 演练单位应急响应迅速,动员效果较好
	2.5 演练单位能够适应事先不通知突袭抽查式的应急演练
	2.6 非工作时间以及至少有一名单位主要领导不在应急岗位的情况下能够完成本单位的紧急动员
3. 事故监测与研判	3.1 演练单位在接到事故报告后,能够及时开展事故早期评估,获取事件的准确信息
	3.2 演练单位及相关单位能够持续跟踪、监测事故全过程
	3.3 事故监测人员能够科学评估其潜在危害性
	3.4 能够及时报告事态评估信息

附表 4(续 1)

评估项目	评估内容
4. 指挥和协调	4.1 现场指挥部能够及时成立,并确保其安全高效运转
	4.2 指挥人员能够指挥和控制其职责范围内所有的参与单位及部门、救援队伍和救援人员的应急响应行动
	4.3 应急指挥人员表现出较强指挥协调能力,能够对救援工作全局有效掌控
	4.4 指挥部各位成员能够在较短或规定时间内到位,分工明确并各负其责
	4.5 现场指挥部能够及时提出有针对性的事故应急处置措施或制定切实可行的现场处置案并报总指挥部批准
	4.6 指挥部重要岗位有后备人选,并能够根据演练活动的进行合理轮换
	4.7 现场指挥部制定的救援方案科学可行,调集了足够的应急救援资源和装备(包括专业救援人员和相关装备)
	4.8 现场指挥部与当地政府或本单位指挥中心信息畅通,并实现信息持续更新和共享
	4.9 应急指挥决策程序科学,内容有预见性、科学可行
	4.10 指挥部能够对事故现场有效传达指令,进行有效管控
	4.11 应急指挥中心能够及时启用,各项功能正常、满足使用
5. 事故处置	5.1 参演人员能够按照处置方案规定或在指定的时间内迅速达到现场开展救援
	5.2 参演人员能够对事故先期状况做出正确判断,采取的先期处置措施科学、合理,处置结果有效
	5.3 现场参演人员职责清晰、分工合理
	5.4 应急处置程序正确、规范,处置措施执行到位
	5.5 参演人员之间有效联络,沟通顺畅有效,并能够有序配合,协同救援
	5.6 事故现场处置过程中,参演人员能够对现场实施持续安全监测或监控
	5.7 事故处置过程中采取了措施防止次生或衍生事故发生
	5.8 针对事故现场采取必要的安全措施,确保救援人员安全

附表 4(续 2)

评估项目	评估内容
6. 应急资源管理	6.1 根据事态评估结果,能够识别和确定应急行动所需的各类资源,同时根据需要联系资源供应方
	6.2 参演人员能够快速、科学使用外部提供的应急资源并投入应急救援行动
	6.3 应急设施、设备、器材等数量和性能能够满足现场应急需要
	6.4 应急资源的管理和使用规范有序,不存在浪费情况
7. 应急通信	7.1 通信网络系统正常运转,通信能力能够满足应急响应的需求
	7.2 应急队伍能够建立多途径的通信系统,确保通信畅通
	7.3 有专职人员负责通信设备的管理
	7.4 应急通信效果良好,演练各方通信信息顺畅
8 信息公开	8.1 明确事故信息发布部门、发布原则,事故信息能够由现场指挥部及时准确向新闻媒体通报
	8.2 指定了专门负责公共关系的人员,主动协调媒体关系
	8.3 能够主动就事故情况在内部进行告知,并及时通知相关方(股东/家属/周边居民等)
	8.4 能够对事件舆情持续监测和研判,并对涉及的公共信息妥善处置
9. 人员保护	9.1 演练单位能够综合考虑各种因素并协调有关方面确保各方人员安全
	9.2 应急救援人员配备适当的个体防护装备,或采取了必要自我安全防护措施
	9.3 有受到或可能受到事故波及或影响的人员的安全保护方案
	9.4 针对事件影响范围内的特殊人群,能够采取适当方式发出警告并采取安全防护措施
10. 警戒与管制	10.1 关键应急场所的人员进出通道受到有效管制
	10.2 合理设置了交通管制点,划定管制区域
	10.3 各种警戒与管制标志、标识设置明显,警戒措施完善
	10.4 有效控制出入口,清除道路上的障碍物,保证道路畅通

附表 4(续 3)

评估项目	评估内容
11. 医疗救护	11.1 应急响应人员对受伤害人员采取有效先期急救,急救药品、器材配备有效
	11.2 及时与场外医疗救护资源建立联系求得支援,确保伤员及时得到救治
	11.3 现场医疗人员能够对伤病人员伤情做出正确诊断,并按照既定的医疗程序对伤病人员进行处置
	11.4 现场急救车辆能够及时准确地将伤员送往医院,并带齐伤员有关资料
12. 现场控制及恢复	12.1 针对事故可能造成的人员安全健康与环境、设备与设施方面的潜在危害,以及为降低事故影响而制定的技术对策和措施有效
	12.2 事故现场产生的污染物或有毒有害物质能够及时、有效处置,并确保没有造成二次污染或危害
	12.3 能够有效安置疏散人员,清点人数,划定安全区域并提供基本生活等后勤保障
	12.4 现场保障条件满足事故处置、控制和恢复的基本需要
13. 其他	13.1 演练情景设计合理,满足演练要求
	13.2 演练达到了预期目标
	13.3 参演的组成机构或人员职责能够与应急预案相符合
	13.4 参演人员能够按时就位、正确并熟练使用应急器材
	13.5 参演人员能够以认真态度融入整体演练活动中,并及时、有效地完成演练中应承担的角色工作内容
	13.6 应急响应的解除程序符合实际并与应急预案中规定的内容相一致
	13.7 应急预案得到了充分验证和检验,并发现了不足之处
	13.8 参演人员的能力也得到了充分检验和锻炼

附　录　B
（资料性附录）
桌面演练评估

　　桌面演练的评估可从演练策划与准备、演练实施 2 个方面进行，具体评估内容参见附表 5。

附表 5　桌面演练评估表

评估项目	评估内容
1. 演练策划与准备	1.1 目标明确且具有针对性，符合本单位实际
	1.2 演练目标简单、合理、具体、可量化和可实现
	1.3 设计的演练情景符合参演人员需要，且有利于促进实现演练目标和提高参与人员应急能力
	1.4 演练情景内容包括了情景概要、事件后果、背景信息、演化过程等要素，要素较为全面
	1.5 演练情景中的各事件之间的演化衔接关系设置科学、合理，各事件有确定的发生与持续时间
	1.6 确定了各参演单位和角色在各场景中的期望行动以及期望行动之间的衔接关系
	1.7 确定所需注入的信息及其注入形式
	1.8 制定了演练工作方案，明确了参演人员的角色和分工
	1.9 演练活动保障人员数量和工作能力满足桌面演练需要
	1.10 演练现场布置、各种器材、设备等硬件条件满足桌面演练需要
2. 演练实施	2.1 演练背景、进程以及参演人员角色分工等解说清晰正确
	2.2 根据事态发展，分级响应迅速、准确
	2.3 模拟指挥人员能够表现出较强指挥协调能力，演练过程中各项协调工作全局有效掌控
	2.4 按照模拟真实发生的事件表述应急处置方法和内容
	2.5 通过多媒体文件、沙盘、信息条等多种形式向参演人员展示应急演练场景，满足演练要求
	2.6 参演人员能够准确接收并正确理解演练注入的信息
	2.7 参演人员根据演练提供的信息和情况能够做出正确的判断和决策
	2.8 参演人员能够主动搜集和分析演练中需要的各种信息

附表 5（续）

评估项目	评估内容
2.演练实施	2.9 参演人员制定的救援方案科学可行,符合给出实际事故情况处置要求
	2.10 参演人员应急过程中的决策程序科学,内容有预见性、科学可行
	2.11 参演人员能够依据给出的演练情景快速确定事故的严重程度及等级
	2.12 参演人员能够根据事故级别,确定启动的应急响应级别,并能够熟悉应急动员的方法和程序
	2.13 参演人员能够熟悉事故信息的接报程序、方法和内容
	2.14 参演人员熟悉各自应急职责,并能够较好配合其他小组或人员开展工作
	2.15 参与演练各小组负责人能够根据各位成员意见提出本小组的统一决策意见
	2.16 参演人员对决策意见的表达思路清晰、内容全面
	2.17 参演人员做出的各项决策、行动符合角色身份要求
	2.18 参演人员能够与本应急小组人员共享相关应急信息
	2.19 应急演练能够全身心地参与到整个演练活动中
	2.20 演练的各项预定目标都得以顺利实现

附录七
生产经营单位生产安全事故
应急预案评估指南

（AQ/T 9011—2019）

前　言

本标准按照 GB/T 1.1—2009 给出的规则起草。

本标准由中华人民共和国应急管理部提出。

本标准由全国安全生产标准化技术委员会(SAC/TC288)归口。

本标准起草单位:中国安全生产科学研究院、国家安全生产应急救援中心、南方电网调峰调频发电有限公司。

本标准主要起草人:张兴凯、雷长群、高双喜、孔亮、时训先、闫立、石国领、张明、李定林、王文靖、陈兵、李永兴、李晖、蔡镇坤、周劲松。

本标准为首次发布。

1. 范围

本标准给出了生产经营单位生产安全事故应急预案评估的基本要求、工作程序余评估内容。

本标准适用于生产经营单位生产安全事故应急预案(以下简称应急预案)内容适用性的评估活动。根据预案类别、适用的对象不同,评估工作的组织及实施可参照本标准进行。

2. 规范性引用文件

下列文件对于本文件的应用是必不可少的。凡是注日期的引用文件,仅注日期的版本适用于本文件。凡是不注日期的引用文件,其最新版本(包括所有的修改单)适用于本文件。

GB/T 29639　生产经营单位生产安全事故应急预案编制导则

3. 术语和定义

下列术语和定义适用于本文件 。

3.1 应急预案　emergency response plan

针对可能发生的事故 ,为最大程度减少事故损害而预先制定的应急准备工

作方案 。

3.2 应急响应 emergency response

针对事故险情或事故,依据应急预案采取的应急行动。

3.3 应急预案评估 emergency response plan asesment

对应急预案内容的适用性所开展的分析过程。

4. 基本要求

4.1 评估目的

发现应急预案存在的问题和不足,对是否需要修订做出结论,并提出修订建议。

4.2 评估依据

主要依据以下内容:

a)相关法律法规 、标准及规范性文件;

b)生产经营单位风险评估结果;

c)生产经营单位应急组织机构设置情况;

d)应急演练评估报告;

e)应急处置评估报告;

f)应急资源调查及评估结果;

g)其他相关材料。

5. 评估程序

5.1 成立评估组

结合本单位部门职能和分工,成立以单位相关负责人为组长,单位相关部门人员参加的应急预案评估组,明确工作职责和任务分工,制定工作方案。评估组成员人数一般为单数。生产经营单位可以邀请 相关专业机构的人员或者有关专家参加应急预案评估,必要时委托安全生产技术服务机构实施。

5.2 资料收集分析

评估组应确定需评估的应急预案,依据 4.2 收集相关资料,明确以下情况:

a)法律法规、标准、规范性文件及上位预案中的有关规定变化情况;

b)应急指挥机构和成员单位(部门)及其职责调整情况;

c)面临的事故风险变化情况;

d)重要应急资源变化情况;

e)应急救援力量变化情况;

f)预案中的其他重要信息变化情况;

g)应急演练和事故应急处置中发现的问题;

h)其他情况。

5.3 评估实施

5.3.1 采用资料分析、现场审核、推演论证、人员访谈的方式,对应急预案进行评估。

　　a)资料分析:针对评估目的和评估内容,查阅法律法规、标准规范、应急方案、风险评估方面的相关文件资料,梳理有关规定、要求及证据材料初步分析应急预案存在的问题;应急预案编制内容要求参见 GB/T 29639;

　　b)现场审核:依据资料分析的情况,通过现场实地查看、设备操作检验的方式,准确掌握并验证应急资源、生产运行、工艺设备方面的问题情况;

　　c)推演论证:根据需要,采取桌面推演、实战演练的形式,对机构设置、职责分工、响应机制、信息报告方面的问题进行推演验证;

　　d)人员访谈:采取抽样访谈或座谈研讨的方式,向有关人员收集信息、了解情况、考核能力、验证问题、沟通交流、听取建议,进一 步论证有关问题情况。

5.3.2 生产安全事故应急预案评估表参见附录 A。

5.4 评估报告编写

　　应急预案评估结束后,评估组成员沟通交流各自评估情况,对照有关规定及相关标准,汇总评估中发现的问题,并形成一致、公正客观的评估组意见,在此基础上组织撰写评估报告。

6.评估内容

6.1 应急预案管理要求

　　法律法规、标准、规范性文件及上位预案是否对应急预案做出新规定和要求,主要包括应急组织机构及其职责、应急预案体系、事故风险描述、应急响应及保障措施。

6.2 组织机构与职责

主要包括:

a)生产经营单位组织体系是否发生变化;

b)应急处置关键岗位应急职责是否调整;

c)重点部门应急职责与分工是否重新划分;

d)应急组织机构或人员对应急职责是否存在疑义;

e)应急机构设置与职责能否满足实际需要。

6.3 主要事故风险

主要包括:

a)生产经营单位事故风险分析是否全面客观;

b)风险等级确定是否合理;

c)是否有新增事故风险;

d)事故风险防范和控制措施能否满足实际需要;

e)依据事故风险评估提出的应急资源需求是否科学。

6.4 应急资源

生产经营单位对于本单位应急资源和合作区域内可请求援助的应急资源调查是否全面、与事故风险评估得出的实际需求是否匹配;现有的应急资源的数量、种类、功能、用途是否发生重大变化。

6.5 应急预案衔接

应急预案是否与政府、企业不同层级、救援队伍、周边单位与社区应急预案衔接,对信息报告、响应分级、指挥权移交、警戒疏散做出合理规定。

6.6 实施反馈

在应急演练、应急处置、监督检查、体系审核及投诉举报中,是否发现应急预案存在组织机构、应急响应程序、先期处置及后期处置方面的问题。

6.7 其他

其他可能对应急预案内容的适用性产生影响的因素。

7. 报告主要内容

7.1 生产安全事故应急预案评估报告编制大纲参见附录 B。

7.2 评估报告内容:

a)评估人员情况:评估人员基本信息及分工情况,包括姓名、性别、专业、职务职称及签字;

b)预案评估组织:预案评估工作的组织实施过程和主要工作安排;

c)预案基本情况:应急预案编制单位、编制及实施时间及批准人;

d)预案评估内容:评估应急预案管理要求、组织机构与职责、主要事故风险、应急资源、应急预案衔接及应急响应级别划分方面的变化情况,以及实时反馈中发现的问题;

e)预案适用性分析:依据评估出的变化情况和问题,对应急预案各个要素内容的适用性进行分析,指出存在的不符合项;

f)改进意见和建议:针对评估出的不符合项,提出改进的意见和建议;

g)评估结论:对应急预案做出综合评价及修订结论。

附　录　A
（资料性附录）
生产安全事故应急预案评估表

生产安全事故应急预案评估表见附表6。

附表6　生产安全事故应急预案评估表

评估要素	评估内容	评估方法	评估结果
1. 应急预案管理要求	1.1　梳理《中华人民共和国突发事件应对法》《中华人民共和国安全生产法》《生产安全事故应急条例》等法律法规中的有关新规定和要求,对照评估应急预案中的不符事项	资料分析	是否有不符合项,列出不符合项
	1.2　梳理国家标准、行业标准及地方标准中的有关新规定和要求,对照评估应急预案中的不符合项	资料分析	是否有不符合项,列出不符合项
	1.3　梳理规范性文件中的有关新规定和要求,对照评估应急预案中的不符合项	资料分析	是否有不符合项,列出不符合项
	1.4　梳理上位预案中的有关新规定和要求,对照评估应急预案中的不符合项	资料分析	是否有不符合项,列出不符合项
2. 组织机构与职责	2.1　查阅生产经营单位机构设置、部门职能调整、应急处置关键岗位职责划分方面的文件资料,初步分析本单位应急预案中应急组织机构设置及职责是否合适、是否需要调整	资料分析	根据文件资料,判断组织机构是否合适,列出不合适部分
	2.2　抽样访谈,了解掌握生产经营单位本级、基层单位办公室、生产、安全及其他业务部门有关人员对本部门、本岗位的应急工作职责的意见建议	人员访谈	列出相关人员的建议

附表 6(续 1)

评估要素	评估内容	评估方法	评估结果
2. 组织机构与职责	2.3 依据资料分析和抽样访谈的情况,结合应急预案中应急组织机构及职责,召集有关职能部门代表,就重要职能进行推演论证,评估值班值守、调度指挥、应急协调、信息上报、舆论沟通、善后恢复的职责划分是否清晰,关键岗位职责是否明确,应急组织机构设置及职能分配与业务是否匹配	推演论证	职责划分是否清晰,岗位职责是否明确,机构设置及职能分配与业务是否匹配,列出不符合项
3. 主要事故风险	3.1 查阅生产经营单位风险评估报告,对照生产运行和工艺设备方面有关文件资料,初步分析本单位面临的主要事故风险类型及风险等级划分情况	资料分析	根据相关资料得出的本单位面临的主要事故风险类型及风险等级划分情况
	3.2 根据资料分析情况,前往重点基层单位、重点场所、重点部位查看验证	现场审核	现场查看风险情况
	3.3 座谈研讨,就资料分析和现场查证的情况,与办公室、生产、安全及相关业务部门以及基层单位人员代表沟通交流,评估本单位事故风险辨识是否准确、类型是否合理、等级确定是否科学、防范和控制措施能否满足实际需要,并结合风险情况提出应急资源需求	人员访谈	事故风险辨识是否准确、类型是否合理、等级确定是否科学、防范和控制措施能否满足实际需要,列出不符合项

附表 6(续 2)

评估要素	评估内容	评估方法	评估结果
4. 应急资源	4.1　查阅生产经营单位应急资源调查报告,对照应急资源清单、管理制度及有关文件资料,初步分析本单位及合作区域的应急资源状况	资料分析	根据相关资料得出的本单位及合作区域的应急资源状况
	4.2　根据资料分析情况,前往本单位及合作单位的物资储备库、重点场所,查看验证应急资源的实际储备、管理、维护情况,推演验证应急资源运输的路程路线及时长	现场审核、推演论证	应急资源的实际情况与预案情况是否相符,列出不符合项
	4.3　座谈研讨,就资料分析和现场查证的情况,结合风险评估得出的应急资源需求,与办公室、生产、安全及相关业务部门以及基层单位人员沟通交流,评估本单位及合作区域内现有的应急资源的数量、种类、功能、用途是否发生重大变化,外部应急资源的协调机制、响应时间等能否满足实际需求	人员访谈	应急资源是否发生变化,外部应急资源的协调机制、响应时间能否满足实际需求,列出不符合项
5. 应急预案衔接	5.1　查阅上下级单位、有关政府部门、救援队伍及周边单位的相关应急预案,梳理分析在信息报告、响应分级、指挥权移交及警戒疏散工作方面的衔接要求,对照评估应急预案中的不符合项	资料分析	是否有不符合项,列出不符合项
	5.2　座谈研讨,就资料分析的情况,与办公室、生产、安全及相关业务部门、基层单位、周边单位人员沟通交流,评估应急预案在内外部上下衔接中的问题	人员访谈	是否有问题,列出预案衔接中的问题

附表6(续3)

评估要素	评估内容	评估方法	评估结果
6. 实施反馈	6.1　查阅生产经营单位应急演练评估报告、应急处置总结报告、监督检查、体系审核及投诉举报方面的文件资料,初步梳理归纳应急预案存在的问题	资料分析	列出存在的问题
	6.2　座谈研讨,就资料分析得出的情况,与办公室、生产、安全及相关业务部门、基层单位人员沟通交流,评估确认应急预案存在的问题	人员访谈	列出座谈中反映的问题
7. 其他	7.1　查阅其他有可能影响应急预案适用性因素的文件资料,对照评估应急预案中的不符合项	资料分析	是否有不符合项,列出不符合项
	7.2　依据资料分析的情况,采取人员访谈、现场审核、推演论证的方式进一步评估确认有关问题	人员访谈、现场审核、推演论证	列出其他有关问题

附　录　B

（资料性附录）

生产安全事故应急预案评估报告编制大纲

B.1 总则

B.1.1 评估对象

B.1.2 评估目的

B.1.3 评估依据

B.2 应急预案评估内容

B.2.1 应急预案管理要求

B.2.2 组织机构与职责

B.2.3 主要事故风险

B.2.4 应急资源

B.2.5 应急预案衔接

B.2.6 实施反馈

B.3 应急预案适用性分析

对应急预案各个要素内容的适用性进行分析,指出存在的不符合项。

B.4 改进意见及建议

针对评估出的不符合项,提出相应的改进意见和建议。

B.5 评估结论

对应急预案做出综合评价及修订总结。

附录八
企业职工伤亡事故分类标准

（GB6441—1986）

本标准是劳动安全管理的基础标准,适用于企业职工伤亡事故统计工作。

1. 名词、术语

1.1 伤亡事故:指企业职工在生产劳动过程中,发生的人身伤害(以下简称伤害)、急性中毒(以下简称中毒)。

1.2 损失工作日:指被伤害者失能的工作时间。

1.3 暂时性失能伤害:指伤害及中毒者暂时不能从事原岗位工作的伤害。

1.4 永久性部分失能伤害:指伤害及中毒者肢体或某些器官部分功能不可逆地丧失的伤害。

1.5 永久性全失能伤害:指除死亡外,一次事故中,受伤者造成完全残废的伤害。

2. 事故类别

事故类别见附表7。

附表7　事故类别

序号	事故类别名称
01	物体打击
02	车辆伤害
03	机械伤害
04	起重伤害
05	触电
06	淹溺
07	灼烫
08	火灾
09	高处坠落
010	坍塌

附表7(续)

序号	事故类别名称
011	冒顶片帮
012	透水
013	放炮
014	火药爆炸
015	瓦斯爆炸
016	锅炉爆炸
017	容器爆炸
018	其他爆炸
019	中毒和窒息
020	其他伤害

3. 伤害分析

3.1 受伤部位

指身体受伤的部位(细分类详见附录 A.1)。

3.2 受伤性质

指人体受伤的类型。

确定原则:

a. 应以受伤当时的身体情况为主,结合愈后可能产生的后遗障碍全面分析确定;

b. 多处受伤,按最严重的伤害分类,当无法确定时,应鉴定为"多伤害"(细分类详见附录 A.2)。

3.3 起因物

导致事故发生的物体、物质,称为起因物(细分类详见附录 A.3)

3.4 致害物

指直接引起伤害及中毒的物体或物质(细分类详见附录 A.4)

3.5 伤害方式

指致害物与人体发生接触的方式(细分类详见附录 A.5)

3.6 不安全状态

指能导致事故发生的物质条件(细分类详见附录 A.6)。

3.7 不安全行为

指能造成事故的人为错误(细分类详见附录 A.7)。

4.伤害程度分类

4.1 轻伤

指损失工作日为 1 个工作日以上(含 1 个工作日),105 个工作日以下的失能伤害。

4.2 重伤

指损失工作日为 105 个工作日以上(含 105 个工作日),6 000 个工作日以下的失能伤害。

4.3 死亡

指损失工作日为 6 000 工作日以上(含 6 000 工作日)的失能伤害。

5.事故严重程度分类

5.1 轻伤事故

指只有轻伤的事故。

5.2 重伤事故

指有重伤无死亡的事故。

5.3 死亡事故

a.重大伤亡事故

指 1~2 人死亡的事故。

b.特大伤亡事故

指 3 人以上的死亡事故。

6.伤亡事故的计算方法

适用于企业以及各省、市、县上报企业工伤事故时使用的计算方法有:

6.1 千人死亡率:

表示某时期,平均每千名职工中,因伤亡事故造成死亡的人数。

计算公式:

$$千人死亡率 = (死亡人数/平均职工人数) \times 10^3 \qquad (1)$$

6.2 千人重伤率:

表示某时期内,平均每千名职工因工伤事故造成的重伤人数。

计算公式:

$$千人重伤率 = (重伤人数/平均职工人数) \times 10^3 \qquad (2)$$

适用于行业、企业内部事故统计分析使用的计算方法有:

6.3 伤害频率:

表示某时期内,每百万工时的事故造成伤害的人数。伤害人数指轻伤、重伤、死亡人数之和。

计算公式：

$$百万工时伤害率：A = (伤害人数/实际总工时) \times 10^6 \qquad (3)$$

6.4 伤害严重率：

表示某时期内，每百万工时，事故造成的损失工作日数。

计算公式：

$$伤害严重率：B = (总损失工作日/实际总工时) \times 10^6 \qquad (4)$$

6.5 伤害平均严重率：

表示每人次受伤害的平均损失工作日。

计算公式：

$$N = B/A = 总损失工作日/伤害人数 \qquad (5)$$

适用于以吨、立方米产量为计算单位的行业、企业使用的计算方法有：

6.6 按产品产量计算的死亡率：

计算公式：

$$百万吨死亡率 = [死亡人数/实际产量(吨)] \times 10^6 \qquad (6)$$

$$万米木材死亡率 = [死亡人数/木材产量(立方米)] \times 10^4 \qquad (7)$$

附　录　A

(补充件)

A.1 受伤部位(附表8)

附表8　受伤部位

分类号	受伤部位名称	分类号	受伤部位名称
1.01	颅脑	1.12.3	肘部
1.01.1	脑	1.12.4	前臂
1.01.2	颅骨	1.13	腕及手
1.01.3	头皮	1.13.1	腕
1.02	颌面部	1.13.2	掌
1.03	眼部	1.13.3	指
1.04	鼻	1.14	下肢
1.05	耳	1.14.1	髋部
1.06	口	1.14.2	股骨
1.07	颈部	1.14.3	膝部
1.08	胸部	1.14.4	小腿

附表 8（续）

分类号	受伤部位名称	分类号	受伤部位名称
1.09	腹部	1.15	踝及脚
1.10	腰部	1.15.1	踝部
1.11	脊柱	1.15.2	跟部
1.12	上肢	1.15.3	部（距骨、舟骨、骨）
1.12.1	肩胛部	1.15.4	趾
1.12.2	上臂	—	—

A.2 受伤性质（附表9）

附表 9　受伤性质

分类号	受伤性质	分类号	受伤性质
2.01	电伤	2.10	切断伤
2.02	挫伤、轧伤、压伤	2.11	冻伤
2.03	倒塌压埋伤	2.12	烧伤
2.04	辐射损伤	2.13	烫伤
2.05	割伤、擦伤、刺伤	2.14	中暑
2.06	骨折	2.15	冲击
2.07	化学性灼伤	2.16	生物致伤
2.08	撕脱伤	2.17	多伤害
2.09	扭伤	2.18	中毒

A.3 起因物（附表10）

附表 10　起因物

分类号	起因物名称	分类号	起因物名称
3.01	锅炉	3.15	煤
3.02	压力容器	3.16	石油制品
3.03	电气设备	3.17	水
3.04	起重机械	3.18	可燃性气体
3.05	泵、发动机	3.19	金属矿物
3.06	企业车辆	3.20	非金属矿物

附表 10(续)

分类号	起因物名称	分类号	起因物名称
3.07	船舶	3.21	粉尘
3.08	动力传送机构	3.22	梯
3.09	放射性物质及设备	3.23	木材
3.10	非动力手工具	3.24	工作面(人站立面)
3.11	电动手工具	3.25	环境
3.12	其他机械	3.26	动物
3.13	建筑物及构筑物	3.27	其他
3.14	化学品	—	—

A.4 致害物(附表 11)

附表 11　致害物

分类号	致害物名称	分类号	致害物名称
4.01	煤、石油产品	4.14.4	林业机械
4.01.1	煤	4.14.5	铁路工程机械
4.01.2	焦炭	4.14.6	铸造机械
4.01.3	沥青	4.14.7	锻造机械
4.01.4	其他	4.14.8	焊接机械
4.02	木材	4.14.9	粉碎机械
4.02.1	树	4.14.10	金属切削机床
4.02.2	原木	4.14.11	公路建筑机械
4.02.3	锯材	4.14.12	矿山机械
4.02.4	其他	4.14.13	冲压机
4.03	水	4.14.14	印刷机械
4.04	放射性物质	4.14.15	压辊机
4.05	电气设备	4.14.16	筛选、分离机
4.05.1	母线	4.14.17	纺织机械
4.05.2	配电箱	4.14.18	木工刨床
4.05.3	电气保护装置	4.14.19	木工锯机
4.05.4	电阻箱	4.14.20	其他木工机械

附表 11(续 1)

分类号	致害物名称	分类号	致害物名称
4.05.5	蓄电池	4.14.21	皮带传送机
4.05.6	照明设备	4.14.22	其他
4.05.7	其他	4.15	金属件
4.06	梯	4.15.1	钢丝绳
4.07	空气	4.15.2	铸件
4.08	工作面(人站立面)	4.15.3	铁屑
4.09	矿石	4.15.4	齿轮
4.10	黏土、砂、石	4.15.5	飞轮
4.11	锅炉、压力容器	4.15.6	螺栓
4.11.1	锅炉	4.15.7	销
4.11.2	压力容器	4.15.8	丝杠、光杠
4.11.3	压力管道	4.15.9	绞轮
4.11.4	安全阀	4.15.10	轴
4.11.5	其他	4.15.11	其他
4.12	大气压力	4.16	起重机械
4.12.1	高压(指潜水作业)	4.16.1	塔式起重机
4.12.2	低压(指空气稀薄的高原地区)	4.16.2	龙门式起重机
4.13	化学品	4.16.3	梁式起重机
4.13.1	酸	4.16.4	门座式起重机
4.13.2	碱	4.16.5	浮游式起重机
4.13.3	氢	4.16.6	甲板式起重机
4.13.4	氨	4.16.7	桥式起重机
4.13.5	液氧	4.16.8	缆索式起重机
4.13.6	氯气	4.16.9	履带式起重机
4.13.7	酒精	4.16.10	叉车
4.13.8	乙炔	4.16.11	电动葫芦
4.13.9	火药	4.16.12	绞车
4.13.10	炸药	4.16.13	卷扬机
4.13.11	芳香烃化合物	4.16.14	桅杆式起重机
4.13.12	砷化物	4.16.15	壁上起重机

附表 11(续 2)

分类号	致害物名称	分类号	致害物名称
4.13.13	硫化物	4.16.16	铁路起重机
4.13.14	二氧化碳	4.16.17	千斤顶
4.13.15	一氧化碳	4.16.18	其他
4.13.16	含氰物	4.17	噪声
4.13.17	卤化物	4.18	蒸气
4.13.18	金属化合物	4.19	手工具(非动力)
4.13.19	其他	4.20	电动手工具
4.14	机械	4.21	动物
4.14.1	搅拌机	4.22	企业车辆
4.14.2	送料装置	4.23	船舶
4.14.3	农业机械	—	—

A.5 伤害方式(附表 12)

附表 12　伤害方式

分类号	伤害方式	分类号	伤害方式
5.01	碰撞	5.08	火灾
5.01.1	人撞固定物体	5.09	辐射
5.01.2	运动物体撞人	5.10	爆炸
5.01.3	互撞	5.11	中毒
5.02	撞击	5.11.1	吸入有毒气体
5.02.1	落下物	5.11.2	皮肤吸收有毒物质
5.02.2	飞来物	5.11.3	经口
5.03	坠落	5.12	触电
5.03.1	由高处坠落平地	5.13	接触
5.03.2	由平地坠入井、坑洞	5.13.1	高低温环境
5.04	跌倒	5.13.2	高低温物体
5.05	坍塌	5.14	掩埋
5.06	淹溺	5.15	倾覆
5.07	灼烫	—	—

A.6 不安全状态(附表 13)

附表 13　不安全状态

分类号	不安全状态
6.01	防护、保险、信号等装置缺乏或有缺陷
6.01.1	无防护
6.01.1.1	无防护罩
6.01.1.2	无安全保险装置
6.01.1.3	无报警装置
6.01.1.4	无安全标志
6.01.1.5	无护栏或护栏损坏
6.01.1.6	(电气)未接地
6.01.1.7	绝缘不良
6.01.1.8	局扇无消音系统、噪声大
6.01.1.9	危房内作业
6.01.1.10	未安装防止"跑车"的挡车器或挡车栏
6.01.1.11	其他
6.01.2	防护不当
6.01.2.1	防护罩未在适当位置
6.01.2.2	防护装置调整不当
6.01.2.3	坑道掘进、隧道开凿支撑不当
6.01.2.4	防爆装置不当
6.01.2.5	采伐、集材作业安全距离不够
6.01.2.6	放炮作业隐蔽所有缺陷
6.01.2.7	电气装置带电部分裸露
6.01.2.8	其他
6.02	设备、设施、工具、附件有缺陷
6.02.1	设计不当,结构不合安全要求
6.02.1.1	通道门遮挡视线
6.02.1.2	制动装置有缺欠
6.02.1.3	安全间距不够
6.02.1.4	拦车网有缺欠

附表 13(续 1)

分类号	不安全状态
6.02.1.5	工件有锋利毛刺、毛边
6.02.1.6	设施上有锋利倒棱
6.02.1.7	其他
6.02.2	强度不够
6.02.2.1	机械强度不够
6.02.2.2	绝缘强度不够
6.02.2.3	起吊重物的绳索不合安全要求
6.02.2.4	其他
6.02.3	设备在非正常状态下运行
6.02.3.1	设备带"病"运转
6.02.3.2	超负荷运转
6.02.3.3	其他
6.02.4	维修、调整不良
6.02.4.1	设备失修
6.02.4.2	地面不平
6.02.4.3	保养不当、设备失灵
6.02.4.4	其他
6.03	个人防护用品用具——防护服、手套、护目镜及面罩、呼吸器官护具、听力护具、安全带、安全帽、安全鞋等缺少或有缺陷
6.03.1	无个人防护用品、用具
6.03.2	所用的防护用品、用具不符合安全要求
6.04	生产(施工)场地环境不良
6.04.1	照明光线不良
6.04.1.1	照度不足
6.04.1.2	作业场地烟雾尘弥漫视物不清
6.04.1.3	光线过强
6.04.2	通风不良
6.04.2.1	无通风
6.04.2.2	通风系统效率低
6.04.2.3	风流短路

附表 13（续 2）

分类号	不安全状态
6.04.2.4	停电停风时放炮作业
6.04.2.5	瓦斯排放未达到安全浓度放炮作业
6.04.2.6	瓦斯超限
6.04.2.7	其他
6.04.3	作业场所狭窄
6.04.4	作业场地杂乱
6.04.4.1	工具、制品、材料堆放不安全
6.04.4.2	采伐时，未开"安全道"
6.04.4.3	迎门树、坐殿树、搭挂树未做处理
6.04.4.4	其他
6.04.5	交通线路的配置不安全
6.04.6	操作工序设计或配置不安全
6.04.7	地面滑
6.04.7.1	地面有油或其他液体
6.04.7.2	冰雪覆盖
6.04.7.3	地面有其他易滑物
6.04.8	贮存方法不安全
6.04.9	环境温度、湿度不当

A.7 不安全行为（附表 14）

附表 14　不安全行为

分类号	不安全行为
7.01	操作错误，忽视安全，忽视警告
7.01.1	未经许可开动、关停、移动机器
7.01.2	开动、关停机器时未给信号
7.01.3	开关未锁紧，造成意外转动、通电或泄漏等
7.01.4	忘记关闭设备
7.01.5	忽视警告标志、警告信号
7.01.6	操作错误（指按钮、阀门、扳手、把柄等的操作）

附表 14(续 1)

分类号	不安全行为
7.01.7	奔跑作业
7.01.8	供料或送料速度过快
7.01.9	机械超速运转
7.01.10	违章驾驶机动车
7.01.11	酒后作业
7.01.12	客货混载
7.01.13	冲压机作业时,手伸进冲压模
7.01.14	工件紧固不牢
7.01.15	用压缩空气吹铁屑
7.01.16	其他
7.02	造成安全装置失效
7.02.1	拆除了安全装置
7.02.2	安全装置堵塞,失掉了作用
7.02.3	调整的错误造成安全装置失效
7.02.4	其他
7.03	使用不安全设备
7.03.1	临时使用不牢固的设施
7.03.2	使用无安全装置的设备
7.03.3	其他
7.04	手代替工具操作
7.04.1	用手代替手动工具
7.04.2	用手清除切屑
7.04.3	不用夹具固定、用手拿工件进行机加工
7.05	物体(指成品、半成品、材料、工具、切屑和生产用品等) 存放不当
7.06	冒险进入危险场所
7.06.1	冒险进入涵洞
7.06.2	接近漏料处(无安全设施)
7.06.3	采伐、集材、运材、装车时,未离危险区
7.06.4	未经安全监察人员允许进入油罐或井中
7.06.5	未"敲帮问顶"开始作业

附表 14(续 2)

分类号	不安全行为
7.06.6	冒进信号
7.06.7	调车场超速上下车
7.06.8	易燃易爆场合明火
7.06.9	私自搭乘矿车
7.06.10	在绞车道行走
7.06.11	未及时瞭望
7.08	攀、坐不安全位置(如平台护栏、汽车挡板、吊车吊钩)
7.09	在起吊物下作业、停留
7.10	机器运转时加油、修理、检查、调整、焊接、清扫等工作
7.11	有分散注意力行为
7.12	在必须使用个人防护用品用具的作业或场合中,忽视其使用
7.12.1	未戴护目镜或面罩
7.12.2	未戴防护手套
7.12.3	未穿安全鞋
7.12.4	未戴安全帽
7.12.5	未佩戴呼吸护具
7.12.6	未佩戴安全带
7.17.7	未戴工作帽
7.18.8	其他
7.13	不安全装束
7.13.1	在有旋转零部件的设备旁作业穿过肥大服装
7.13.2	操纵带有旋转零部件的设备时戴手套
7.13.3	其他
7.14	对易燃、易爆等危险物品处理错误

附 录 B
损失工作日计算表(补充件)

1. 死亡或永久性全失能伤害定 6 000 日。

2. 永久性部分失能伤害按附表 15、附表 16、附表 17 计算。

3. 表中未规定数值的暂时失能伤害按歇工天数计算。

4. 对于永久性失能伤害不管其歇工天数多少,损失工作日均按表定数值计算。

5. 各伤害部位累计数值超过 6 000 日者,仍按 6 000 日计算。

附表 15　截肢或完全失去机能部位损失工作日换算表

手				
部位	拇指	食指	中指	无名指	小指
远端指骨	300	100	75	60	50
中间指骨	—	200	150	120	105
近端趾骨	600	400	300	240	200
掌　骨	900	600	500	450	400
腕部截肢	1 300				

脚				
部位	拇趾	二趾	中趾	无名趾	小趾
远端趾骨	150	35	35	35	35
中间趾骨	—	75	75	75	75
近端趾骨	300	150	150	150	150
骨(包括舟骨、距骨)	600	350	350	350	350
踝　部	2 400				

上肢	
肘部以上任一部位(包括肩关节)	4 500
腕以上任一部位,且在肘关节或低于肘关节	3 600

下肢	
膝关节以上任一部位(包括髋关节)	4 500
踝部以上,且在膝关节或低于膝关节	3 000

附表 16　骨折损失工作换算表

骨折部位	损失工作日
掌、指骨	60
桡骨下端	80
尺、桡骨干	90
肱骨髁上	60
肱骨干	80

附表 16（续）

骨折部位	损失工作日
肱骨外科颈	70
锁骨	70
胸骨	105
跖、趾	70
胫、腓	90
股骨干	105
股粗隆间	100
股骨颈	160

附表 17　功能损伤损失工作日换算表

功能损害部位	损失工作日
包被重要器官的单纯性骨损伤（头颅骨、胸骨、脊椎骨）	105
包被重要器官的复杂性骨损伤，内部器官轻度受损，骨损伤治愈后，不遗功能障碍者	500
包被重要器官的复杂性骨损伤，伴有内部器官损伤，骨损伤治愈后，遗有轻度功能障碍者	900
接触有害气体或毒物，急性中毒症状消失后，不遗有临床症状及后遗症者	200
重度失血，经抢救后，未遗有造血功能障碍者	200
包被重要器官的复杂性骨折包被器官受损，骨损伤治愈后，伴有严重的功能障碍者	—
脑神经损伤导致癫痫者	3 000
脑神经损伤导致痴呆者	5 000
脑挫裂伤，颅内严重血肿，脑干损伤造成无法医治的低能	5 000
脑外伤致使运动系统严重障碍或失语，且不易恢复者	4 000
脊柱骨损伤，脊髓离断形成截瘫者	6 000
脊柱骨损伤，脊髓半离断，影响饮食起居者	6 000
脊柱骨损伤合并脊髓伤，有功能障碍不影响饮食起居者	4 000
单纯脊柱骨损伤，包括残留慢性腰背痛者	1 000
脊柱损伤，遗有脊髓压迫症双下肢功能障碍，二便失禁者	4 000

附表 17(续 1)

功能损害部位	损失工作日
脊柱韧带损伤,局部血行障碍影响脊柱活动者	1 500
胸部骨损伤,伤及心脏,引起明显的节律不正者	4 000
胸部骨损伤,伤及心脏,遗有代谢功能失调者	4 000
胸部骨损伤,胸廓成形术后,明显影响一侧呼吸功能者	2 000
一侧肺功能丧失者	4 000
一侧肺病有另侧一个肺叶术后伤残者	5 000
骨盆骨损伤累及神经,导致下肢运动障碍者	4 000
骨盆不稳定骨折,并遗留有尿道 狭窄和尿路感染	3 000
腰、背部软组织严重损伤;脊柱活动明显受限者	2 000
四肢软组织损伤治愈后,遗有周围神经损伤,感觉运动机能障碍, 影响工作及生活者	1 500
四肢软组织损伤治愈后,遗有周围神经损伤,运动机能障碍, 但生活能自理者	2 000
四肢软组织损伤,治愈后由于疤颜瘢弯缩,严重影响运动功能, 但生活能自理者	2 000
手肌腱受损,伸屈功能严重影响障碍,影响工作、生活者	1 400
脚肌腱受损,引起机能障碍,不能自由行走者	1 400
眼睑断裂导致导闭合不全	200
眼睑损伤导致泪小管、泪腺损伤,导致溢泪,影响工作	200
双目失明;	6000
一目失明,但另一目视力正常	800
两目视力均有障碍,不易恢复者	800
一目失明,另一目视物不清,或双目视物不清者(仅能见前 2 m 以内的物体, 且短期内,不易恢复者)	3 000
两眼角膜受损,并有眼底出血或混浊,视力高度障碍者 (仅能见 1 m 之物体)且根本不能恢复者	4 000
眼球突出不能复位,引起视障碍者	700
咽肌麻痹,造成斜视、复视者	600
一耳丧失听力,另一耳听觉正常者	600
听力有重大障碍者	300

附表 **17**(续 2)

功能损害部位	损失工作日
两耳听力丧失	3 000
鼻损伤,嗅觉功能严重丧失	1 000
鼻脱落者	1 300
口腔受损,致使牙齿脱落,不能安装假牙,致使咀嚼发生困难者	1 800
口腔严重受损,咀嚼机能全废	3 000
喉损伤,引起喉狭窄,影响发声及呼吸者	1 000
语言障碍,说话不清	300
语言全废	3 000
伤及腹膜,并有单独性的腹腔出血及腹膜炎症者	1 000
由于损伤进行胃次全切除,或肠管切除 1/3 以上者	3 000 损失工作日
由于损伤进行胃全切,或食道全切,腔肠代替食道, 或肠管切除 1/3 以上者	6 000
一叶肝脏切除者	3 000
一侧肾脏切除者	3 000
生殖器官损伤,失去生殖机能者	1 800
伤及神经、膀胱及直肠,遗有大便、小便失禁,漏尿、漏屎等	2 000
关节结构损伤,关节活动受限,影响运动功能者	1 400
伤筋伤骨,动作受限,其功能损伤严重于附表 16 者	2 000
接触高浓度有害气体,急性中毒症状消失后, 遗有脑实质病变临床症状者	4 000
各种急性中毒严重损伤呼吸道、食道黏膜,遗有功能障碍者	2 000
国家规定的工业毒物轻度中毒患者	150
国家规定的工业毒物中度中毒患者	700
国家规定的工业毒物重度中毒患者	2 000

附录九
生产过程危险和有害因素分类与代码

(GB/T13861—2022)

前 言

本文件按照 GB/T1.1—2020《标准化工作导则 第 1 部分:标准化文件的结构和起草规则》的规定起草。

本文件代替 GB/T13861—2009《生产过程危险和有害因素分类与代码》与 GB/T13861—2009 相比,除结构调整和编辑性改动外,主要技术变化如下:

a) 更改了适用范围的表述(见第 1 章,2009 年版的第 1 章);

b) 更改了规范性引用文件(见第 2 章,2009 年版的第 2 章);

c) 更改了代码表(见表 18,2009 年版的附表 1);

d) 增加了参考文献。

请注意本文件的某些内容可能涉及专利。本文件的发布机构不承担识别专利的责任。

本文件由全国信息分类与编码标准化技术委员会(SAC/TC 353)提出并归口。

本文件起草单位:中国标准化研究院、中国安全生产科学研究院、安徽巨成精细化工有限公司、甘肃路桥建设集团有限公司、深圳市凯东源现代物流股份有限公司、徐州巴特工程机械股份有限公司、交通运输部水运科学研究院、中国劳动关系学院、东莞职业技术学院、中国建筑科学研究院有限公司、佛山市质量和标准化研究院、河北省特种设备监督检验研究院、嘉兴市特种设备检验检测院、泰安市应急管理局、交通运输部科学研究院、中国地质大学(北京)、中国地质大学(北京)郑州研究院、江苏康华信息科技有限公司、漳州片仔癀药业股份有限公司、浙江青松轻纺股份有限公司、安徽古井贡酒股份有限公司、浙江甲骨文超级码科技股份有限公司。

本文件主要起草人:张艳琦、张惠军、程越、左哲、刘志强、苏宏杰、陈建武、褚冠全、曹贵、颜峻、孙旋、卢大为、杨倚天、高昂、安华顺、张琳、潘金平、高二庆、佘丁顺、曾繁仰、王林、徐强、熊长炜、梅阳寒、吴国辉、方婷、李志强、卢稳、柳学强、杨传玉、王慧、于娟、杨舟琴、李安军、顾惠波。

本文件及其所代替文件的历次版本发布情况为：

——1992 年首次发布为 GB/T13861—1992，2009 年第一次修；

——本次为第二次修订。

1. 范围

本文件给出了生产过程中主要危险和有害因素的分类原则、代码结构及分类与代码。

本文件适用于生产经营活动全过程中危险和有害因素的预测、预防，伤亡事故原因的辨识和分析。也适用于职业安全健康信息的处理与交换。

2. 规范性引用文件

本文件没有规范性引用文件。

3. 术语和定义

下列术语和定义适用于本文件。

3.1 生产过程　process

劳动者在生产领域从事生产活动的全过程。

3.2 危险和有害因素　hazardous and harmful factors

可对人造成伤亡、影响人的身体健康甚至导致疾病的因素。

3.3 人的因素　personal factors

在生产活动中，来自人员自身或人为性质的危险和有害因素。

3.4 物的因素　material factors

机械、设备、设施、材料等方面存在的危险和有害因素。

3.5 环境因素　environment factors

生产作业环境中的危险和有害因素。

3.6 管理因素　management factors

管理和管理责任缺失所导致的危险和有害因素。

4. 分类原则和代码结构

本文件按可能导致生产过程中危险和有害因素的性质进行分类。生产过程危险和有害因素共分为四大类，分别是"人的因素""物的因素""环境因素"和"管理因素"。

本文件的代码为层次码，用 6 位数字表示，共分四层。第一、二层分别用一位数字表示大类、中类；第三、四层分别用 2 位数字表示小类、细类。代码结构如附图 1 所示。

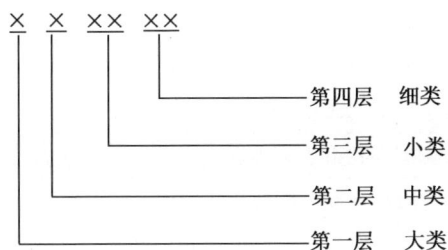

附图1 代码结构

5. 分类与代码

生产过程危险和有害因素分类与代码见附表18。

附表18 生产过程危险和有害因素分类与代码表

代码	名称	说明
1	**人的因素**	—
11	心理、生理性危险和有害因素	—
1101	负荷超限	—
110101	体力负荷超限	包括劳动强度、劳动时间延长引起疲劳、劳损、伤害等的负荷超限
110102	听力负荷超限	—
110103	视力负荷超限	—
110199	其他负荷超限	—
1102	健康状况异常	伤、病期等
1103	从事禁忌作业	—
1104	心理异常	—
110401	情绪异常	—
110402	冒险心理	—
110403	过度紧张	—
110499	其他心理异常	包括泄愤心理
1105	辨识功能缺陷	—
110501	感知延迟	—
110502	辨识错误	—

附表 18(续 1)

代码	名称	说明
110599	其他辨识功能缺陷	—
1199	其他心理、生理性危险和有害因素	—
12	行为性危险和有害因素	—
1201	指挥错误	—
120101	指挥失误	包括生产过程中的各级管理人员指挥
120102	违章指挥	—
120199	其他指挥错误	—
1202	操作错误	—
120201	误操作	—
120202	违章作业	—
120299	其他操作错误	—
1203	监护失误	—
1299	其他行为性危险和有害因素	包括脱岗等违反劳动纪律行为
2	**物的因素**	
21	物理性危险和有害因素	—
2101	设备、设施、工具、附件缺陷	—
210101	强度不够	—
210102	刚度不够	—
210103	稳定性差	抗倾覆、抗位移能力不够、抗剪能力不够。包括重心过高、底座不稳定、支承不正确、坝体不稳定等
210104	密封不良	密封件、密封介质、设备辅件、加工精度、装配工艺等缺陷以及磨损、变形、气蚀等造成的密封不良
210105	耐腐蚀性差	—
210106	应力集中	—
210107	外形缺陷	设备、设施表面的尖角利棱和不应有的凹凸部分等
210108	外露运动件	人员易触及的运动件

附表 18(续 2)

代码	名称	说明
210109	操纵器缺陷	结构、尺寸、形状、位置、操纵力不合理及操纵器失灵、损坏等
210110	制动器缺陷	—
210111	控制器缺陷	—
210112	设计缺陷	—
210113	传感器缺陷	精度不够,灵敏度过高或过低
210199	设备、设施、工具、附件其他缺陷	—
2102	防护缺陷	—
210201	无防护	—
210202	防护装置、设施缺陷	防护装置、设施本身安全性、可靠性差,包括防护装置、设施、防护用品损坏、失效、失灵等
210203	防护不当	防护装置、设施和防护用品不符合要求、使用不当。不包括防护距离不够
210204	支撑(支护)不当	包括矿井、隧道、建筑施工支护不符合要求
210205	防护距离不够	设备布置、机械、电气、防火、防爆等安全距离不够和卫生防护距离不够等
210299	其他防护缺陷	—
2103	电危害	—
210301	带电部位裸露	人员易触及的裸露带电部位
210302	漏电	—
210303	静电和杂散电流	—
210304	电火花	—
210305	电弧	—
210306	短路	—
210399	其他电危害	—
2104	噪声	—
210401	机械性噪声	—
210402	电磁性噪声	—

附表 18（续 3）

代码	名称	说明
210403	流体动力性噪声	—
210499	其他噪声	—
2105	振动危害	—
210501	机械性振动	—
210502	电磁性振动	—
210503	流体动力性振动	—
210599	其他振动危害	—
2106	电离辐射	包括 X 射线、Y 摄像、a 粒子、中子、质子、高能电子
2107	非电离辐射	—
210701	紫外辐射	—
210702	激光辐射	—
210703	微波辐射	—
210704	超高频辐射	—
210705	高频电磁场	—
210706	工频电场	—
210799	其他非电离辐射	—
2108	运动物危害	—
210801	抛射物	—
210802	飞溅物	—
210803	坠落物	—
210804	反弹物	—
210805	土、岩滑动	包括排土场滑坡、尾矿库滑坡、露天采场滑坡
210806	料堆（垛）滑动	—
210807	气流卷动	—
210808	撞击	—
210899	其他运动物危害	—
2109	明火	—
2110	高温物质	—

附表 **18**(续 4)

代码	名称	说明
211001	高温气体	—
211002	高温液体	—
211003	高温固体	—
211099	其他高温物质	—
2111	低温物质	
211101	低温气体	—
211102	低温液体	—
211103	低温固体	—
211199	其他低温物质	—
2112	信号缺陷	
211201	无信号设施	应设信号设施处无信号, 如无紧急撤离信号等
211202	信号选用不当	—
211203	信号位置不当	—
211204	信号不清	信号量不足,如响度、亮度、对比度、 信号维持时间不够等
211205	信号显示不准	包括信号显示错误、显示滞后或超前等
211299	其他信号缺陷	—
2113	标志标识缺陷	—
211301	无标志标识	—
211302	标志标识不清晰	—
211303	标志标识不规范	—
211304	标志标识选用不当	—
211305	标志标识位置缺陷	—
211306	标志标识设置顺序不规范	如多个标志牌在一起设置时,应按警告、 禁止、指令、提示类型的顺序
211399	其他标志标识缺陷	—
2114	有害光照	包括直射光、反射光、眩光、频闪效应等
2115	信息系统缺陷	
211501	数据传输缺陷	如是否加密

附表 18（续 5）

代码	名称	说明
211502	自供电装置电池寿命过短	如标准工作时间过短经常出现监测设备断电
211503	防爆等级缺陷	如 EXib 等级较低,不适合在涉及"两重点一重大"环境安装
211504	等级保护缺陷	防护不当导致信息错误、丢失、盗用
211505	通信中断或延迟	光纤或 GPRS/NB-IOT 等传输方式不同导致延迟严重
211506	数据采集缺陷	导致监测数据变化过于频繁或遗漏关键数据
211507	网络环境	保护过低,导致系统被破坏、数据丢失、被盗用等
2199	其他物理性危险和有害因素	—
22	化学性危险和有害因素	见 GB13690 的规定
2201	理化危险	—
220101	爆炸物	见 GB30000.2
220102	易燃气体	见 GB30000.3
220103	易燃气溶胶	见 GB30000.4
220104	氧化性气体	见 GB30000.5
220105	压力下气体	见 GB30000.6
220106	易燃液体	见 GB30000.7
220107	易燃固体	见 GB30000.8
220108	自反应物质或混合物	见 GB30000.9
220109	自燃液体	见 GB30000.10
220110	自燃固体	见 GB30000.11
220111	自热物质和混合物	见 GB30000.12
220112	遇水放出易燃气体的物质或混合物	见 GB30000.13
220113	氧化性液体	见 GB30000.14
220114	氧化性固体	见 GB30000.15
220115	有机过氧化物	见 GB30000.16
220116	金属腐蚀物	见 GB30000.17

附表 18(续 6)

代码	名称	说明
2202	健康危险	
220201	急性毒性	见 GB30000.18
220202	皮肤腐蚀/刺激	见 GB30000.19
220203	严重眼损伤/眼刺激	见 GB30000.20
220204	呼吸或皮肤过敏	见 GB30000.21
220205	生殖细胞致突变性	见 GB30000.22
220206	致癌性	见 GB30000.23
220207	生殖毒性	见 GB30000.24
220208	特异性靶器官系统毒性——一次接触	见 GB30000.15
220209	特异性靶器官系统毒性—反复接触	见 GB30000.26
220210	吸入危险	见 GB30000.27
2299	其他化学性危险和有害因素	—
23	生物性危险和有害因素	—
2301	致病微生物	—
230101	细菌	—
230102	病毒	—
230103	真菌	—
230199	其他致病微生物	—
2302	传染病媒介物	—
2303	致害动物	—
2304	致害植物	—
2399	其他生物性危险和有害因素	—
3	环境因素	包括室内、室外、地上、地下(如隧道、矿井)、水上、水下等作业(施工)环境
31	室内作业场所环境不良	
3101	室内地面滑	室内地面、通道、楼梯被任何液体、熔融物质润湿,结冰或有其他易滑物等
3102	室内作业场所狭窄	—
3103	室内作业场所杂乱	—
3104	室内地面不平	—

附表 18(续 7)

代码	名称	说明
3105	室内梯架缺陷	包括楼梯、阶梯、电动梯和活动梯架,以及这些设施的扶手、扶栏和护栏、护网等
3106	地面、墙和天花板上的开口缺陷	包括电梯井、修车坑、门窗开口、检修孔、孔洞、排水沟等
3107	房屋基础下沉	—
3108	室内安全通道缺陷	包括无安全通道、安全通道狭窄、不畅等
3109	房屋安全出口缺陷	包括无安全出口、设置不合理等
3110	采光照明不良	照度不足或过强、烟尘弥漫影响照明等
3111	作业场所空气不良	自然通风差、无强制通风、风量不足或气流过大、缺氧、有害气体超限等,包括受限空间作业
3112	室内温度、湿度、气压不适	—
3113	室内给、排水不良	—
3114	室内涌水	—
3199	其他室内作业场所环境不良	—
32	室外作业场地环境不良	—
3201	恶劣气候与环境	包括风、极端的温度、雷电、大雾、冰雹、暴雨雪、洪水、浪涌、泥石流、地震、海啸等
3202	作业场地和交通设施湿滑	包括铺设好的地面区域、阶梯、通道、道路、小路等被任何液体、熔融物质润湿,冰雪覆盖或有其他易滑物等
3203	作业场地狭窄	—
3204	作业场地杂乱	—
3205	作业场地不平	包括不平坦的地面和路面,有铺设的、未铺设的、草地、小鹅卵石或碎石地面和路面
3206	交通环境不良	包括道路、水路、轨道、航空
320601	航道狭窄、有暗礁或险滩	—
320602	其他道路、水路环境不良	—